Florentina Fântânaru în dialog cu

Dumitru Constantin

DULCAN

CALEA VINDECĂRII

PACEA DINTRE **INIMĂ** ȘI **MINTE**

Descrierea CIP a Bibliotecii Naţionale a României
DULCAN, DUMITRU CONSTANTIN
Calea vindecării : pacea dintre inimă şi minte / Florentina Fântânaru în dialog cu Dumitru Constantin Dulcan. - Bucureşti : Bookzone, 2023
ISBN 978-630-305-055-3
I. Fântânaru, Florentina
61

Fotograf copertă: **Alice Mihalache**
Grafician copertă: **Maria Stoian**
Editori: **Alexandru Panait, Mariana Alexandru**
Tehnoredactor: **Anca Marisac**

Editura Bookzone
Şoseaua Berceni nr. 104, sector 4, Bucureşti
Comenzi şi informaţii:
Telefon: +40 774 091.579; +40 770 584.429
E-mail: office@bookzone.ro
www.bookzone.ro

Florentina Fântânaru în dialog cu

Dumitru Constantin

DULCAN

CALEA VINDECĂRII

PACEA DINTRE **INIMĂ** ȘI **MINTE**

Conversații consemnate de Alexandru Panait

Bookzone
BUCUREȘTI, 2023

CUVÂNT-ÎNAINTE

*Doamne, dă-mi
surâsul pierdut...*

Doamne, dă-mi surâsul pierdut!... Şi Dumnezeu mi-a dat... un om care m-a învățat că gândurile și cuvintele noastre sunt încărcate cu energie. Această energie, negativă sau pozitivă, în funcție de felul în care arată gândurile noastre, ne poate afecta, deoarece „tot ceea ce gândim este sprijinit pe un fundament energetic". Dar cum puteam eu gândi bine și frumos, când trăiam neputință și furie împotriva destinului? Bărbatul meu era în mormânt, iar copilul meu de 5 ani o întreba pe mama mea, când întârziam de la serviciu: „Buni, mami a plecat şi ea la cer de nu mai vine acasă?" Îmi repetam obsesiv că sunt lovită de soartă, că fiul meu va crește fără tatăl lui.

Doamne, arată-mi calea acceptării, de a mă supune, și nu de a mă opune cursului vieții...

Întâlnirea cu domnul prof. univ. dr. Dumitru Constantin Dulcan a fost providenţială. S-a întâmplat în 2012. Interviul „Dincolo de aparenţe" cu dumnealui mi-a deschis o cale nouă – cea a vindecării, calea vieții în manifestare. A fost greu să mă extrag din suferință, mă hrăneam din propria-mi durere și nu-i dădeam sufletului răgaz. Acea „joie de vivre", bucuria cuprinzătoare a vieții, dispăruse din mine... Dar aveam un băiat, sufletul pe care eu l-am chemat și l-am vrut în viața aceasta. El era viitorul, perspectiva. Era esenţa a ceea ce am fost până atunci. Era motivația mea concretă şi vizibilă. Și nu am căzut. Nu puteam să fiu îngenuncheată şi să mă uit în ochii lui. Dar am privit în sufletul domnului profesor Dulcan și mesajul său, cunoașterea împărtășită nouă, mi-a atins inima. De la dumnealui am învățat despre puterea gândului în procesul de vindecare. Trăiam într-o durere permanentă, energia gândurilor toxice mă putea îmbolnăvi...

De atunci au trecut 10 ani. Şi procesul de vindecare continuă. Iubirea, compasiunea, empatia, credința, calmul, iertarea, optimismul fac acum parte din viața mea. Ştim că iubirea este porunca fundamentală a lui Iisus... şi-am reînceput să iubesc viața... De la domnul profesor Dulcan am învățat că un copil neiubit devine ostil și atunci când ajunge adult se răzbună pe el însuși și pe lume. Aşa am ajuns ca în 2018 să realizez împreună cu domnul profesor interviul despre cartea *Cele nouă trepte*, scrisă de Daniel Meurois și Anne Givaudan[1]. Veți înțelege, citind-o, că mama este centrul Universului, că Universul dă mamei un copil să-l crească și că ea are obligația morală să dea Universului înapoi ceea ce i s-a dat, cu iubire şi recunoștință.

„Boala începe din minte și se poate vindeca prin minte", mi-a spus într-o zi domnul profesor. Și am început să-mi disciplinez mintea și gândurile... „Ține-ți mintea în iad și nu deznădăjdui." Am nădăjduit cu toată inima mea şi m-am rugat ca Domnul să fie milostiv. Suferința nu m-a dus în deznădejde, pentru că ea este calea lui Hristos. Într-o zi, mergând cu fiul meu spre grădiniță, mi-a spus: „Mamă, Doamne-Doamne ne face cărare, nu-i așa?"

Doamne, ţine-mă pe calea vindecării! Şi-au mai trecut câţiva ani de interviuri. Iar domnul profesor, cu înțelepciune și blândețe, ne spunea: „Tot ceea ce gândim noi, semănăm în subconștient. Gândurile noastre persistente se duc în planul subconștient și apoi, în sens contrar, din subconștient ajung în conștiința noastră. Este foarte important ca subconștientul să preia numai lucruri raționale și benefice, putem astfel să ne programăm pentru vindecare." Astfel că am

1 Daniel Meurois şi Anne Givaudan – *Cele nouă trepte. O privire spirituală asupra genezei ființei umane*, Editura Şcoala Ardeleană, Cluj Napoca, 2018 (n. ed.).

învățat să gândesc cu scop, să mă culc și să mă trezesc cu un scop bun, pozitiv, constructiv pentru viața mea și... să iert.

Doamne, dă-mi pacea inimii! Între creier și inimă, când ne aflăm într-o dilemă, cel mai bun răspuns se află în inimă. Domnul profesor Dulcan mi-a confirmat valoarea inimii. „În ea se află adevărul de care avem nevoie, în ea se află raţiunea de dincolo de noi." Spunându-mi asta, inima mea a înțeles şi am simţit că mesajul dumnealui este sănătos și atinge inimile. Asta înseamnă că suntem pe calea cea bună, pe calea păcii dintre inimă și minte.

După 10 ani de prietenie, am scris împreună cu domnul profesor Dumitru Constantin Dulcan această carte-interviu. Aş vrea să vă poată schimba viața, dar este doar o carte... Fără îndoială, vă va aduce speranță și conștientizare.

Vă mulțumesc, domnule profesor, pentru că existați, pentru că sunteţi prezent în viaţa noastră, a românilor, a căror conștiință doriți să o înălțați!

FLORENTINA FÂNTÂNARU

OMUL
CONSTANTIN DULCAN

Florentina Fântânaru: *Domnule profesor Constantin Dulcan, spuneați la un moment dat: „Îmi amintesc de o dimineață de vară din satul meu argeșean, Mârghia. Eram copil. Dormisem pe prispă și m-am trezit cu fața spre răsărit. Cerul avea o culoare înnebunitor de frumoasă. Stând și privindu-l, mi se părea că mi se adresează, că vrea să-mi spună: «Uite, exiști!» Existam și eu, într-adevăr, dar nu știam prin ce miracol. Și ce sens are existența unui om. Eram prea mic ca să-mi pot răspunde, dar mi-am propus atunci să aflu. Știu că pare de necrezut, dar la vârsta aceea mi-am făcut, treptat, treptat, un program de instruire pe care nu l-am mai abandonat niciodată." În ce mod a influențat copilăria dumneavoastră această dorință de cunoaștere?*

Dumitru Constantin Dulcan: Deși pare greu de crezut, toate acestea mi se întâmplau încă de pe când eram foarte, foarte mic. Mama țesea adesea la război, făcea ii. La vremea aceea, lucrurile se desfăşurau într-un alt ritm, în acel univers al satului. Eu stăteam lângă sobă şi mă uitam la mama cum lucrează. Mă jucam pe lângă ea, ţin minte că eram îmbrăcat cu o cămăşuţă. Fraţii mei erau mult mai mari decât mine, ca vârstă. În familia mea au avut loc opt naşteri, din care au rezultat nouă copii. Au trăit doar patru dintre ei, născuţi la distanţe destul de mari de timp: cel mai mare avea 14 ani, apoi 13 şi 8 ani şi, în cele din urmă, eu. După război, fraţii mei obişnuiau să vorbească despre dulciuri despre care nu auzisem, iar eu mi le doream tare mult. Ce-şi poate dori un copilaş la vârsta aceea, că doar nu vreo maşină? Mă gândeam intens ce or fi acele dulciuri. Evident, nu mă băga nimeni în seamă copilaş fiind, asta era realitatea.

Odată, m-am gândit mult la ceva ce vorbiseră ei. Şi la scurtă vreme cineva mi-a adus acel lucru, venind în vizită la părinţii mei. De menţionat că acesta era gradul de respect arătat cuiva în lumea satului, nu puteai să vii cu mâna goală la casa în care te duceai în vizită. Iar dacă acolo era şi-un copil mic, musai trebuia să-i duci şi lui ceva. Ciudat este că mi-a adus exact obiectul la care mă gândisem eu atunci. Aşa că am stat şi-am analizat lucrurile. M-am gândit: „Acel domn care a venit în vizită la părinţii mei mi-a adus din întâmplare exact acel ceva sau pentru că m-am gândit eu? Ia să mă gândesc și la altceva." Din nou, invariabil, acel „ceva" gândit mi s-a împlinit. Din clipa aceea am știut că, pentru tot ce vreau să obțin în viață, este suficient ca eu să mă gândesc intens la acel lucru. Nu aveam noțiuni despre planul astral, eram doar un copilaș într-o cămășuță. Dar cred că de mic am gândit ca un adult.

Am amintiri de la vârsta la care eram în brațele mamei. Știu exact când mă lua de mână să merg undeva, când oboseam și îmi ridicam mânuțele să mă ia în brațe. Mă întreb de unde știe copilul mic să ridice mâinile instinctiv, parcă spunând: „Vreau să mă iei în brațe!", că doar nu vorbeam la vârsta aceea, făceam doar acest gest. Mama era mică de statură, iar eu crescusem ceva.

Mai târziu, am început să mă gândesc la lucrurile astea, pe care acum știu să le explic. Dar atunci n-aveam resorturile și mijloacele să mi le traduc mie însumi. Soarele de la răsărit picta un tablou fascinant pe cer, în toate culorile la care s-ar putea gândi cineva. Realmente, aveam senzația că mă întreabă: „Te-ai născut. Dar știi de ce?" Pe atunci, nu știam asta. În sinea mea, simțeam că parcă tot el îmi zicea: „Să te bucuri!" Or, copiii care locuiesc la sat cunosc că viața satului, cu tot ce implică ea, nu înseamnă numai bucurie, ci și monotonie, muncă, participarea la ceremoniale comunitare. După cum viaţa la sat nu înseamnă doar să suferi. Cui i-ar fi servit suferinţa mea? Nu ştiam.

Am realizat că eram prea mic, însă am hotărât atunci să îmi fac un program de viaţă de aşa manieră încât să pot răspunde la această întrebare. Sunt aproape sigur că, date fiind condiţiile mele de viaţă, un copil simplu de la ţară, dintr-o familie fără prea multe posibilităţi, nimeni n-o să creadă asta. Fraţii mei mai mari erau studenţi. Cumva, eram conştient că asta voi face şi eu, la rândul meu. Ştiam că nu mă aşteaptă nici plugul, nici animalele din ogradă, ci că, dimpotrivă, drumul meu va fi diferit, că voi avea acces la cunoaştere. De aceea am pornit la drum şi mi-am făcut acest program, ca să pot răspunde la marile întrebări ale vieţii.

Am început cu literatura autohtonă, iar primul roman citit a fost *Mara*, îmi amintesc şi acum personajele. Câţiva ani mai târziu, în liceu, am studiat literatură universală, deoarece realizam că îmi putea oferi mari avantaje. Îmi notam tot ceea ce auzeam sau citeam şi mi se părea interesant de reţinut. Pe urmă, am început studiul individual. Aveam un învăţător care ţinea foarte mult la mine şi care mi-a oferit Dicţionarul lui Lazăr Şăineanu[2], din care citeam cu sfinţenie şi învăţam maxime

2 Lazăr Șăineanu (1859–1934), filolog, lingvist, folclorist și istoric cultural român (n. ed.).

latine. În acelaşi timp, aveam un carneţel unde îmi notam toate cuvintele de a căror pronunţie nu eram foarte sigur în mediul meu rural. La un moment dat, copiii mi-au ascuns carnetul. În timp ce ei se jucau, eu scriam şi studiam, aşa că probabil erau invidioşi. Cu ocazia scrierii acestei cărţi, privind retrospectiv, nu pot să nu mă întreb de unde atâta voinţă la un copil.

Cum se raportau ceilalţi copii din jurul dumneavoastră la viziunea pe care o aveaţi?

Părea bizar din exterior, probabil, pentru ei chiar părea aşa. Eu nu am fost niciodată ca restul colegilor mei, nici în clasele elementare, nici în liceu, cu atât mai mult în facultate. Poate mă vedeau ca pe un trăsnit, ca pe un aiurit. Dar important era că eu ştiam că nu sunt aşa. Când cineva mă ironiza, gândeam în sinea mea: „Dintre noi doi, cu siguranţă nu tu eşti cel care are dreptate. Dar vei vedea, odată şi-odată!" Şi au văzut.

Ne puteţi povesti despre primul moment revelator, primul „aha" din copilărie, vizavi de programul de instruire pe care vi l-aţi planificat încă de pe atunci?

Nu m-ar crede nimeni dacă aş spune că ştiam clar ce voi face. Poate ar fi exagerat să spun că, atunci când am început să mă preocup serios de lucrurile acestea, ştiam că voi scrie. Şi mai cunoşteam un lucru: că vreau să ştiu tot ceea ce se poate şti. Aşa am ajuns să scriu mii şi mii de pagini de notiţe din ceea ce citeam.

Când am terminat toate aceste lucruri, deodată am înţeles că, de fapt, întrebarea fundamentală era asta: „Dacă viaţa apare din ceea ce este fără viaţă, ce intervine atunci în această ecuaţie?" Materia inertă, ca să folosim un limbaj mai academic, devine dintr-odată materie vie. Dar de ce s-a născut numai atunci? A, că se spune că viaţa a apărut din „supa" primordială, în care s-au dizolvat o serie întreagă de elemente. Atunci, de ce nu am putea reproduce asta în laborator? De ce nu facem viaţă şi acum, la momentul prezent? Răspunsurile la aceste întrebări sunt de obicei din sfera convenţionalului, prin prisma materialismului. Dar aşa a fost de când lumea, unii au interese materialiste, iar alţii interese idealiste.

Momentul meu de „trezire", ca să spun aşa, a fost atunci când am înţeles că transformarea materiei inerte în materie vie nu poate să se petreacă decât dacă în ecuaţie intervine o raţiune, o inteligenţă. Pentru a oferi o dată mai exactă, asta se întâmpla în 1986, pe data de 12 septembrie, în jur de ora 18.00.

Care sunt amintirile cele mai importante din primii ani de școală?

Primii ani de școală? Să vedem! Nu aveam șapte ani, deoarece m-am dus mai devreme la școală, dar m-am îmbolnăvit, am avut niște probleme de natură stomatologică și am fost nevoit să mă retrag. În anul care a urmat, mama îl tot punea pe fratele meu mai mare să mă învețe să scriu. Ce ciudat mi se pare acum, îmi aduc aminte că cifrele care mi se păreau cele mai dificile erau 13 și 17, ca și liniile oblice.

Mă gândesc, din perspectiva a ceea ce se întâmplă în prezent, oare când dăm copilul la școală, el o fi capabil să înțeleagă tot ceea ce este obligat să învețe? Spun acest lucru pentru că eu nu eram capabil de asta la 6 ani, toate activitățile mi se păreau dificile, grele. Însă, când am revenit, în anul următor, nu am mai silabisit niciodată. Am repetat și am înțeles tot ce era de înțeles acasă. Am învățat tabla înmulțirii în două ore de pe un caiet, fără să-mi ceară nimeni să fac lucrul acesta, doar din proprie inițiativă. Aveam o memorie foarte bună. La istoria lumii antice, profesorul ne-a pus să repetăm și să mai citim o dată lecția. Apoi, ne-a adresat imediat întrebări din ceea ce citiserăm! Acela a fost momentul când am realizat că eu știam lecțiile cuvânt cu cuvânt, și chiar m-am mirat de mine însumi. Mă gândeam la o singură întrebare: „Cum de e posibil ca eu să țin minte tot ceea ce am citit?” Dar uite că da, era posibil.

O întâmplare similară și un sentiment asemănător au avut loc când am început să lucrez la *Inteligența materiei*. În primă instanță, după ce am scris primele pagini, eram teribil de încântat. Totuși, la a doua lectură, am sesizat că foarte multe fraze erau din lecturile avute până în acel moment și am refăcut totul numai în cuvintele mele. Uneori, prea multă memorie deranjează.

Unde se află Divinul, Divinitatea? Unde le putem localiza sau găsi?

Acel moment de „aha” era, de fapt, ideea că eu sesizasem că viața este în mod obligatoriu condiționată de o rațiune de dincolo de ea. Ceea ce numim noi Divinitate nu se află în materie, nu este perceptibilă, tactilă, ci este dincolo de ea, o transcende, trece prin ea. Ea există pentru că noi, oamenii, nu avem o explicație a existenței vieții, după cum nu avem nici o explicație a existenței Universului. Eu nu cred în întâmplare. Dacă Universul nu ar fi apărut, ce s-ar fi aflat în locul ocupat de el? Ni se spune că nu existau timpul și spațiul și că au apărut în momentul Big Bang-ului. Atunci, de unde vine acea energie din care a apărut tot ceea ce există?

Care sunt cele trei valori după care vă ghidați, în ordinea importanței?

Onestitate, asiduitate și sinceritate.

Ați moștenit de la mama dumneavoastră acele noțiuni de medicină populară pe care le avea?

Din păcate, nu. Eram prea mic și prea crud. La țară se spunea și se credea că persoanele care stăpâneau noțiunile acestea erau așa-zisele „babe ale satului". Nu erau caracterizate în cei mai buni termeni, de cele mai multe ori. Astfel, despre ele se credea că sunt mistice, proaste, analfabete, vrăjitoare și tot soiul de lucruri. Mama sigur nu avea treabă cu vrăjitoria, pur și simplu, cunoștea foarte bine plantele medicinale, dar și tot ce deriva de aici. Știa să pună atele sau să ajute femeile să nască. În satul nostru, mai toate femeile au născut cu mama mea și pot să spun cu mare certitudine că nu a murit nimeni pe mâna ei. Mai erau situații când unii copii veneau invers, pentru că, de regulă, copilul trebuie să vină cu capul în jos. Ea știa să repoziționeze copilul de o manieră corectă. Mi-e greu să știu de unde și cum aflase toate lucrurile acestea, dar poate se explică prin faptul că era nepoată de preot, probabil că așa învățase.

Fraţii mei mai mari chiar mă rugau asiduu să aşez cumva pe foaie aceste lucruri, pentru că altfel aveau să se piardă, iar eu, să regret că nu le-a scris cineva la timp. Au avut dreptate, din păcate. Dar, în apărarea mea, atunci eram sub imperiul acestei ideologii atee, profund stupide. Sigur, mă revoltam contra mentalităţii de la vremea aceea, nu eram atât de neştiutor, dar unele lucruri îmi scăpau.

Care era relaţia cu mama dumneavoastră?

Cititorii trebuie să fie convinşi de un singur lucru: mi-am iubit mama enorm, iar mama m-a iubit pe mine aproape ca pe Dumnezeu, normal că-i toleram pasiunile acestea. Îmi spunea că acelea sunt lucrurile pe care le ştiau ei din moşi-strămoşi, iar noi învăţam alte lucruri, deci nu eram total împotriva lor. Ţin bine minte un lucru care m-a frapat: ştia exact momentul din zi, cât şi zilele în care principiul terapeutic avea concentraţia maximă într-o plantă medicinală. Dacă era prelevat mai înainte sau după acel moment, plantele se transformau în nişte simple buruieni, partea terapeutică, esenţa lor vindecătoare nu mai era acolo.

Cine îi învăţase pe ei, nişte oameni simpli în definitiv, toate acestea, nu ştiu, dar vreau să spun atât: primele forme de medicină populară au fost identificate la animale. Ursul, atunci când îl doare burta, știe ce coajă de copac să mănânce. Păsările știu, la fel, ce să ciugulească, pisica știe ce iarbă să mănânce. Imitarea lor, observarea lor atentă au influențat probabil și medicina populară.

Să renunțăm la aroganță și la teorii exclusiv materialiste, pentru că asta nu poate însemna decât un singur lucru: informația venea din altă dimensiune! Dar cui să spui asta, atunci când oamenii sunt îmbătați numai de ideea lor, pe care țin morțiș să o demonstreze? În ceea ce-i privește, refuz să cred că toți sunt naivi; unii sunt interesați, într-un fel sau altul. Adică ascund adevărul, de teamă. Un academician, de pildă, dacă s-ar duce să spună asta în plen, la Academie, ar fi dat afară. Și atunci, ce-are de făcut? Tace, desigur. Dar asta nu înseamnă că nu știe.

Care a fost prima carte pe care i-ați cerut-o tatălui dumneavoastră?

Vecin cu noi, chiar casă lângă casă, era așa-zisul bogătaș al satului, un țăran mai avut. Nu era de vreo mare noblețe sau descendent al vreunei familii de boieri, dar, în timp ce tata avea două hectare de pământ, el avea o sută. Între 2 și 100 pare că ar fi o mică diferență, nu? Când au venit vremurile noi, una dintre camerele cele mai mari, unde funcționa o prăvălie, i-a fost rechiziționată, iar restul de casă i-a rămas lui. Însă aceasta era partea cea mai mare, transformată în magazin sătesc. Se aduceau acolo şi cărţi, şi cuie, şi gaz, şi zahăr, tot ce voiai şi ce nu voiai.

Eram, cred, în clasa a doua, când am văzut prima dată cartea cu titlul *Povestea vorbei*, de Anton Pann, şi l-am rugat pe tata să mi-o cumpere. Costa 7 lei. Dar la ţară, unde nimeni nu avea bani, că nu veneau de nicăieri, o astfel de achiziţie era tare greu de realizat. Aşa că mi-a zis că nu mi-o poate cumpăra, că nu avea cu ce, dar că va vorbi cu gestionarul, să o citesc şi să o dăm înapoi după ce o voi citi. Aşa gândeau oamenii de la sat, cât mai practic. Aşa s-a şi întâmplat.

Domnule profesor, sunteţi suplu, agil, energic, nu daţi niciun semn că aţi depăşit vârsta de 50 de ani. Ce anume vă ţine tânăr? Disciplina din armată, ambiţia, cunoaşterea, telomerii? Cum reuşiţi?

Se spune că până la vârsta de 50 de ani trăieşti prin şi datorită biologiei, prin înzestrare firească, proprie fiecărui om. **După 50 de ani, trăieşti prin grija pe care o ai faţă de tine însuţi.** Probabil că şi eu aş fi luat alte proporţii, dacă nu eram foarte atent.

Ca un simplu sfat pentru cititori, este foarte important să nu mâncăm după ora 18.00. Hrana, alimentele au două roluri: de a ne furniza energia cu care funcționăm și de a înlocui celulele uzate sau pe cele care nu ne mai servesc. Însă, în timp ce în procesul de activitate consumăm energia alimentelor, dacă venim acasă și începem să mâncăm după ora menționată, ne mai și așezăm frumos într-un fotoliu, mai bem o bere, ne mai uităm la televizor, apoi ne culcăm, este logic că nu mai facem efortul necesar consumării acestei energii obținute astfel. Aceasta se depune și devine grăsime. Grăsimea, la rândul ei, secretă o serie întreagă de substanțe proinflamatorii.

După vârsta de 60 de ani, timusul, care te apără de cancer și de toate relele, nu mai are capacitatea completă de funcționare, fiind activ doar într-o proporție de 5%. El are rolul de a instrui celulele noastre de apărare, limfocitele, despre ce înseamnă o bacterie, un virus, o micoză, cu scopul de a putea să apere organismul, deoarece ele sunt gardienii corpului, umblă prin sângele nostru, exact așa cum ar umbla un gardian în jurul unei instituții pe care trebuie să o păzească. Grăsimea creează un teren proinflamator propice dezvoltării situațiilor neplăcute: bolile neurodegenerative, precum Alzheimer și demența, dar și cancerul, în ultimă instanță.

De aceea, **e bine ca seara să mâncăm cât mai frugal, cât mai puțin.** Normal că poți să mai ai o serată şi, din când în când, să îţi permiţi un mic exces. Este indubitabil că nu poţi să trăieşti într-o asprime impusă, că poţi avea şi momente de genul ăsta, cu o singură condiţie: să fie rare. Să ne obişnuim, deci, să luăm masa de seară până în ora 18.00.

În cărţile dumneavoastră mai recent apărute vorbiţi despre conceptul de spiritualitate, ca o necesitate a ieşirii omenirii din criza morală în care se află. Puteţi oferi mai multe detalii?

Da, am elaborat noţiunea de Noua Spiritualitate plecând de la conceptul pe care l-am formulat în anul 2008, acela de **Cod Etic al Creierului**. În funcţionalitatea sa, creierul pare să respecte un cod etic, la nivelul său având loc o selecţie pe criterii etice a gândurilor exprimate prin cuvinte, emoţii şi sentimente. Este interesant că s-a constatat că acestea sunt procesate în arii diferite din creier, în funcţie de conţinutul lor semantic favorabil sau nefavorabil sănătăţii noastre.

Gândul este o emanaţie a creierului uman, un câmp de energie cu efecte atât de ordin fizic şi care se propagă în mediul ambiant şi cosmic, cât şi efecte de ordin biochimic, reflectate la nivelul organismului. Este uşor de înţeles că, în funcţie

Ceea ce numim noi Divinitate nu se află în materie, nu este perceptibilă, tactilă, ci este dincolo de ea, o transcende, trece prin ea. Ea există pentru că noi, oamenii, nu avem o explicație a existenței vieții, după cum nu avem nici o explicație a existenței Universului. Eu nu cred în întâmplare.

Dumitru Constantin Dulcan

de semnificaţia pozitivă sau negativă a gândurilor, efectele acestora vor fi în consecinţă.

Efectele negative ale gândirii noastre pot conduce, după cum constatăm cu toţii în prezent, chiar la extincţia vieţii pe planeta noastră. Se impune, ca urmare, o nouă paradigmă, o nouă modalitate de gândire. Am numit-o **Noua Spiritualitate. Prin acest concept înţeleg cultivarea unor valori etice, superioare, apte pentru protejarea propriei sănătăţi şi asigurarea unei convieţuiri armonioase într-o lume a diversităţii sub toate formele cunoscute astăzi.**

Subliniez că, dacă nevoia de armonie socială era până acum doar o convenţie socială, în prezent devine o necesitate înscrisă în ADN-ul nostru, în structura organismului uman.

Mi se pare interesant acest concept de spiritualitate ca o necesitate a renunţării la agresivitatea umană. Mai sunt în lume şi alte comentarii în acest sens?

Cu certitudine, spiritualitatea este văzută ca o alternativă la agresivitatea umană, mai ales în acest moment. Sunt şi alte opinii care deviază într-o interpretare fundamentalistă a spiritualităţii în dezacord cu ştiinţele moderne.

Mă voi referi la cel mai semnificativ comentariu în acest sens, în opinia mea, cel al lui Bruce Lipton[3] (2005, 2008, 2016). Cercetător de peste 20 de ani al celulelor din organismul uman, acesta mărturisește cum a ajuns la ideea de spiritualitate. Afirmă că a făcut descoperiri care obligă la redefinirea „misterului vieții". Constată că membrana celulară are rolul de „creier al celulei", atribuindu-i metaforic „proprietăți magice".

Conjugând funcționalitatea celulei cu principiile fizicii cuantice, ajunge la o explicație proprie a medicinei și a practicii medicale de-a lungul istoriei, inclusiv a „vindecării spirituale": „Observațiile mele m-au convins că suntem ființe nemuritoare și spirituale cu o existență distinctă de corpul fizic", afirmă Bruce Lipton. Spre deosebire de acei comentatori care reduc explicația existenței umane la nivelul atomilor, strict materialist, și ignoră, conștient sau nu, experiența subiectivă. Aceasta face diferența între semeni și, într-un anume sens, oferă frumusețea lumii. Bruce Lipton ajunge printr-o valoroasă cercetare științifică la o concepție holistică despre om, în care spiritualitatea definește însăși ființa umană.

El este unul dintre marii mentori ai științei epigenetice, grație căreia are și revelația conceptului

3 Bruce Harold Lipton (n. 1944), specialist american în biologia dezvoltării, cu mari contribuții în epigenetică (n. ed.).

de spiritualitate. Renunţă la dogma în virtutea căreia noi suntem creaţia exclusivă a genelor şi sesizează influenţa indubitabilă a condiţiilor de mediu asupra genomului. Suntem, aşadar, o creaţie a mediului ambiant şi cosmic, a Universului, cum preferă el să spună. Suntem construiţi după „chipul" Universului. Realizează că genele care controlează viaţa sunt activate sau dezactivate de condiţiile de mediu. A fost clipa revelaţiei prin care a înţeles implicarea Universului în existenţa vieţii, respectiv a fiinţei umane.

Istoria Universului şi a omului pare să fie scrisă de aceeaşi mână, afirmă şi Stanislav Grof, unul dintre mentorii importanţi ai psihologiei transpersonale.

Separaţia între ştiinţă şi spiritualitate are o istorie care începe cu René Descartes. El are meritul de a statua bazele metodologice ale ştiinţelor moderne. Propune separaţia dintre Spirit şi materie, prin formularea ***res cogitans şi res extensa***. Contribuţia lui Descartes la dezvoltarea ştiinţei este importantă, dar în raport cu ceea ce ştim astăzi, opiniile sale conţin multe erori. **„Nu este nimic în corp care să aparţină gândirii"** este doar una dintre erorile sale. Era, de asemenea, de părere că ştiinţa poate să explice totul, motivând **scientismul** de mai târziu. **Niciun dubiu**, credea el, dar la distanţă de trei secole după Descartes, avem încă foarte multe dubii, apreciindu-se că astăzi avem acces doar la 1% sau, după alții, la 4% din Univers.

Bruce Lipton afirmă că, atunci când vom realiza conexiunea între știință și spiritualitate, vom avea șanse să creăm o lume mai bună. Optimist, el crede că acest moment a venit, dar, după înverșunarea manifestată contra ideii de spiritualitate de către unii comentatori, ne obligă la reticență.

PUTEREA GÂNDULUI ÎN PROCESUL DE VINDECARE

Sunt ani mulţi de când spuneţi că prin gândurile pe care le avem ne influenţăm unii pe alţii. Dacă ne este frică de război, foamete, lipsuri, facturi mari, boală, ce generăm?

Stres continuu. Stresul înseamnă eliberarea în exces, ca reacţie de apărare, a acelor substanţe pe care le avem deja în corpul nostru: cortizolul, adrenalina şi noradrenalina. Degajarea acestor substanţe este o formă prin care organismul ne apără de stres, dar numai cu condiţia ca acest lucru să se întâmple în anumite limite, pe o durată scurtă. Putem face o analogie: este ca şi cum ai nevoie de stres ca să-ţi întăreşti şi să-ţi antrenezi sistemul imunitar. Dar dacă stresul este cronic, continuu sau dacă depăşeşte anumite limite ca proporţie, atunci efectele negative pot fi foarte mari.

De pildă, am spus în varii contexte, şi merită să repet, că până la vârsta de 40 de ani nu este normal să ai un accident vascular cerebral sau cardiac, decât dacă ai o malformaţie la nivelul unei părţi din corp. Universitatea Harvard a făcut un studiu, în urma căruia s-a constatat că toți oamenii care au avut un infarct miocardic au trecut printr-o mare supărare cu două-trei ore înainte. Ce înseamnă această supărare? O reacție bruscă, de vasoconstricție, care se petrece ori în creier, ori la nivelul inimii, așa încât sângele nu mai aduce oxigen, nu mai aduce nutrienți, iar miocardul sau creierul nu mai este hrănit. Fără substanțele necesare, organismul cedează în punctul cel mai vulnerabil. În cazul miocardului se face o necroză, am văzut asta prin instrumentele care ne ajută pe noi, specialiștii, să evidențiem aceste cauze.

Mergând mai departe pe firul logic, o frică precum cea din timpul pandemiei este extrem de păguboasă. Se mai spune în popor că ața se rupe unde e mai subțire – în termeni medicali, această expresie se traduce prin „ce am moștenit ereditar mai vulnerabil". Dacă tot tragem de ea, azi, mâine, poimâine, se va rupe la un moment dat. Deci nu este deloc de ignorat ce s-a întâmplat în pandemie cu atâția oameni, care au fost îngrozitor de speriați. Sigur, s-au creat condiții ca să împiedicăm și să blocăm posibilitatea de a ne molipsi unii de la alții. Asta pot înțelege! Dar de ce mass-media ne-a amenințat tot timpul? Se susține că nu avem suficienți bani pentru o medicină ca în Occident. De acord! Dar atunci, dacă nu avem, pentru ce sunt stresați suplimentar oamenii prin mass-media? Ca să se îmbolnăvească? Adresez această întrebare, pe care mi-am pus-o mereu. Este contrar logicii!

Medicina, printr-o serie întreagă de instituții științifice de cercetare și oameni de știință, se străduiește să descopere un medicament, să vindece o boală. Inginerii, la rândul lor, să facă un instrument care să ajute lumea. Iar cineva în lumea asta ar părea că urmărește exact contrariul: oamenii să nu trăiască. Nu înțeleg, cum de există așa ceva? Constant știri alarmiste, de genul „La iarnă o să ningă, infernul alb!" Serios? Bine că nu o să ningă la vară! **Este foarte simplu mecanismul, răul generează rău, răzbunarea generează răzbunare**.

Cum reușim să depășim situația aceasta?

Dacă găsim înțelepciunea să survolăm acest moment, omenirea ar avea mari șanse. Mă gândesc la un exemplu simplu: bomba atomică. De ce a apărut? A implicat un efort imens să fie fabricată, pentru că anumite părți beligerante nu se opreau. Așa s-a născut ideea că nu există mijloc de a opri răul, și prin răul nou creat am dat naștere unuia mai mare. Odată cu fabricarea bombei atomice a apărut și riscul ca omenirea să dispară. Să observăm că, în războaiele anterioare, mijloacele de care se dispunea nu implicau riscul dispariției întregii omeniri.

Revenind la ideea de responsabilitate, ce-ar trebui să facem în clipa de față? E cert că extensia războiului nu este deloc de bun augur și că nu ne așteaptă nimic bun, util. Până la urmă, aceste părți ar trebui să cadă la un acord. Sper ca Dumnezeu să le dea înțelepciune părților aflate în conflict să se oprească. Știu că este foarte, foarte necesar. În clipa de față este atâta material nuclear acumulat, încât nu e neapărat ca tot să fie pus în acțiune, ci numai o bună parte din el. Apoi, toate celelalte vor face din acest Pământ ceea ce a fost inițial, un bulgăre de foc.

Plutim pe o navă în derivă, riscăm oricând să se scufunde. Există atâta lume inteligentă, atâta lume înțeleaptă, de ce unii vor neapărat să domine? Cei care poartă războaiele nu sunt cei flămânzi. În aceeași măsură, nu sunt ei cei care merg la război, ci trimit pe alții, în timp ce ei probabil mănâncă icre negre într-o locație de lux. Este regretabil faptul că unii oameni pot gândi așa.

Îmi vin în minte niște versuri: *„La masa verde, față-n față, cer unii moarte, alții viață!”*[4] Oare nu găsim înțelepciunea de a stinge aceste conflicte? Este o nimicnicie să omori un om la ordin, să pui în acțiune un armament care este atât de ucigător, să creezi o situație de război oficială, iar pe acei

4 Maria Banuș (1914–1999), poetă, traducătoare și eseistă română, de origine evreiască (n. ed.).

indivizi care gândesc să facă acest lucru nu știu cum să-i categorisesc. Facem atâta scandal pentru ceea ce se întâmplă într-un spital atunci când un om nu mai are zile și ni se pare că este normal să facem războaie?! Nu găsiți că aceste contradicții sunt de neînțeles?

Cine ne vrea supărați, îngândurați, furioși, frustrați, deprimați?

Asta mă întreb și eu adesea.

Exact. Este aceasta o întrebare fără răspuns?

Îmi aduc aminte că, imediat după anii 1990, toate televiziunile aveau titluri panicarde. Toți prezentatorii și reporterii erau disperați, panicați, vorbeau cu sufletul la gură: „O să fie frig!", „O să fie rău!" Care este rostul unor astfel de atitudini? De ce vorbim în felul acesta?

Mulți oameni se stresează singuri și nu se pot bucura de nimic. Fie soare, fie nori, sunt supărați pe toată lumea. Cât de mare este pericolul ca acești oameni să se îmbolnăvească?

E un pericol aproape cert. Sigur că avem o rezistență diferită, ne naștem cu structuri diferite.

Nu suntem toți la fel, dar, din păcate, unii pot să reacționeze foarte, foarte rău.

Apropo de știrile panicarde, îmi reapare în minte celebra amenințare de la televizor, de după marele cutremur. S-a speriat multă lume atunci, fiindcă o serie întreagă de televiziuni care ar fi vrut să-și facă audiență, să se pricopsească – se pare că unele au și reușit –, aduceau în prim-plan tot soiul de indivizi, care erau fie decrepiți, fie nebuni, ori, pur și simplu, prezentau o personalitate alterată. „O să fie cutremur, o să vină sfârșitul!" Eu lucram ca medic în perioada respectivă. Nu vă pot spune câți oameni au apelat la mine ca să îi tratez de frică, mai ales femei, sau câtă lume a căutat să plece de la bloc, să-și cumpere casă pe pământ, unde riscul nu era atât de mare. Pe scurt, au trecut printr-o panică infernală.

Iată principalul motiv pentru care spun mereu că mass-media ar trebui să controleze lucrurile la modul inteligent, inteligibil și normal pentru o țară, și nu invers. Fac foarte mult rău.

Pe unul dintre oamenii aceștia negativiști am avut curiozitatea să-l cunosc. M-am întâlnit cu el în grădina din fața Ateneului. L-am întrebat, întâi de toate, ce profesie a avut. „Păi am fost chimist!", mi-a răspuns. „Și acum ce faci?" „Am pensie." „Câți ani ai?" „83." „Și în afară de a speria lumea nu mai știi nimic?" A tăcut! I-am zis așa: „Părerea ta este o

Oamenii nu au nevoie
de resentimente, de
emoții negative, ci
doar de înțelegere;
acesta este lucrul de
care, în clipa de față,
cred eu că am avea
cea mai mare nevoie.

Dumitru Constantin Dulcan

chestiune personală! Aş putea să îți mulțumesc că recrutezi pacienți, dar eu nu pacienții îi urmăresc, ci normalitatea. Știi ce dezastru poți să creezi?" Nu l-am mai văzut după aceea, probabil că a încetat cu acea atitudine. Efectiv, nu știam cine-i omul ăsta care mereu vedea catastrofe. Parcă îl și văd în fața ochilor: „O să fie un cutremur, va cădea centrul Bucureștiului, vor fi 10 000 de morți." Deja îi numărase...

Ați cunoscut, deci, acest fel de oameni!

O, și cunosc în permanență. Ține de sistemul endocrin, ține de temperament, de genele pe care le moștenim și de educație. Dacă e soare afară, e bine, ți-e bine, de ce trebuie să fii mereu negativist, de ce să nu te bucuri de micile plăceri ale vieții?

Să împrăștii numai gânduri negative, nemulțumire, neplăcere! Credeți că se hrănesc cu asta?

Eu am fost de cel puțin două ori șef de clinică și secție de neurologie și psihiatrie și mi-am pus problema ce oameni aleg, cu ce oameni vreau să lucrez. Să țin seama doar de inteligență sau și de caracter? Experiența mi-a arătat că de cei cu o inteligență foarte bună, dar cu un caracter rău, mai bine te lipsești. Este preferabil un om cu o minte mai modestă, să spunem, dar cu un caracter bun, care poate prin efort să facă mult mai mult decât realizează unul cu inteligență foarte bună, dar e un leneș sau are un caracter greu de suportat de către alții. Cred că pe primul plan ar trebui să punem caracterul, modalitatea în care te înțelegi cu acel om. Încă o dată, un om mai puțin dotat cu inteligență poate să ajungă prin voință să facă mult mai mult decât un om inteligent, dar fără voință.

Care este cel mai optimist gând al dumneavoastră și care este cel mai pesimist, referitor la lumea actuală?

Cel mai optimist, să facem pace, iar cel mai pesimist, să ajungem la un război mondial extins, atunci nu mai putem avea nicio speranță. **Este atâta material nuclear acumulat, încât într-un război generalizat nu mai văd nicio șansă pentru noi!**

Au trecut 42 de ani de când ați spus: „Când omul va reuși să facă saltul de la inteligență la înțelepciune, atunci se va împăca cu sine și în lume va domni pacea." Ce domnește în lume acum, domnule profesor?

Înseamnă că am avut dreptate, pentru că iată, după 42 de ani, ne trezim cu un război. Eu cred că în lume ar trebui să domnească înțelepciunea, este nevoie de înțelegere, de diplomație. Chiar mă întreb de ce război în loc de diplomație. Avem școală de diplomație, avem diplomați, toate statele serioase au un corp diplomatic. Nu putem să rezolvăm probleme pe cale diplomatică? **Altfel spus, de ce război în secolul 21?** Repet, când un om moare în spital, se face atâta agitație, apar atâtea întrebări, dar nu și când mor oameni absolut nevinovați dintr-un ordin. Om pe om se ucide din ordin, om pe om se ucide fără să aibă măcar un conflict, să aibă motiv să-l omoare pe celălalt. Dumneavoastră știți un lucru extraordinar, că nu toți oamenii care sunt puși în linia întâi trag? S-au făcut teste și s-a văzut că armele lor nu traseseră nici măcar un glonț. Oamenii ăia nu erau motivați să omoare pe alt om; chiar dacă în fața lor se afla un inamic, era totuși un om.

Mi-ați pus întrebarea: „Unde suntem?" Am sentimentul, așa cum spunea Konrad Lorenz[5], că omul nu a depășit momentul în care trăia în cavernă, stadiul din apropierea maimuțelor, antropoidelor. Este nevoie, după cum spunea el, să parcurgem această etapă a umanizării. Ne aflăm într-o situație de mare risc, pe care n-am dorit-o

---

5 Konrad Zacharias Lorenz (1903–1989), zoolog, etolog și ornitolog austriac. A primit Premiul Nobel pentru Fiziologie sau Medicină în anul 1973, alături de Karl von Frisch și Nikolaas Tinbergen (n. ed.).

și nu o dorim. Am sperat, dacă tot am declarat secolul 21 secolul rațiunii, ca lumea, în sfârșit, să nu mai trăiască în teamă, în frică, anxietate, depresie, lucruri care fac din viața noastră mai mult o suferință, decât o bucurie.

Atâta vreme cât un singur om va provoca altui om suferință, lumea va avea liniște?

Nu, este exact ce am spus anterior. Haideți să detaliem puțin, la momentul ăsta, ce înseamnă să provoci o suferință. Noi gândim pe două registre: pe registrul cognitiv și pe registrul afectiv. Afectivul implică sentimentele, emoțiile, este acea trăire care procură, de fapt, energia pe care o au gândurile noastre. În momentul în care noi gândim, emitem o informație. Această energie care este modulată în semnale purtătoare de informație se numește sentiment, emoție, gând. Ei bine, această încărcătură emoțională poate fi benefică sănătății noastre sau, dimpotrivă, să aibă un efect opus, să ne îmbolnăvească, așa cum fac ura, tristețea, stigmatizarea, agresivitatea, furia.

Latinii spuneau un lucru superb referitor la relația dintre oameni: „*Sine ira et studio*"[6], adică fără furie, fără mânie și fără părtinire. Furia omoară

6 *Sine ira et studio* – Fără ură și părtinire, expresie aparținând istoricului Tiberius, în prefața de la *Anale* (n. ed.).

enorm de mulţi neuroni, iar părtinirea înseamnă injustiţie, nedreptate, aşa încât se creează un resentiment. Oamenii nu au nevoie de resentimente, de emoţii negative, ci doar de înţelegere; acesta este lucrul de care, în clipa de faţă, cred eu că am avea cea mai mare nevoie.

Cum activăm genele longevităţii, domnule profesor?

Există un cercetător, profesor, Q. Chang[7], care lucrează la Universitatea Wisconsin-Madison. El vorbeşte despre 52 de gene ale longevităţii, ale tinereţii, ale păstrării forţei, vitalităţii, şi despre condiţia lor. Prima condiţie este o alimentaţie hipocalorică, bazată în special pe vegetale.

Asta spunea şi Hiromi Shinya[8], un profesor chirurg care, mai mult decât oricine, era specializat în studiul aparatului digestiv. Avea o minte strălucită, dar, din păcate, a murit în 2021. Când l-am tradus noi, avea în jur de 82 de ani. Şase luni pe an lucra în Japonia, şase luni în America. Era un tip cu totul deosebit, o minte cu adevărat reprezentativă. El este cel care, cu ajutorul confraţilor

---

7 Qiang Chang, profesor la centrul Waisman din cadrul Universităţii Wisconsin-Madison (n. ed.).

8 Hiromi Shinya (1935–2021), chirurg general de origine japoneză, care a inventat capcana de polipectomie electrochirurgicală, permiţând îndepărtarea polipilor de colon fără intervenţii chirurgicale invazive (n. ed.).

lui japonezi, a creat acest colonoscop care baleiază întregul colon. Până atunci, exista un singur tub rigid, prin care nu se puteau vedea mai mult de 20 de centimetri din intestin. Ba mai mult, la asta s-a adăugat şi posibilitatea de a se analiza mai atent dacă, de pildă, se găsea o excrescenţă, o afectare localizată, pe care acum, datorită lui Shinya, o poţi fie cauteriza, fie exciza. Aşadar, un om cu mari merite.

El spunea următorul lucru: „Japonezii" – fiindcă îi opera şi vedea ce se petrece înăuntrul corpului lor – „au intestine foarte curate şi datorită faptului că obişnuiau să aibă o alimentaţie de tip mediteraneean", adică una cu mai puţină carne şi mai puţine produse lactate. După ce au ajuns americanii acolo, prin lanţurile alimentare şi prin produsele specifice, de nu se mai ştia care dietă este europeană şi care americană, deja aveau, ca noi, intestinele inflamate. Şi-a pus această întrebare, mai mult retorică: „Ce au câştigat japonezii din noua alimentaţie de după război? Pe de o parte, doi centimetri înălţime. Şi restul? Toate bolile europenilor!" Mi-a plăcut teribil.

Am plecat de la ideea de alimentaţie hipocalorică. Ce este aceasta, mai exact?

Alimentaţie hipocalorică înseamnă o alimentaţie fără zahăr în exces şi fără lipide procesate şi o gândire pozitivă. Acum trebuie să explic puţin ce înseamnă această gândire pozitivă.

Eu am vizitat universităţile unde lucrează Richard J. Davidson[9], dar din alte raţiuni. Nu ştiam despre cuvinte că ar putea avea o altă semnificaţie decât aceea proprie lor. Când zici „casă", „masă", „biserică" sau orice alt cuvânt, sunt cuvinte obişnuite, cu o semnificaţie obişnuită. Ei, nu e chiar aşa, potrivit spuselor lui Davidson, care are ideea să studieze în detaliu acest fenomen. Acum nu mai e necesar să aşteptăm să moară un om sau să sacrificăm un animal nevinovat, există aparate cu ajutorul cărora poţi să vezi ce se întâmplă în creierul unui animal sau al unui om, în momentul în care îi dai informaţie de un tip sau de altul. Fie că îl lauzi sau, dimpotrivă, îl stigmatizezi sau îl pui să gândească neutru. Aşa constată – şi asta mi se pare extraordinar, pornind de aici am creat şi sintagma de „Cod Etic al Creierului" – că avem cuvinte care au o semantică, adică un sens pentru noi care favorizează sănătatea, buna dispoziţie, viaţa, longevitatea. Avem totodată cuvinte care, dimpotrivă, aduc nefericire, boală sau moarte. În fiecare clipă în care gândim, indiferent că exprimăm asta verbal sau nu, ci doar gândim

9 Richard J. Davidson (n. 1951), profesor de psihologie și psihiatrie la Universitatea Wisconsin-Madison, fondatorul Center for Healthy Minds (n. ed.).

mental un cuvânt, noi pledăm pentru viață, longevitate, sănătate, bucurie sau, dimpotrivă, pentru boală, moarte, tristețe, depresie. Creierul este în definitiv o bucată de carne, care nu poate să facă selecție de una singură. Această selecție pe da și pe nu, pe pozitiv și negativ, pe bine și pe rău este o selecție de ordin etic, nu? Or, trebuie că undeva este o minte care spune dacă o acțiune e bună, iar alta nu.

Din punct de vedere al suportului fizic, vorbim de o frecvență înaltă și de o frecvență joasă a cuvintelor, însă efectul asupra organismului este unul cert. A rezultat foarte clar din experimente că folosirea unui cuvânt îmbolnăvea și utilizarea celuilalt, dimpotrivă, menținea sănătatea.

Acela a fost momentul în care am înțeles că nu creierul poate să facă această selecție, că acolo nu poate să fie decât conștiința, care are o funcționalitate pe criterii axiologice, pe criterii etice, adică poate să discearnă între bine și rău, între da și nu. De aici s-a născut și ideea potrivit căreia ar trebui să existe un cod etic al creierului. Dacă discutăm ipoteza existenței unei rațiuni de dincolo de noi înseamnă că această rațiune ne vorbește prin creierul nostru. Asta m-a făcut să înțeleg că, dacă noi continuăm să vorbim urât, să stigmatizăm, să bârfim, să facem toate relele astea, nu avem nicio șansă să ne înțelegem. Finalitatea nu poate fi decât una singură: aceea de a ajunge în ipostaza de a ne da unii în cap altora, fapt care se întâmplă în clipa de față, la scară largă. Și atunci, am spus eu, este nevoie de o nouă spiritualitate, de o nouă gândire, o nouă paradigmă. Am numit asta Cod Etic al Creierului.

Este evident că deţineţi secretul tinereţii. Nu numai prin ceea ce spuneţi, ci şi prin felul în care arătaţi. Sunt unsprezece ani, domnule profesor, de când am făcut prima emisiune împreună. De atunci şi până acum nu v-aţi schimbat absolut deloc.

Nu este chiar aşa, s-a întâmplat doar să am o energie mai tonică. Am moştenit energia mamei, care era foarte vioaie.

Domnule profesor, la începutul anului 2003 trăiaţi doar cu ajutorul perfuziilor. Nu mai aveaţi nici măcar forţa să vă mişcaţi mâinile şi picioarele. Eraţi într-o existenţă vegetativă. Din acea stare v-a scos o minune sau medicii pricepuţi?

Sigur că da, m-a operat colegul meu mai tânăr, Ionel Câmpeanu, argeşean de-al meu, un băiat foarte bun, căruia îi aduc laude peste timp, sper să le și audă. Un foarte bun profesionist.

Ce diagnostic aţi avut? Pentru ce anume v-a operat?

Pentru acea boală pentru care încă nu avem întotdeauna soluţie terapeutică.

Este vorba despre cancer?

Dacă vrei tu, sigur, putem să-i spunem şi aşa! Intervenţia a fost făcută la timp, dar am refuzat orice tratament despre care ştiam că nu îmi este util. Preţ de vreo trei ani, am avut un regim de tip exclusiv vegetarian. Colegii mei mă tot întrebau: „N-ar trebui să faci tratamentul adecvat?" Am spus un „nu" hotărât şi mi-am asumat consecinţele.

Însă trebuie să menţionez că am avut o serie întreagă de experienţe – în esenţă, vise, dar le pot numi şi experienţe, fără să comit vreo eroare. Am văzut o lumină pe care nimeni nu a văzut-o. Era 10 martie, era întuneric, înnorat afară. Alături de mine în salon era asistenta-şefă, venită să facă o injecţie. La un moment dat, din dreapta, de pe geamul de afară, au început să vină valuri de lumină. Au apărut de jos, încet, până au luat-o pe orizontală, apoi au coborât aşa încât toată camera erau plină de nori luminoşi. Or, ştim bine, lumina nu există sub această formă. Eram treaz, nu dormeam, nu visam. De fel, sunt destul de suspicios, dintotdeauna vreau să ştiu clar ce şi cum. Când s-a luminat camera, am întrebat-o pe asistenta-şefă: „S-a făcut soare afară?” „Ei, unde vedeţi dumneavoastră soare?”, mi-a replicat. Ea nu a văzut lumina din cameră.

La scurt timp după întâmplarea aceasta, am avut un vis excepţional. Se făcea că eram în Egipt, în faţa piramidei lui Keops. Era albă, toată înzăpezită. Tare ciudat, pentru că ştim că acolo nu ninge. În vârful ei, se afla Soarele, reprezentat aşa cum este de obicei în pictura bizantină. Acel soare îmi zâmbea extraordinar şi mă chema: „Hai, hai, vino!” Numai că eu, voind să ajung acolo, nu puteam să fac asta. Treptele erau prea mari şi pasul meu, prea mic, apoi, la nivel telepatic, mi-a spus cineva că nu prin stânga se poate urca, ci prin dreapta. Aşa că m-am dus în dreapta, la marginea piramidei. Într-adevăr, am făcut pasul prin dreapta şi am urcat, aveam un piolet pe care îl înfigeam în zăpadă şi încercam să mă ridic. Ceea ce m-a uimit a fost acea figură care mă privea cu atâta bunătate, cu un zâmbet absolut divin. „Vino, hai!”, continua să-mi spună, privindu-mă cu acel zâmbet pe care l-ar afişa în mod normal un om fericit. Aceasta a fost a doua întâmplare specială.

Ar trebui să mai menţionez faptul că fac parte din Societatea de Medicină Transpersonală.

Acum ceva vreme ne-a făcut o vizită un profesor, fiul unui şaman din Peru. Aşa cum se întâmplă după orice întâlnire ştiinţifică, seara s-a organizat o masă, unde am intrat în vorbă cu acel domn, peruan, spunându-i că am un vis de decriptat, pe cel cu soarele. I l-am povestit cu toate detaliile şi amănuntele pe care mi le aminteam. A stat, s-a gândit şi mi-a zis următorul lucru: „Asta a fost un semn divin, care numai unor oameni li se dă!"

Domnule profesor, atunci aţi avut sentimentul renunţării? Ce vă mai ţinea pe lumea asta?

Orice stare psihică are o chimie. Sunt ferm convins că aceasta a fost cheia vindecării mele. Aveam încontinuu o stare de pace interioară, o împăcare cu mine însumi, ca şi cum nu mă ameninţa niciun pericol. Dacă stai îmbufnat, speriat şi cu gândul: „E rău, e rău", sau revoltat: „De ce eu? De ce eu, şi nu altul?"... Nu atunci se întâmplă vindecarea. Eu asta am văzut la bolnavii pe care-i aveam în grijă.

Doi pacienţi, vecini de salon, aveau aceeaşi boală, făcuseră accident vascular. Veneam la vizită de trei ori pe săptămână, cu o cohortă de colegi după mine, după cum era procedura, şi îi întrebam pe fiecare în parte: „Cum e?" „Domnule doctor, cu voia lui Dumnezeu o să fie bine!", spunea primul. Pe acel pacient nici n-aveam nevoie să-l mai examinez, să văd cum merge, starea de bine se vedea realmente pe faţa lui, începea să înflorească. Celălalt, dimpotrivă, era mereu negativist: „Nu, nu e bine! M-a durut când am făcut injecţie şi nu mi-a trecut nici până acum!" Evident, acel om mergea greu cu recuperarea!

După cum spuneam şi în conferinţa susţinută la Ateneul Român, oare am eu voie să îi spun unui om: „Vei muri!"? Cine îmi dă mie dreptul să fiu Dumnezeu? Ştiu eu lucrurile astea? Nu ştim nimic, cunoaştem doar 4% din Univers şi dăm sentinţe de viaţă şi de moarte. Suntem ignoranţi, nu avem dreptul acesta. Atâta vreme cât eu nu pot să creez viaţă, n-am voie să iau viaţă ori să dau verdicte.

Revenind la cei doi pacienţi, este evident că nu spuneam nimic, încercam să păstrez o aparenţă de seriozitate, de profesionalism. Am sesizat atunci că reticenţa, lipsa de optimism, de speranţă, gândul rău, negativ sau revolta nu ne sunt de niciun folos în vindecare.

Bernie Siegel[10] are un panseu splendid: dacă nu putem să dăm zile de viaţă unui om, hai să dăm măcar viaţă zilelor pe care le mai are. Parcă e altfel formularea aceasta, nu? El face un expe-

10 Bernie Siegel (n. 1932), scriitor şi fost chirurg american, care a scris despre relaţia între pacient şi procesul de vindecare (n. ed.).

riment: ia bolnavi de cancer în diverse stadii, le descrie unde aveau zona afectată de boală și îi învață ca de două ori pe zi, dimineața și seara, să se concentreze pe zona respectivă. După imaginația fiecăruia, nu după un tipar prestabilit. Fie că se gândeau la un animal care mănâncă zona aceea rea și în locul ei apar celule noi, fie că vedeau un foc care ardea zona, nu exista o limită a imaginației. Se puteau gândi la ce doreau ei; el le desena zona afectată, le-o marca. După șase luni constată că 40% dintre ei s-au vindecat, printre aceștia chiar și pacienți care se aflau în stadii foarte avansate. Le face profilul psihologic pentru a vedea care sunt pacienții care s-au vindecat. Constată că aceia care aveau în primul rând credință, care erau optimiști și care credeau și rosteau cuvinte cu încărcătură pozitivă s-au vindecat. Ceilalți, nu.

Deci orice stare psihică are o chimie. Chimia pe care o trăim este suportul gândurilor noastre. Vindecarea se produce foarte greu în momentul în care suntem într-o stare de disperare, de depresie și nu vrem să mai știm de nimic. Categoric, depresia care poate apărea ca reacție într-o boală somatică este un obstacol în calea vindecării.

Pământul însuși reacționează ca o ființă vie la felul în care noi gândim.

Pământul este o ființă vie, de vreme ce pui un bob de grâu și răsar alte cincizeci de boabe într-un spic. Ce vreți mai mult? Și lui îi e sete, și lui îi trebuie apă. Or, aceea este ploaia. Hrană? Păi dacă îi dai toate otrăvurile alea, poți fi sigur că nu te mai bucuri de el. Omului, dacă îi dai să înghită o otravă, nu-l omori? Așa omori și Pământul!

Tăiem pădurile în veselie, din cauza faptului că, în clipa când s-a făcut împroprietărirea oamenilor, legile n-au menționat clar: „Aveți dreptul să uzați de asta, dar în conformitate cu legile care gestionează fondul forestier!" Pădurea nu e a mea, nu e a ta, nu este a vreunui om, ci este a Universului, a Pământului. Noi suntem cei care au nevoie de oxigen și de tot ceea ce fac pădurile pentru noi. Radiația atomică nu vine numai din mina de uraniu, ci vine de peste tot. Vegetația, pădurea sunt cele care o blochează! Suntem îngrijorați de modificările regimului climatic, noi toți țipăm că se încălzește. Păi sigur că se încălzește, dacă noi continuăm să tăiem în veselie copaci. Tatăl meu lucra în silvicultură. Întotdeauna când se dădea în tăiere o pădure, procedura era următoarea: se tăia doar copacul care era marcat, care era bolnav, uscat. Nu toți, cum se face acum, fără logică. Solul pe care stă pădurea are în jur de 10–12 cm. În clipa în care ai tăiat toți copacii, se rade tot. Uitați-vă la munții noștri, cum arată acum după tăierile masive. Nu poate să crească nimic acolo dacă rămâne doar piatră, fără solul care este luat de ape. Pădurea emite și oxigenul necesar vieții. Asta se învăța la vremea mea la Botanica de clasa a V-a. Să-i trimitem pe cei care fac asta să repete clasa a V-a!

Creierul generează conștiința sau, din contră, conștiința ghidează creierul?

Sunt noțiuni pe care toți le confundă. Impactul conștiinței asupra creierului se cheamă minte. Mintea este rezultatul chimiei și al activității electrice a creierului. Deci despre minte vorbim în clipa în care spunem că noi sau creierul nostru produce ceva: producem minte. Conștiința este doar un ram al Conștiinței Cosmice. Universul nu putea să apară dacă nu exista o inteligență, o conștiință, iar asta o spune cel mai mare maestru al fizicii cuantice, Max Planck[11], care creează conceptul de cuantă – de unde și denumirea de fizică cuantică – printr-un articol publicat în ultima lună a anului 1900.

La o întâlnire a fizicienilor din domeniu, care a avut loc la Florența în 1944, Max Planck afirma

11 Max Karl Ernst Ludwig Planck (1858–1947), fizician german, fondator al mecanicii cuantice. A primit Premiul Nobel pentru Fizică în 1918 (n. ed.).

că Universul există pentru că particulele din care e format nucleul atomic, cărămida de bază a universului, sunt întreținute într-o perpetuă mișcare de o mare minte, de o inteligență, de o forță. Aceasta este mintea materiei! Dacă eu, pe vremea când scriam la *Inteligența materiei*, aș fi știut de Planck, l-aș fi îmbrățișat cu ambele brațe. Din păcate, în acele timpuri nu venea nimic la noi dinspre Occident, știm foarte bine, era perioada Cortinei de Fier. Ulterior, după anii 1990, când am avut și noi acces la acest tip de informații, am înțeles că și alții au gândit ceea ce gândisem și eu. Fizica cuantică, după opinia mea, este o explicație perfectă a religiei.

Ce rol au sistemul simpatic[12] și cel parasimpatic[13] asupra stării noastre de bine și chiar asupra autovindecării?

Sistemul simpatic consumă energia, în timp ce sistemul parasimpatic generează energie, totul este energie! Einstein spune că ultima cărămidă nu este substanța, ci un electron, o sarcină, sarcina electrică. Până la urmă, suntem mașini electrice, dacă acceptați comparația. Numai că o mașină

---

12 Sistemul nervos simpatic – parte a sistemului nervos vegetativ, responsabilă de reacția de luptă sau fugă, în cazul unui pericol mare (n. ed.).

13 Sistemul nervos parasimpatic – parte a sistemului nervos vegetativ, responsabilă de odihnă și digestie (n. ed.).

electrică cu suflet, față de o mașină obișnuită, despre care știm că nu are așa ceva, o mașină pe care trebuie să o amorsăm noi. În timp ce pe noi, iată, ne amorsează Universul!

Sunt atât de multe persoane care au frica de a zbura cu avionul. Cât de importantă este amigdala în eliminarea acestei fobii? Ce le recomandați oamenilor pentru a-și depăși această teamă?

Să-și facă curaj! Rolul amigdalei este de a analiza între trei opțiuni: să fugi din fața pericolului, să îngheți în situația respectivă sau să te lupți cu pericolul, să-l înfrunți. Sentimentul de frică își are sediul la nivelul amigdalei, așa că aceasta recepteaza informația. În evoluția noastră ca specie, ea a avut un rol determinant, pentru că omul primitiv era pus în fața unui număr infinit de pericole, în fiecare zi. Una e să locuiești într-un oraș în care ai protecție, justiție, și cu totul altceva la vremea aceea, când aproape erai singur, doar tu cu Universul.

Se zice că atunci s-ar fi format creierul și o serie întreagă de funcții. De aceea, reacționăm de două ori mai repede la evenimentele și întâmplările negative decât la cele pozitive, ceea ce și este adevărat. Unele fobii sunt foarte reale și recognoscibile, cum ar fi teama de călătoria cu avionul.

Pe de altă parte, sunt şi fobii de cu totul alt ordin, care în mod evident parazitează mintea umană. Vestea bună e că există şi o terapie pentru lucrurile astea. Psihoterapia este foarte importantă în situaţii de acest gen.

Referitor la tinereţea pe care avem sentimentul că o pierdem repede, se duce repede, se poate menţine vigoarea prin controlul minţii?

Întreaga noastră personalitate şi mai ales marile raţionamente, judecăţi sunt gestionate la nivelul lobilor frontali. Informaţiile sunt primite de tot creierul, dar lobul frontal este cel care controlează conştiinţa, personalitatea, modalitatea de a gândi, de a ne comporta, gestica. Se constată că, la o anumită vârstă, zona frontală începe să se atrofieze. Nimeni nu se gândea atunci când am făcut eu specializarea în neurologie (anii 1970) că va veni vremea când vom putea reface această zonă de atrofie, refacere care este echivalentă cu reîntinerirea. Am spus textual: „Nu vă faceţi iluzii că dacă aveţi peste 70 de ani o să puteţi reîntineri până la vârsta de 20 de ani." Dar nici nu avem nevoie de aşa ceva, fiindcă există un avantaj al fiecărei vârste, care aduce cu sine şi schimbarea obligatorie a modului de a gândi.

Am vorbit despre faptul că sunt cuvinte care ne îmbolnăvesc și cuvinte care, dimpotrivă, ne întrețin forța vitală. Dincolo de asta, **hrana este extrem de importantă, pentru situațiile în care omul vede că ia proporții.** Vreau să spun un lucru esențial: nu îi putem acuza pe oamenii care sunt supraponderali că sunt neapărat lacomi. Motivul pentru care nu putem face asta este acela că există peste o sută de hormoni care dirijează digestia, iar instinctele acestea sunt foarte greu de stăpânit. De aceea, omul, dacă nu poate slăbi singur, trebuie să solicite ajutor specializat. În clipa de față există o știință a nutriției, sunt foarte mulți oameni care pot ajuta în acest sens. Poate ar fi bine să nu mai judecăm simplist, la modul: „L-ai văzut pe ăsta? E gras, sigur mănâncă mult!" Nu e adevărat, nu este o legătură imediată între cantitatea de mâncare, lăcomie și luarea în greutate, până la un punct. Acel om are alt metabolism, pur și simplu. Și pentru această situație există soluții. Asta vreau să se înțeleagă! Altfel, e așa de simplu să judecăm. Sunt foarte multe condițiile medicale care te pot face să fii într-un fel sau altul.

Eu cred foarte tare în avantajele medicinei din prezent și în mod cert pot afirma că s-au realizat progrese foarte mari. Așa cum, bunăoară, s-au realizat progrese în toate domeniile de activitate. Să ne gândim doar la ceva foarte simplu și comun în ziua de azi: să vezi o imagine însoţită de sunete pe un ecran de televizor. Or, ce este asta, dacă nu o convertire a unor unde invizibile? Este exact procedeul de care uzează şi creierul nostru, care aduce informaţii din lumea invizibilă şi nonmaterială, nonfizică, într-o realitate vizibilă, cognoscibilă şi evidentă. Succesele medicinei şi ale ştiinţei, în general, sunt enorme, haideţi să beneficiem de ele!

Domnule profesor, să vorbim acum despre boală. Boala se naşte exclusiv în minte şi poate fi vindecată prin minte?

Asta spune şi geneticianul Kazuo Murakami[14]: „Boala începe din minte şi se poate vindeca prin minte." Sigur, aserţiunea nu este validă în situaţii nefericite, de pildă când intră cineva cu maşina în tine şi te face zob. Nu vorbim de boală în acel caz, este mai mult decât evident. Dar dacă trăieşti după un regim considerat în limite normale şi deodată te trezeşti bolnav, atunci putem spune că da, boala începe din minte. Din fricile, din anxietăţile, din greşelile, din erorile tale de alimentaţie, din cauza lipsei de mişcare. Un lucru foarte important de

14 Kazuo Murakami (1936–2021), somitate în genetică, distins cu Premiul pentru Cercetare Max Planck (1990) şi Premiul Academiei Japoneze (1996). Este autorul cărţii *Codul divin al vieţii*, publicată la Editura Daksha, 2021 (n. ed.).

precizat: mişcarea este esenţială fiindcă favorizează activitatea creierului, a inimii şi a sistemului muscular.

CONȘTIINȚA UNIVERSULUI

Există un sistem energetic divin al planetei?

După mine, da, după atei, nu. Poate să zică cine ce-o vrea, că sunt naiv, treaba lor. Dar eu cred şi ştiu lucrul acesta, bazându-mă pe două motive. Şi nu, nu datorită literaturii pe care am citit-o, nu datorită mamei mele care m-a educat, nu aceste elemente m-au determinat să ştiu că există deasupra capului nostru o raţiune universală. În primul rând, ştiu că nu ar exista nimic dacă la început nu ar fi fost o Inteligenţă. Nu poate şti nimeni ce ar fi fost în locul acesta dacă nu era ocupat cu ceea ce este. Nu ştie nimeni de unde vine această primă lumină, dacă nu există raţiune. Aşa cum spune Eminescu, în traducerea sa fantastică a imnului cosmogonic din *Scrisoarea I*, în T zero încă nu era nimic:

„La-nceput, pe când fiinţă nu era, nici nefiinţă,
Pe când totul era lipsă de viaţă şi voinţă,

Când nu s-ascundea nimica, deşi tot era ascuns...
Când pătruns de sine însuşi odihnea cel nepătruns.
Fu prăpastie? Genune? Fu noian întins de apă?
N-a fost lume pricepută şi nici minte s-o priceapă,
Căci era un întuneric ca o mare făr-o rază,
Dar nici de văzut nu fuse şi nici ochi care s-o vază.
Umbra celor nefăcute nu-ncepuse-a se desface,
Şi în sine împăcată stăpânea eterna pace!...
Dar deodat-un punct se mişcă... cel întâi şi singur. Iată-l
Cum din chaos face mumă, iară el devine Tatăl!...
Punctu-acela de mişcare, mult mai slab ca boaba spumii,
E stăpânul fără margini peste marginile lumii...
De-atunci negura eternă se desface în fâşii,
De atunci răsare lumea, lună, soare şi stihii...”

La momentul de minus 43 de secunde apare prima undă de lumină. „Fiat lux"[15] are o bază solidă, fiindcă noi suntem unde de lumină. Fizica actuală a demonstrat-o! Nu știu de unde au avut această informație marile religii care pun în discuție acest subiect. Noi avem informația asta recent, datează din zilele noastre, în timp ce oamenii aceia știau asta de mii de ani. De unde au știut oare? Ce ne spun prietenii atei?

N-am să-i dau crezare niciodată lui Karl Marx care afirma că religia este opiu pentru popor și, deopotrivă, o invenție a clasei exploatatoare. Sunt aberații de care ne-am săturat până în gât. **Cred foarte tare că religia este o revelație!** Sigur, nu în totalitate, pentru că multe lucruri s-au adăugat de-a lungul timpului, dar, ca esență, religia este o revelație ce a fost dată unor oameni. De ce doar unora dintre ei, nu știu, probabil creierele lor au fost construite de așa manieră încât să poată percepe și recepționa aceste informații.

Așa au apărut religiile, nu am niciun fel de dubiu în sensul ăsta. Spun asta și prin prisma experiențelor directe pe care le-am trăit, neavând nicio posibilitate să explic lucrurile prin mijloacele pe care le știm azi, cu ajutorul științei. Venind din altă dimensiune, dincolo de literatură, atunci am

15 „Și a zis Dumnezeu: «Să fie lumină!» Și a fost lumină." - Geneza, 1:3 (n. ed.).

dreptul să vorbesc! Doar dacă nu suntem stăpâni pe gândirea noastră ne putem pune nişte semne de întrebare.

A fi raţional înseamnă să ştii cine eşti, cu cine stai de vorbă, unde eşti, când eşti. În clipa de faţă, când cunosc că vă numiţi Florentina Fântânaru, iar eu sunt Dumitru Constantin Dulcan, cred că putem afirma, fără putinţă de tăgadă, că mă aflu în deplinătatea facultăţilor mintale, nu?

Domnule profesor, de ce continuăm să sacrificăm resursele planetei în numele progresului?

Din prostie şi nimicnicie. Din lăcomie. Gândim defect, viciat: „Dacă mie mi-este bine, ce îmi mai pasă de tine? Ce îmi mai pasă de cei care vin după mine?" M-am gândit adeseori la o situaţie catastrofală, la un scenariu în care la conducerea unui stat posesor de arme nucleare să vină un individ la vârsta decrepitudinii, care nu are nici urmaşi, şi să îi spună vreunui general: „Apasă pe butonul ăla, să plece toţi odată cu mine" – *„Après moi, le déluge."*[16] M-am gândit întotdeauna la asta. Şi când îi văd acum pe toţi conducătorii ăştia mai speciali, eufemistic vorbind, şi din Est, şi din Vest,

16 „După mine, potopul!" – expresie atribuită regelui Ludovic al XIV-lea (n. ed.).

vorbind despre bombe termonucleare, îmi vine să închid televizorul. Sunt nebuni sau doar ticăloşi?

Suntem vital dependenţi de tot ceea ce ne înconjoară?

Fără îndoială! Una dintre condiţiile pe care le-am expus în „Decalogul longevităţii şi al tinereţii" suna aşa: socializarea! Socializarea nu este doar acţiunea în cadrul căreia noi discutăm plăcut sau mai puţin plăcut. Dimpotrivă, a socializa implică obligatoriu condiţia de a discuta la modul armonios. Pur şi simplu, este vorba despre un transfer de energie între partenerii angajaţi într-o discuţie.

În prezent, avem computere, aparate avansate cu ajutorul cărora putem să înregistrăm numărul de fotoni din clipa în care vorbim. Dacă discutăm armonios, indiferent de localizarea fiecăruia: unul poate să fie la Paris, altul la New York, observăm cum creşte numărul de fotoni, şi invers, dacă oamenii aceia sunt într-o discuţie sau relaţie conflictuală, scade numărul de fotoni. Aceasta înseamnă fie că noi câştigăm energie funcţională, vitală, fie că o pierdem, în funcţie de modul în care discutăm.

Revenim la prima întrebare pe care mi-aţi pus-o: „De ce are nevoie lumea astăzi?" De înţelegere, de armonie, iar pe acestea nu le putem obţine decât prin autoeducare şi informaţie. Este foarte necesară socializarea, noi suntem dependenţi unii de ceilalţi, la fel cum suntem dependenţi şi de condiţia pământului, de condiţia apei, a aerului, a tot ce mişcă în Universul acesta. Fără îndoială, suntem interdependenţi, fizica cuantică ne spune clar, chiar dacă fizica newtoniană vedea lumea ca pe un Univers compus din elemente disparate. Convingerea că suntem fiinţe disparate, fără nicio conexiune cu semenii, cu excepţia celor cu care avem relaţii de rudenie, este cea care a cauzat mult rău – războaie, conflicte, sciziunea religiilor şi a partidelor, a tot ce vreţi şi ce nu vreţi.

Vine acum 2000 de ani un alt nume şi vorbeşte despre conexiunea tuturor lucrurilor. La vremea lui Iisus, sclavii erau consideraţi a fi animale. Stăpânul putea să-i vândă, să-i ucidă, puteau să le facă orice, nu avea nicio responsabilitate legală. Or, Iisus vine şi îi înalţă în demnitatea de oameni: „Voi toţi sunteţi fraţi, fii ai aceluiaşi Tată." Adică tot ce există este rezultatul unei unităţi, al unei cauze unice, al unei singure raţiuni. Este exact ce ne spune şi fizica cuantică.

Fizica cuantică explică extraordinar ideile religiei, în special pe acelea care pun în discuţie această interconexiune a tuturor lucrurilor. Principiul nonseparabilităţii ne spune că noi nu suntem separaţi unul de celălalt, fapt care s-a demonstrat în 1982 la Paris, în experimentul condus de către fizicianul francez Alain Aspect[17]. Un foton este împărţit în două jumătăţi printr-un filtru şi fiecare parte este trimisă pe diverse distanţe opuse prin intermediul unor fibre optice. În momentul în care au părăsit traseul impus, au revenit pentru a reforma unitatea fotonului, ca şi cum ar fi ştiut că sunt „fraţi". Dacă cele două particule au fost o dată împreună, iar pe una dintre ele o situăm la orice distanţă, ele se vor învârti în sens contrar. Acest fenomen poartă denumirea de mişcare de spin. Dacă modificăm spinul particulei din proximitatea noastră, cealaltă particulă îşi modifică şi ea instantaneu spinul, ele funcţionând mereu în sens contrar. Ce poate fi mai grăitor pentru a demonstra că Universul este interconectat, că noi, la rându-ne, suntem fiinţe interconectate! În ultimă instanţă, suntem electroni sau particule, care, de asemenea, respectă acelaşi principiu al conexiunii.

Interesant este că fiecare particulă reprezintă întregul. Dacă noi ne concentrăm în bine sau rău asupra unei particule, ea urmează să influenţeze întregul de aşa manieră, încât întregul devine expresia particulei şi particula, la rândul ei, reprezintă întregul. Este un principiu care din nou ne

17 Alain Aspect (n. 1947), fizician francez cunoscut pentru munca experimentală privind inseparabilitatea cuantică (n. ed.).

explică conexiunea tuturor lucrurilor, precum şi nevoia ca noi să ne respectăm unul pe celălalt. Am spus tot timpul că aceste principii implică responsabilitatea de „a fi". A fi nu este un lucru pasiv, nu trăiesc cum vreau eu, pentru că, în definitiv, nici într-o pădure nu poţi trăi aşa cum vrei tu, dacă distrugi mediul, vei muri şi tu.

Dau mereu exemplul acesta foarte simplu la conferinţele la care sunt invitat: hainele pe care le port nu le-am făcut eu, maşina cu care merg nu am făcut-o eu, la fel, toate celelalte lucruri sunt făcute de altcineva. Eu, la rândul meu, am obligaţia şi responsabilitatea să ofer în contrapartidă un produs sau un serviciu care să fie măcar la nivelul calităţii pe care-l doresc de la celălalt: aparatul de televizor să funcţioneze, maşina cu care merg să fie făcută responsabil. Cu alte cuvinte, a fi înseamnă în egală măsură a avea responsabilitatea de a fi. Nu este un simplu „a fi", pasiv. Fie că vrem, fie că nu, ne implicăm activ în fiziologia lumii.

Putem să ne reconectăm la reţeaua Pământului pentru a-l vindeca?

Da, cu siguranţă, pentru asta ar trebui să umblăm desculţi prin iarbă. Această indicaţie a dat-o şi Iisus. Nici nu v-ar veni să credeţi! Există o carte[18] scrisă de un medic cardiolog în colaborare cu un individ care era instalator. Era un om simplu, fără o pregătire ştiinţifică avansată. Într-o seară, pe o stradă slab luminată, o maşină îl accidentează grav. Intră în moarte clinică, din care îşi revine după mult timp, trage multe ponoase de pe urma accidentului suferit. Voi prezenta pe scurt cazul lui, pentru a încadra povestea în context. Aflându-se în stare de moarte clinică, un ins, necunoscut, îl poartă peste tot, vorbeşte cu el şi îi povesteşte despre tot ce doreşte să afle. La final, îl întreabă: „Dar cine eşti tu?" Răspunsul primit îl şochează: „Eu sunt Cel pe care Îl numiţi Iisus."

Tot în starea aceea i-a povestit despre beneficiile obţinute de pe urma coenzimei Q10, a acidului alfa-lipoic, a vitaminei E, a vitaminei C, a curcuminei. Curios sau nu este că acestea sunt nişte substanţe despre care vorbesc acum şi oamenii de ştiinţă. Îi mai spune despre contactul, în timpul verii cel puţin, al tălpilor goale cu pământul. Lui îi era teribil de frică: „Dar cine mă va crede pe mine, un om care nu ştie decât să învârtă cheia la calorifer?" Pentru a afla mai multe, se duce la conferinţa susţinută de către un cardiolog celebru şi aşa se cunosc.

---

18 Tommy Rosa şi Stephen Sinatra – *Health Revelations from Heaven and Earth: 8 Divine Teachings from a Near Death Experience*, 2015 (n. ed.).

În final, se căsătorește cu o femeie foarte inteligentă. Ajunge să-i povestească și soției despre toate lucrurile acestea pe care le trăise. Fiind puțin încrezător în succesul pe care l-ar fi avut în transmiterea informației, îi spune: „Dragă, cum să spun eu lucrurile astea? Cine mă va crede pe mine?" Răspunsul care i-a pus capăt tuturor îndoielilor a venit chiar de la ea: „Pe tine poate nu te vor crede, dar gândește-te la un singur lucru: oamenii aceia au doar universitățile de pe pământ, tu o ai pe cea din cer!" Formidabil răspuns!

Cei 13 Hathori[19] *spun că ne îndreptăm cu mare viteză spre autodistrugere. Ce se poate face pentru a supraviețui?*

Să ascultăm și alte voci venite din eter. Cine sunt cei 13 Hathori? Pot spune că nu știu cine sunt, dar observ că sunt excelent informați despre treburile noastre foarte pământești. Ce ne spun cei 13 Hathori? Să vedem: „Vremurile ce vin", zic ei, „sunt foarte grele." Ne îndreptăm cu mare viteză spre autodistrugere. Credințele noastre, modelele noastre culturale și politice trebuie să se schimbe.

19 Presupus grup de ființe intergalactice, interdimensionale, care a avut legătură cu Egiptul antic, prin intermediul Templelor Zeiței Hathor, conform autorului Tom Kenyon (n. ed.).

De unde au știut ei ce ni se întâmplă nouă azi?

Probabil tocmai datorită faptului că sunt cine sunt. „Mentalitatea și viciile noastre cultivă idei care vor distruge viața. Stăpânii lumii? Cine sunt oare aceștia? Interese bine țintite se opun spiritualizării lumii, doresc să controleze și să manevreze lumea în continuare", spun ei. Să înțeleg că acești stăpâni țin cu dinții să rămână la concepția care consideră omul drept un simplu accident al naturii? Drept un animal care poate fi vânat ca oricare altul, fie din plăcere, fie pentru a elibera spațiul pe care îl ocupă în beneficiul lor?

Cei 13 Hathori, un număr angoasant prin unele părți ale lumii, ne mai spun că ne aflăm ca într-un sendviș, la mijloc, între presiunea spirituală exercitată din cosmos și puterile care vor să ne controleze energia unei conștiințe înalte!

N-or fi fost pe aici, pe la noi, prin Ucraina?

Îl întrebam recent pe Părintele Constantin Necula: „Cum este posibil, Părinte, chiar acolo în Ucraina, să fie război? Unde sunt lavrele[20] acelea, unde este semnul tălpii Maicii Domnului?" Da, chiar acolo a început, la Kiev, știe toată lumea.

20 Mănăstire mare din unele țări ortodoxe, unde călugării locuiesc în chilii la distanță unele de altele, cf. DEX (n. ed.).

Ce se poate face pentru a supravieţui?

Este foarte simplu: în primul rând, să ne informăm, să citim, s-au spus şi scris atâtea în literatură. Apoi, să-i înţelegem pe oamenii care au avut experienţe de genul ăsta la rândul lor şi, bineînţeles, foarte important, să renunţăm la toate instinctele ucigaşe.

Din 2012, se spune că Pământul a intrat într-o altă zonă de frecvenţă. Ce credeţi? Am reuşit să ne adaptăm la noua frecvenţă, am reuşit să ne înălţăm conştiinţa?

Mda, facem războaie, experimentăm diferite arme. Se vede cu ochiul liber răspunsul, nici măcar nu mai e nevoie să fiu întrebat. Te uiţi la televizor şi îl vezi mereu.

Odată cu schimbarea frecvenţei câmpului geomagnetic s-a modificat şi durata vieţii?

Da, vorbind la modul general, pe la nivelul anilor 1900 media vieţii era de 50 de ani. În comuna primitivă, speranţa de viaţă era de 25 de ani. Dacă cineva, pe vremea aceea, un om suprainformat, le-ar fi spus oamenilor din comuna primitivă că va veni o vreme în care vor trăi de trei ori mai mult, cel puţin 70 de ani, oare ar fi crezut? La fel cum, dacă ne-ar spune cineva acum că omul poate trăi 1000 de ani, ni s-ar părea imposibil. Cu toate acestea, sunt oameni de știință care discută această posibilitate.

Sigur că da, media de vârstă a crescut până la 75, chiar 80 de ani. Un cercetător japonez spunea despre noi și despre durata noastră normală de viață că ar trebui să se situeze în jurul vârstei de 120, 130 sau chiar 140 de ani. Scăderea puterii sistemului nostru de apărare împotriva bolilor inflamatorii, care constituie fundamentul pe care degenerează și se oxidează proteinele, face ca viața să ne fie scurtată. Fără îndoială că acest secol a fost în avantajul omului; trăim mai mult decât predecesorii.

Eram în Lausanne cu o cunoștință, care mă întreabă, la un moment dat: „Vrei să mergi cu mine în cimitir?" Eram „încântat" de așa invitație, vă dați seama, numai în cimitirele din Elveția nu fusesem până atunci. „Hai să facem un scurt periplu și să le citești pietrele funerare, jumătate dintre ei au vârsta de peste 90 de ani!"

Deci este indubitabil că omul și-a schimbat condiția. În același timp, așa cum observa și Isaac Asimov[21], investim mult mai puține fonduri în domeniul sănătății și mult mai mulți bani sunt

21 Isaac Asimov (1920–1992), scriitor american, născut în Rusia, biochimist, autor de mare succes, cunoscut pentru seriile *Fundația* și *Roboții* (n. ed.).

alocaţi pentru industrii ale morţii. Aceasta nu se poate numi înţelepciune, cu siguranţă.

Avem vreo responsabilitate faţă de Univers?

Bineînţeles! Să ne înţelegem, Universul nu este doar camera asta în care ne aflăm noi acum. Nu este doar spaţiul acesta închis în care vorbim. Eu nu văd nimic deasupra mea. Este, de fapt, vorba despre Mitul Peşterii, al lui Platon. Dacă aş spune: „Deasupra mea e ceva sau cineva!", dar tu nu ai văzut niciodată pe acel „ceva" sau „cineva" de deasupra, e posibil să-mi replici că fabulez despre cai verzi pe pereţi.

Cu toate acestea, da, deasupra lucrurilor există încă o altă lume. Acesta e Universul, deci eu am o responsabilitate, nu pot să mă manifest ca şi cum aş fi singur, trebuie să arăt respect, fiindcă suntem de fapt într-un templu. E o mare taină aceasta: eu te respect pe tine, tu mă respecţi pe mine şi astfel toţi trăim împreună. Dar dacă unui nefericit îi dă prin cap să vină cu puşca şi să tragă cu ea, fiindcă îi place lui să audă pocnetul? Acesta este Universul, suma tuturor lucrurilor pe care le facem, bune sau rele. Universul este inflamat sau facilitat ca funcţionalitate. Avem o mare responsabilitate în acest spaţiu în care locuim cu toţii. Tot ceea ce ne facem nouă facem şi Universului, după cum tot ceea ce

Orice stare psihică
are o chimie. Chimia
pe care o trăim este
suportul gândurilor
noastre.
Vindecarea se
produce foarte greu
în momentul în care
suntem într-o stare
de disperare, de
depresie și nu vrem
să mai știm de nimic.

Dumitru Constantin Dulcan

„face" Universul se răsfrânge asupra noastră. Este vorba despre responsabilitatea de a fi.

John Kenneth Galbraith, unul dintre consilierii preşedintelui Kennedy, pe care eu l-am admirat, profesor universitar, spunea: **„Bunul mers al unei societăţi este dependent de deciziile pragmatice, nu de cele ideologice."**

Dacă eu ţin la părerea mea sau la punctul meu de vedere doar din simplul şi singurul motiv că eu sunt într-un partid, iar adversarul politic în altul, şi este împiedicată înfăptuirea unei activităţi de care să beneficieze ţara, doar din raţiuni politice, atunci este doar propagandă. Tot ce spun eu e rău, iar tot ce spune celălalt este bine. Acestea nu sunt lucruri serioase, nu au nicio legătură cu ceva coerent, cu propăşirea unei ţări.

Este suferinţa o parte necesară a existenţei pe Pământ?

Din păcate, paradoxal, revin la întrebarea pe care mi-o puneam încă din copilărie. Văzând suferinţa umană, m-am întrebat dacă nu ar fi trebuit să fim programaţi numai pentru bucurie, pentru fericire. Ce părinte vrea să-şi vadă copilul nefericit? Educaţia noastră, modul nostru de a evolua sunt pline de erori, din păcate. Aceste erori generează boala şi suferinţa. Se pare că învăţăm mai mult din suferinţă şi din boală decât din bucurie. Boala şi suferinţa îl determină pe cel aflat în acea condiţie nefericită să mediteze, să gândească la ce a făcut bine şi ce nu. Dacă am trăi exclusiv în bucurie, în voluptate, nu am mai simţi că ar fi nevoie de atâta gândire şi de meditaţii profunde asupra sensului vieţii pe Pământ. Dar şi viaţa trăită exclusiv în suferinţă ar fi un calvar...

Dar noi, oamenii din ziua de azi, suntem un rezultat fericit sau nefericit?

Unul fericit. E un lucru extraordinar să te naşti, să vii aici, să cunoşti lumea, să te bucuri de roadele civilizaţiei.

Rezultatul acţiunilor noastre e unul fericit? Ne îndreptăm către unul care, după toate premisele, e nefericit!

Noi discutăm aici, dar nu noi suntem vinovaţi pentru asta.

Care este şansa noastră, domnule profesor?

Şansa noastră este să ne cuminţim, să facem saltul de la inteligenţă la înţelepciune. Inteligenţa ne spune cum să rezolvăm un lucru, iar înţelepciunea înseamnă acea finalitate pozitivă dată inteligenței. Un om rău, dar inteligent e foarte periculos pentru cineva care-i poate cădea victimă. Din păcate, imaginația sa nu servește binelui!

Și bunătatea inimii!

De aici pleacă totul, de la nevoia de înțelepciune, de bunătate. Avem și creier, și inimă, sincronicitatea lor funcțională fiind cea care ne condiționează sănătatea și longevitatea. Unul dintre cele mai importante aspecte ale acestei sincronicități este, deci, coordonarea dintre inimă și creier, altfel spus, stabilirea unui echilibru între ceea ce gândim și ceea ce facem. Inima este cea pe care am putea s-o considerăm responsabilă de afectivitate, emoție, sentiment, pe când creierul este partea care vine cu informația. Coordonările dintre cele două au importanță pentru noi, iar unul dintre cele mai semnificative efecte implică eliberarea hormonului tinereții (dihidroepiandrosteronul). În caz contrar, discordanța înseamnă haos, iar haosul înseamnă boală, conflict, atât la nivel social, cât și la nivel strict individual.

Sincronizarea funcțională, ale cărei avantaje sunt evidente, a fost numită **starea de coerență** dintre inimă și creier, iar discordanța lor funcțională este numită **stare de haos**.

Orice moment când gândim, orice emoție și orice sentiment sunt, iată, o pledoarie pentru viață, sănătate, fericire, bucurie sau, dimpotrivă, pentru boală și, în final, moarte.

Pedro Calderón de la Barca[22] *spunea că viața e vis. Avea dreptate?*

Aceste cuvinte i le-a spus și o fetiță de șase ani tatălui ei, jurnalist, care s-a dus în mijlocul războiului din Irak, unde își pierduse un frate. Dorea să știe de ce a murit fratele lui. „Tati", l-a întrebat, „nu-i așa că viața e ca un vis?" Aici, pe Pământ, noi avem o durată de existență foarte scurtă, dacă ne raportăm la Univers. Sigur, nu trăim cât o broască țestoasă, dar e o comparație ce-mi vine acum în minte și pe care am menționat-o recent în cartea *Creierul și Mintea Universului*[23]: „Calul e nărăvaș, aleargă iute și trăiește 30 de ani, în cel mai bun caz. Măgarul e lent, de-abia se mișcă, dar trăiește 80 de ani." Putem învăța ceva de aici?

22 Pedro Calderón de la Barca y Barreda González de Henao Ruiz de Blasco y Riaño (1600–1681), poet și dramaturg spaniol, cunoscut drept unul dintre cei mai remarcabili scriitori baroci ai Secolului de Aur al Spaniei (n. ed.).

23 Publicată la Editura Școala Ardeleană, Cluj Napoca, 2019 (n. ed.).

PUTEREA EXTRAORDINARĂ A SUBCONȘTIENTULUI

Subconştientul poate reprezenta un Univers în sine. Putem noi influenţa modul în care acţionează subconştientul asupra noastră?

Tot ce gândim noi semănăm în subconştient. Între conştient şi subconştient este o distanţă foarte mică, subconştientul fiind stratul imediat următor. Dacă doriţi, subconştientul este cel care alimentează conştiinţa. Gândim, fireşte, iar gândurile noastre, dacă sunt persistente, se duc în planul subconştient şi apoi în sens contrar, din subconştient ajung în conştiinţa noastră, ca într-un joc continuu.

De exemplu, învăţăm să conducem maşina şi repetăm această activitate de atâtea ori, încât devine o acţiune automată. Asta înseamnă că în plan conştient am repetat activitatea asta de atâtea ori, încât la un moment dat subconştientul a preluat acele mecanisme.

Nu am văzut prea mult scris despre un fapt foarte important. Atât în conştient, cât şi în subconştient există o raţiune, pentru că sistemul nostru vegetativ conduce activitatea întregului organism, cu toate structurile de care dispune. Toate lucrurile acestea nu le conduc eu, nu sunt eu cel care-i spune inimii: „Acum bate mai repede sau mai încet!" Nu, inima bate în ritmul ei. Deci, în subconştient se află o mare comoară. Dacă îi predai informaţia corectă, o va aplica întocmai. Este foarte important ca subconştientul să preia numai lucruri raţionale şi benefice. Subconştientul preia informaţiile aşa cum îi sunt furnizate, pentru că discernământul îi aparţine doar conştiinţei.

Am să vă mai spun ceva. De obicei, educaţia noastră este una de tip limitativ. Auzim adeseori copii spunând: „Nu pot să învăţ *Luceafărul*, pentru că are 98 de strofe, nu pot să învăţ *El Zorab* sau mai ştiu eu ce." Eu am învăţat poezia *El Zorab* fără probleme, pentru serbare. Avem, pe de altă parte, exemplul copiilor cu tulburări din spectrul autist, despre care auzim mereu că şi-au însuşit nişte abilităţi formidabile. Unul dintre aceşti copii, de exemplu, s-a apucat să cânte un concert întreg de Ceaikovski fără să-l fi învăţat, doar auzindu-l. Exemplele sunt nenumărate.

În concluzie, se pare că creierul nostru are posibilităţi mult mai extinse decât cele oferite de limitele între care îl folosim.

Care sunt limitele educației formale?

Educația formală ne-a învățat că noi nu putem să creăm ceva decât dintr-un loc până în altul, din punctul A în punctul B. Aceasta se traduce prin faptul că noi ne programăm pe două axe, în speță pe șansă și eșec. Programarea pentru șansă este să afirm că pot face un lucru sau o activitate, iar programarea pentru eșec este să spun și să-mi repet că nu pot să fac acel ceva.

Care sunt practicile prin care putem folosi subconștientul în procesul de autovindecare?

Să ne programăm numai pentru vindecare. Aici ne situăm în planul fizicii cuantice. Câmpul cuantic este acel nivel al existenței pe care, spun fizicienii din domeniu, nici cel mai perfecționat microscop de la CERN[24], din Geneva, nu îl poate distinge. În acest câmp nu există substanță, ci doar informație și energie. Informația din T zero, din începutul lumii, este văzută ca Marea Conștiință Cosmică ce dă formă lucrurilor, menținând particulele subatomice într-o perpetuă mișcare. Ele vin din universul cuantic spre noi, conturează lumea și dispar în neantul din care au venit. Un exemplu ar fi următorul: când pun brațul pe fotoliu, eu tind să

24 CERN – Organizația Europeană pentru Cercetare Nucleară (n. ed.).

cred că am atins fotoliul cu mâna mea. În realitate, tot ce am atins nu a fost decât un strat de electroni.

Subconștientul este o inteligență infinită, este toată zestrea Universului. Dacă am fi inițiați, am putea citi în subconștient toată istoria lumii. Acolo stau înscrise și istoria lumii, dar și istoria noastră individuală. Acesta nu este un concept nou, ideea au gândit-o toți, de la Platon până la Carl Gustav Jung.

Deci, dacă ne programăm prin meditație, prin rugăciune, putem să aducem din câmpul cuantic informația utilă, putem să luăm din infinitatea de posibilități doar pe aceea care ne este favorabilă: vindecare, sănătate, fericire, să avem o casă frumoasă, să intrăm la facultate, să studiem, să ajungem cineva important. În esență, trebuie să urmărim un obiectiv. Să avem în viață un scop, pe care să-l urmărim zi de zi, să ne culcăm cu gândul la el, să ne trezim cu el în minte, așa încât subconștientul nostru să-l preia și să mențină această voință.

Noi nu putem evolua decât prin cunoaștere. Spun unii că avem mai multe vieți, dar eu nu știu și nu cunosc decât viața asta. Ca atare, vreau ca în această viață pe care o cunosc să dispun cât mai bine de ea, să învăț cât mai mult, să cunosc cât mai mult. Asta e la îndemână, asta e ceva concret.

În fiecare clipă în care
gândim, indiferent
că exprimăm asta
verbal sau nu,
ci doar gândim
mental un cuvânt,
noi pledăm pentru
viață, longevitate,
sănătate, bucurie
sau, dimpotrivă,
pentru boală, moarte,
tristețe, depresie.

Dumitru Constantin Dulcan

Propria noastră conştiinţă poate ordona materia?

Sigur, conştiinţa ordonează materia. Universul s-a organizat după nişte legi foarte precise, riguroase: Legea gravitaţiei a lui Newton, Legea câmpului electromagnetic, Legea forţelor tari şi Legea forţelor slabe ale atomului. Forţele slabe sunt implicate în chimie, forţele tari, la nivel de nucleu atomic.

Trebuie menţionat că apariţia vieţii, conform principiului antropic formulat de către Brandon Carter[25] în 1974, este condiţionată de constante stricte. Spre exemplu, amplitudinea sau magnitudinea forţei tari de care depinde stabilitatea edificiului structural al atomului trebuie să aibă valoarea de 0,007. Sub valoarea de 0,007, hidrogenul nu ar fi existat, ca şi celelalte elemente chimice. Fără hidrogen, nu exista apă, iar fără apă, apariţia vieţii nu era posibilă. Peste 0,007 magnitudine a forţei tari, hidrogenul ar fi devenit elemente chimice grele şi iarăşi nu ar fi existat apa, care condiţionează existenţa vieţii. Iată, deci, cum de o constantă numerică apărută în evoluţia Universului depinde însăşi existenţa noastră ca fiinţe.

---

25 Brandon Carter (n. 1942), fizician teoretician de origine australiană, cunoscut pentru munca sa privind găurile negre şi pentru a fi primul care a numit şi folosit principiul antropic în varianta sa contemporană (n. ed.).

Există o carte: *Dieu, la science, les preuves* („Dumnezeu, ştiinţa, dovezile"), care aparţine lui Michel-Yves Bolloré şi Olivier Bonnassies, astrofizicieni, şi care a avut un mare succes în Franţa. În ea sunt discutate aceste legi fundamentale prin care se organizează Universul şi la care noi ne raportăm în existenţa noastră. Au o inteligibilitate, iar cifrele sunt riguros ştiinţifice. Aceste cifre sunt constante de atunci, de 14,8 miliarde de ani. Sunt constante care reprezintă condiţii ale existenţei noastre, ale Universului nostru. În momentul zero înseamnă că trebuie să fi fost o inteligenţă, o conştiinţă. Conştiinţa este cea care organizează materia sub formă de stele, nebuloase, galaxii etc.

Noi spunem despre conştiinţă că este expresia funcţionării creierului. Alte opinii susţin contrariul. Conştiinţa este o ramură a marii Conştiinţe Cosmice. **Conştiinţa mea, individuală, nu este numai în creier, ci ea este un câmp universal, deci nonlocalizată.** Din impactul dintre conştiinţă şi creier rezultă mintea, care este produsul chimiei şi al câmpului electromagnetic al creierului. Oricât s-ar strădui să-mi explice mie ştiinţa materialistă cum a apărut Universul şi că organizarea lui este datorată întâmplării, eu întreb următorul lucru, simplu ca bună ziua: cum a putut să creeze Universul două fiinţe de sex contrar, dar complementare? Dacă e doar o întâmplare, să zicem că a apărut mai întâi bărbatul. Aceeaşi întâmplare trebuia s-o creeze şi pe femeie, dar femeia apare cu o structură complementară bărbatului. În plus, se află în biologia sa capacitatea de a crea o altă fiinţă. Dacă este întâmplare, atunci înseamnă că întâmplarea care l-a creat pe bărbat, pe Adam, să zicem, şi care a creat-o a doua oară şi pe femeie, pe Eva, era suficient de inteligentă să ştie care este structura lui Adam şi în plus să o doteze cu capacitatea de a genera o nouă fiinţă. Şi atunci, dacă această întâmplare în Univers e inteligentă, cui aparţine inteligenţa?

Energia aceea de început, Big Bang-ul, apare la secunda -43, deci apare după T zero. Asta nu poate însemna decât faptul că la început a fost o conştiinţă, o inteligenţă, cum de altfel spune şi Max Planck.

Care este primul lucru la care vă gândiţi atunci când rostiţi cuvântul „viaţă”?

Că există o raţiune, o inteligenţă care a creat viaţa. Aşadar, viaţa mă obligă la mai multe explicaţii. Ştiinţa astrofizicii spune că la început a fost acest câmp masiv de energie, care avea miliarde de grade temperatură, încât nu existau nici măcar particule. Pe măsură ce temperatura scade, începe să se organizeze Universul. Temperatura acestei energii iniţiale începe să scadă şi apar unităţile care formează elementele chimice şi, de aici, să se contureze toate celelalte structuri ale Universului. Pământul se desprinde din Soare, acum 5 miliarde de ani. Începe să se răcească în circa 2,8 miliarde de ani şi, dintr-odată, apare viaţa.

Dacă Terra a fost un bulgăre de foc, apoi s-a răcit, a devenit pământ şi a apărut viaţa. Deci materia moartă creează viaţă? De ce nu creăm şi astăzi viaţă, dacă e aşa de simplu? Ce factor intervine în momentul trecerii de la lutul inert la fiinţele vii?

Toate teoriile apariţiei vieţii sunt doar ipoteze, niciuna nu a fost demonstrată. Pământul este fiinţă vie, dar nu în sensul vieţii propriu-zise. Viaţa înseamnă un sistem capabil să se autoreproducă prin consum de informaţie şi de energie şi să se autoconserve, adică să se hrănească, să se ferească de pericole şi să se reproducă. Asta-i viaţa, un sistem. Or, un lut, care până la momentul acela păstrează o tăcere absolută şi dintr-odată începe să mustească de viaţă şi de zgomotul ei, ce factor îl animă?

Conform filozofiei budiste, copiii sunt cei care aleg părinţii la venirea în planul terestru. Dumneavoastră aţi ales bine, ce credeţi?

Nu numai budiştii afirmă asta. Părinţii mi-au dat viaţă şi harul de a scrie. Nu eram aici dacă nu erau ei.

E un dar, care v-a fost dat. Însă este şi o alegere, dacă alegerea a fost a dumneavoastră!

Alegerea se face în spirit, se cere acordul părinţilor. Când spuneam asta, acum ceva vreme, probabil că majoritatea lumii gândea că am nevoie de o vizită la spital, la secţia aceea specială! În cartea menţionată *Cele 9 trepte* acest fenomen este explicat mult mai pe larg.

URA ESTE CANCERUL FIINȚEI

Domnul profesor universitar doctor Dumitru Constantin Dulcan, vizionarul care a atenționat lumea contemporană încă din 1981! Au trecut 42 de ani de când ați spus că, atunci când omul va reuși să facă saltul de la inteligență la înțelepciune, se va împăca cu sine și în lume va domni pacea. Ce domnește în lume acum, domnule profesor?

Inversul păcii, războiul. Și încă e bine, dacă stăm să ne gândim. Era și un banc pe marginea acestui subiect. Se zice că un om cade de la etajul 10. Pe la etajul 5 este întrebat de cineva în ce stare se află. Răspunsul este unul tare simpatic: „Încă-i bine!" Într-adevăr, încă e bine că nu a ajuns la parter.

Nu conștientizăm cu ce risc ne confruntăm, suntem la doi pași de un mare pericol, văd că toți sunt la fel de hotărâți în aceeași direcție. Nu mai auzim la televizor decât știri despre război, bombe, tancuri, rachete. Nu aud un cuvânt de pace, o pornire în direcția asta. De pildă, să facem un congres unde să vorbim despre vreo descoperire mare în știință, în artă, în educație. Să învățăm oamenii cum să trăiască! Numai niște încrâncenări. Și nici nu sunt oameni bătrâni sau decrepiți, căci, dacă era așa, altfel stăteau lucrurile. Niște indivizi au cu totul și cu totul alte intenții cu lumea asta. Ce vor de la noi? De ce au nevoie de carne de tun? De ce au nevoie, de fapt? Nu mai înțeleg nimic, s-a transformat totul într-o civilizație a sângelui.

Afirmați la un moment dat că ura este cancerul ființei.

Ura este un sentiment nociv, cu efect de stres. Stresul înseamnă un exces de cortizol din glanda suprarenală, un exces de adrenalină și noradrenalină, care duce la vasoconstricție atât la nivel cerebral, cât și la nivel cardiac. Pur și simplu, aceste organe nu mai sunt hrănite adecvat și, treptat, treptat, așa cum spune vorba aceea din popor, ața se rupe acolo unde este mai subțire.

Prin tot ce se întâmplă în clipa de față am sentimentul că cineva vrea cu orice preț dispariția omenirii. Dacă cineva își face iluzia că, în ipoteza în care rușii și americanii ar utiliza o bombă termonucleară, s-ar rezolva toate problemele lumii, atunci înseamnă că oamenii din timpurile astea chiar nu știu cât fac doi și cu doi. M-am exprimat eufemistic, ca să fiu foarte elegant și să nu spun altceva.

Ce se întâmplă în creierul nostru când avem o criză de furie?

Mor cu mult mai mulți neuroni decât în mod normal. Pe vremea studiilor mele, se spunea că avem circa o sută de miliarde de neuroni. Acum se apreciază că am avea undeva la 80 spre 100 de miliarde, probabil. Într-un milimetru de substanță deja sunt milioane de conexiuni.

Dacă stăm fără să facem nimic, doar stăm și ne uităm la televizor, mor cam două mii de neuroni pe zi. Cu cât mă înfurii mai mult, mor zeci de mii de neuroni. Dacă stresul este continuu, la un moment dat ne trezim cu demență, cum ar fi boala Alzheimer. Din nefericire, frecvența acestei boli este din ce în ce mai mare. Se crede că în viitorul apropiat unu din doi oameni va muri cu această boală. Frecvența cea mai mare o au țările cele mai dezvoltate economic și industrial: America, Franța, Germania, India. Ciudat e că această afecțiune nu se manifestă foarte des în Africa, unde hrana este frustă, unde situația economică nu este cea mai fericită, ba chiar, de multe ori, oamenii de-abia reușesc să își asigure minimumul necesar. Aparent, e un paradox. În realitate, are explicație în diversele excese ale civilizației moderne.

Un factor care grevează foarte mult această frecvenţă de îmbolnăvire în ţările dezvoltate este relevat prin două componente deloc de neglijat: **suprasolicitarea** și **poluarea**. Pământul e poluat, apa e poluată, aerul este poluat. Necontenit, totul e poluat. Asta pe de o parte, iar pe de cealaltă parte este suprasolicitarea. Să munceşti, să te duci acasă, să alergi pentru vreo urgenţă, să ai grijă așa încât copilul să ajungă şi să plece cu bine de la şcoală. Vai şi amar de sufletele şi de minţile noastre! Explicaţia unora este că aceste cauze ar fi existat și înainte, dar nu trăia omul atât. Din cauză că trăieşte mult, chiar dacă sună paradoxal, se ajunge și la asta, eventual. Totuși, sunt atâţia oameni care au vârste în jurul a 90 de ani, cu o memorie foarte bună. Deci, care este explicaţia?

E adevărat, una dintre condiţiile necesare pentru a putea să te menţii este să îţi antrenezi în permanenţă creierul, pentru că fiecare idee nouă naşte o sinapsă, o conexiune nouă. Ai nevoie de cel puţin o reţea neuronală să se conecteze, pentru ca tu să poţi judeca orice acţiune, să citeşti sau să auzi o informaţie. Asta înseamnă că informaţia, cultura, obiceiurile, credinţele augmentează şi funcţia creierului, din punct de vedere biochimic, şi chiar şi anatomia sa.

Dau mereu exemplul cu cele două loturi de şoricei. Unora dintre ei li se pune o serie întreagă de diverse instrumente cu ajutorul cărora se joacă și după un timp se constată că în cortexul lor numărul de neuroni pe care îi câștigă este de 4 ori mai mare decât în cazul lotului de șoricei care au rămas în aceleași condiții, nemodificate.

Asta îmi spune că un om care citește în permanență, care se „antrenează" astfel, care se duce la un spectacol de teatru, de operă, rezolvă cuvinte încrucișate, deci un om care face orice pentru a folosi creierul, bijuteria aceasta pe care ne-a dat-o Dumnezeu, pur și simplu își întreține creierul, iar creierul este cel care comandă organismul. Rezultă că, dacă ai un creier bun și în stare optimă de funcționare, ai și sănătate. Reciproca este și ea valabilă, dacă nu ai un creier bun, nu ai sănătate, e simplu de înțeles.

Deci, nu cred că din cauza înaintării în vârstă trebuie să ne așteptăm să facem neapărat o formă sau alta de demență.

De ce există tentația de a ignora tot ce a făcut util omul în viață și de a-l stigmatiza pentru o singură eroare?

Este cea mai mare stupiditate pe care o poate face omul. Nu pot să nu mă gândesc la domnul doctor Mencinicopschi, căruia i s-a luat decorația. Din clipa aceea nu a mai fost om. Omul care era cel mai bun nutriționist științific, știa tot despre nutriție, începând de la cuanta din câmpul cuantic până la complicațiile și implicațiile sociale... Pe un astfel de om îl închizi? Mi s-a spus că l-au închis pentru că ar fi primit o casă. Păi un profesor universitar, un șef de instituție, unde-ar fi trebuit să stea, pe stradă, într-un bordei? Acesta este standardul economic al României democratice, pentru asta au murit copiii la Universitate? Nu gândim deloc. Pe acestea toate trebuia să i le dea statul, nu să fie el nevoit să accepte de la cineva care avea posibilitatea să-i dea o casă. Acesta e motivul pentru care omul acela și-a pierdut sănătatea! Poftim, acum e în pământ. Unul dintre cei mai mari profesioniști în materie de nutriție pe care i-a avut această țară, un om cu un suflet excepțional.

Nu sunt de acord să ți se anuleze retrospectiv un merit. Omul e plătit pentru ceea ce a făcut. E munca lui. Răul pe care l-a făcut la un anumit moment îl plătește, e judecat separat, dar ce e bun câștigat, cu ce drept i se anulează? Mi se pare că asta este o totală injustiție și nu o înțeleg.

Noi ce pedepsim? Trecutul sau prezentul?

Este aberant. Mi se spune mereu de către toate cunoștințele doctorului Mencinicopschi că din clipa în care i s-a retras această decorație acel om a fost distrus. Aș vrea să le spun celor care fac relele

Nu ar exista nimic
dacă la început
nu ar fi fost o
Inteligență.

Dumitru Constantin Dulcan

astea că nimic în Univers nu rămâne fără plată și răsplată, ce faci, ți se va face! Acțiunile, gândurile, sentimentele, emoțiile circulă prin sângele nostru. Odată și odată se vor răzbuna: *Ex ossibus ultor!*[26]

Între altele, mi-a plăcut mult și istoria. Când Lavoisier, unul dintre marii savanți ai Franței, a fost condamnat la moarte prin ghilotinare doar pentru că a fost primar al Parisului câteva săptămâni sub Ludovic al XVI-lea, cineva, voind să-l salveze, a spus că este un geniu, iar replica ce i s-a dat a fost: „Revoluția nu are nevoie de genii." Și după 200 de ani continuăm să perpetuăm aceeași nerozie!

De ce este nevoie de iertare?

Pentru că o lume fără iertare ar însemna o lume în care să ne scoatem ochii unii altora. Iertarea este cea care creează o atmosferă de toleranță, de înțelegere, de colaborare și de comunicare între oameni. Fără a avea toate aceste repere, dacă ținem ură unii față de ceilalți, ajungem să ne ucidem. Așa se nasc războaiele, actele teroriste. E vreun lucru bun din toate astea? Nu, avem nevoie de iertare. Este primordial.

---

26 *Exoriare aliquis nostris ex ossibus ultor!* – „Din oasele noastre să răsară un răzbunător!", verset din *Eneida* lui Vergiliu (n. ed.).

Cum ajungem la binele colectiv? Putem schimba comportamentul celorlalți în bine?

Putem, dar metodele sunt puțin extreme, sau cel puțin una dintre ele s-ar încadra aici: ori dictatură, ori prin educație. Toată lumea vorbește despre educație. Ciudat este că mereu facem educație sub o formă sau alta, vorbim de metode revoluționare, dar lucrurile rămân la fel. Și totuși, educația civică este esențială. Cred că acest tip de educație trebuie să înceapă cu învățarea alfabetului. Copilul trebuie să înțeleagă că el nu poate trăi singur, că existența sa este dependentă de toți ceilalți semeni.

Pe de altă parte, nu sunt de acord cu toleranța excesivă a violenței, nici față de colegi, nici față de profesori. Continuând așa, ar fi posibil să nu mai dorească nimeni să devină educator!

Să privim unde am ajuns!

CRIZA OMULUI MODERN

Cât de mult au înțeles oamenii, domnule profesor, că lumea este darul lui Dumnezeu?

Există două surse de informație: una este știința, indubitabil, și alta este religia. Putem să fim sau să nu fim de acord cu ea, dar este o sursă de informație care ne vorbește despre o anumită structurare a Universului la alt nivel, spiritual. Putem să nu fim de acord cu ea, dar este o alternativă a unui mod de a înțelege lumea, de a înțelege existența, de care avem nevoie obligatoriu. Nu ne acuzau că un partid unic însemna o singură idee și că o singură idee înseamnă obligarea omului să intre pe un canal rigid, inadecvat pentru toată lumea? Deci, ca alternativă, religia vorbește despre Dumnezeu. Pentru cei care cred, Dumnezeu este un dar. Ce înseamnă asta? Înseamnă un lucru extraordinar. Ori admitem în virtutea concepției materialiste că noi ne-am născut din întâmplare ca și Universul, ori admitem că există deasupra noastră o dimensiune spirituală, o dimensiune a rațiunii, că modelul de acolo este împrumutat întregii vieți, atunci când se spune că suntem după chipul și asemănarea lui Dumnezeu.

Eu nu cred că suntem făcuți după chipul a ceea ce a fost numit Dumnezeu, deoarece nu cred că L-a văzut cineva. Este într-adevăr pictat în icoane, Îl putem vedea acolo, dar asta este doar ce ne imaginăm noi. Dacă discutăm în sensul rațiunii de dincolo de noi, eu afirm și am afirmat în tot ce am scris că este dublura tuturor lucrurilor. Luăm o celulă din corpul uman, o punem în condițiile în care deja știm că ea se poate dezvolta și zicem că am creat ceva, dar nu am creat nimic. Am luat o celulă vie, am pus-o în condiții adecvate de dezvoltare și ceea ce obținem este, de fapt, energia informațională dinapoia sa, este suportul ei informațional și energetic. Acest suport informațional și energetic este rațiunea pe care Max Planck o numea inteligența sau mintea materiei. Orientul, în filozofia lui, a dat o serie întreagă de denumiri. N-are importanță cum îl numim, am și spus-o, dacă vi se pare că este desuet, dați-i un nume modern și mergeți mai departe.

În primul rând, dacă Universul a apărut din întâmplare, să ni se explice de unde vine energia din care lucrurile au fost făcute, de unde vine lumina, acel Fiat lux, din care toți suntem făcuți. **Noi suntem condensări de lumină.** Universul este un conglomerat de fotoni, de unde de lumină. Această revelație poate fi un argument pentru existența religiilor. Dacă ne întrebăm de unde vine lumina, aceeaşi întrebare o putem atribui şi materiei.

Nu este singurul meu argument, care poate susţine ipoteza existenţei unei raţiuni de dincolo de noi. Am spus-o o dată, la un interviu: „Dacă Dumnezeu nu ar exista, ar trebui să-L imaginăm!" Pentru că răspunde la mult mai multe întrebări decât suntem noi capabili să găsim o soluţie. Sunt convins că foarte mulţi oameni au fost întorşi de la săvârşirea unei crime de către ideea de Judecată Divină. Sunt foarte convins că mulţi oameni care au apucat pe calea răului au renunţat tocmai de teama existenţei unei raţiuni de dincolo de noi, în faţa căreia va veni un moment în care să dăm socoteală.

Toate familiile trec prin provocări în creşterea şi educarea copiilor. Trăim o criză morală şi educaţională. Ce soluţii, în acest sens, ne poate oferi ştiinţa actuală?

Este un subiect care preocupă multă lume. Personal, am abordat această temă într-o conferinţă, în care am analizat, în acord cu informaţiile timpului, condiţiile naşterii unui copil sănătos. Aceste preocupări trebuie să fie în atenţia părinţilor cu mult înainte de momentul concepţiei, în jur de 6 la 8 luni. Întocmai ca proiectul unei case pe care ne-o imaginăm anticipând-o, şi aducerea pe lume a unui copil trebuie imaginată, visată. Afirmam că o idee asupra căreia insistăm purtând-o în minte mai mult timp este preluată de subconştient, materializând-o. Aidoma se petrece și în cazul păstrării în minte mai mult timp a imaginii unui descendent. Se conturează şi la nivel de subconştient. Să nu ne mirăm afirmând că forțe subtile prezente în Univers pot veni în întâmpinarea dorințelor noastre. În cartea *Cele nouă trepte*, menționată deja, sunt oferite multe informații în acest sens.

O altă confirmare a acestor posibilități ne vine din fizica cuantică. Ştim acum că noi ne creăm propria realitate activând una dintre valențele latente ale acesteia, existente în câmpul cuantic, considerat ca fiind sursa a tot ceea ce există. Prin propria conştiinţă, convertim unda de energie purtătoare de informaţie, invizibilă şi nonfizică, într-o realitate fizică.

În popor se spune că ceea ce semănăm, aceea culegem. Este limpede că de sănătatea părinților depinde și sănătatea copilului, dar din știința epigeneticii reținem că suntem în același timp condiționați structural și de către circumstanțele exterioare ale mediului în care trăim. Am discutat, de asemenea, că gândurile acționează ca niște forțe fizice asupra sănătății noastre. Ceea ce gândim, acel ceva și devenim. **Gândurile devin celulele noastre, realitatea noastră, substanțele noastre.** Se înțelege că de semnificația pozitivă pe care o investim în gândire depinde și rezultatul pe care îl obținem. Prima condiție necesară pentru venirea pe lume a unui descendent sănătos este dorința reciprocă a părinților de a-l avea.

Am spus că ceea ce dorim cu ardoare putem avea. **Este foarte important să ne imaginăm până la detalii ceea ce dorim.** Subconștientul nostru funcționează ca o bibliotecă în care sunt depozitate toate informațiile de care avem nevoie – atât ca surse de vindecare a unor suferințe, cât și ca posibilități de materializare a dorințelor, a opțiunilor. În subconștient sunt prezente toate forțele Universului care ne așteaptă doar să învățam modul în care să dispunem de ele. S-a spus că ceea ce este sus este și jos, dacă știm să fim receptivi. **Trebuie doar să învățăm cum să beneficiem de generozitatea Universului. Aceasta este lecția epigeneticii.** Genele care ne construiesc sunt dirijate de mediul ambiant, care nu este altceva decât Universul în care trăim. Purtăm în noi modelul forțelor sale invizibile. Mă întreb retoric de ce nu le vedem, de ce le refuzăm, mulți dintre noi dintr-o ignorantă ingratitudine? În sufletul nostru este o comoară de resurse pusă în noi de Univers. Așteaptă doar să o deschidem.

Un alt capitol esențial și necesar în demersul pe care ni-l propunem este acela al pregătirii prin calitatea hranei, care trebuie să fie bogată în nutrienți. Am citit despre necesitatea ca soțul să consume înainte de momentul conceperii vitamina E, care favorizează fertilitatea. Fumatul şi alcoolul ar trebui interzise pentru ambii părinţi, dar îndeosebi pentru mame. Se vorbeşte chiar despre „copiii de weekend" pentru unele zone ale lumii, unde se face uz excesiv de alcool în weekend. Conceperea unui copil nu ar trebui să fie doar rezultatul unei partide întâmplătoare de amor. Sunt autori care vorbesc despre predispoziţia prenatală pentru bolile coronariene, diabet zaharat, obezitate şi alte suferinţe. Ignorarea acestor consecinţe este numită de către unii autori „miopie genetică" (Peter Gluckman şi Mark Hanson, 2004).

De mentalitatea mamei, atât în faza prenatală, cât şi cea uterină, poate depinde sănătatea fizică şi mentală a rodului iubirii sale. Bruce Lipton îi numeşte pe cei doi părinţi „ingineri genetici", pentru că geneza descendenţilor lor este dependentă de propria lor genetică. Rezumând, prenatal cu cel puţin 8 luni şi chiar 1 an înainte de momentul procreării, părinţii ar trebui să se pregătească acordând atenţie unei gândiri pozitive, unei alimentaţii adecvate, abţinerii de la fumat, alcool, evitării stresului, excluderii utilizării de substanţe toxice în gospodărie. După cum am menţionat, esenţială este şi imaginarea însuşirilor fizice şi mentale ale descendenţilor lor.

În timpul sarcinii sunt categoric de respectat aceleaşi condiţii menţionate mai sus, dar în mod deosebit se recomandă **evitarea stresului**.

Socializarea nu
este doar acțiunea
în cadrul căreia noi
discutăm plăcut sau
mai puțin plăcut.
Dimpotrivă, a socializa
implică obligatoriu
condiția de a discuta la
modul armonios. Pur
și simplu, este vorba
despre un transfer
de energie între
partenerii angajați
într-o discuție.

Dumitru Constantin Dulcan

Este extrem de popularizat în media acel episod filmat în care, în timp ce părinții se certau, fătul din uter se contracta și se agita. Fătul devine sensibil la zgomote, la muzică, la atitudinea manifestată de părinți față de el. Atingerea ca mângâiere are un rol cu totul deosebit, atât în sarcină, cât și după naștere. În cartea amintită, *Cele nouă trepte*, este descrisă bucuria pe care o trăiește un făt la o anumită oră dedicată lui special de părinți. Cum s-a obținut această mărturie este prea laborios de explicat aici. Doar lecturând cartea, puteți avea o explicație.

La un curs ținut la Roma în 2013 de către profesorul psihiatru Brian Weiss[27], am ascultat răspunsul dat sub hipnoză de către o persoană la momentul nașterii. Povestea că era foarte fericită în uterul mamei, până în clipa în care s-a simțit brusc expulzată, afară, într-o lumină orbitoare. A simțit apoi cum cineva a luat-o de lângă mamă și a plecat cu ea în altă parte. Bineînțeles că în tot acest timp țipa cu disperare din cauza despărțirii de mama sa.

Sunt acum deja recomandări ca nou-născutul să fie așezat pe pieptul mamei, imediat după expulzarea din uter. Acest prim contact tactil stabilește relația de atașament dintre mamă și prunc, cu importante efecte în relația dintre cei doi. Bruce Lipton este de părere că agresivitatea multor tineri

27 Brian Leslie Weiss (n. 1944), psihiatru, hipnoterapeut și autor american, specializat în regresia în vieți anterioare (n. ed.).

americani s-ar explica tocmai prin nerespectarea acestui prim contact dintre mamă şi fiu.

Despre atitudinea îndeosebi a mamei faţă de copil în primii ani după naştere am mai scris deja în alte lucrări, dar dată fiind importanţa cardinală a acestei etape, vom insista şi aici. Două elemente sunt extrem de importante: atitudinea de iubire a mamei pentru nou-născut şi efortul de a-i crea o atmosferă plină de stimuli necesari activării genelor, care gestionează dezvoltarea creierului. Dintre toate structurile existente în Univers, în creierul uman s-a făcut cea mai mare investiţie de ştiinţă şi inteligenţă, având ca scop gestionarea conştiinţei capabile să se reflecte pe sine însăşi. Observarea copiilor care au fost crescuţi de lupi în primii ani de viaţă a demonstrat că omul este o fiinţă socială şi nu poate deveni om decât în contact cu oamenii. De aceea atitudinea mamei faţă de nou-născut este determinantă pentru viitorul adult. O atitudine rece, distantă, ostilă are efecte nefericite pentru viitorul adult. Mama reprezintă pentru un copil întregul Univers şi imaginea despre oameni. El nu poate avea la vârsta sa alte contacte. Dacă mama îl priveşte cu ostilitate, copilul va rămâne cu această imagine despre lume şi va adopta aceeaşi atitudine. Geneticienii disting prezenţa a două gene: lungi şi scurte. Gena scurtă gestionează violenţa. Este de reţinut că, într-un mediu unde nu este propice comportamentul infracţional, gena scurtă nu se va manifesta. Lecția care se poate deduce este previzibilă: **cultura poate domina biologia.**

Lipton este de părere că cea mai mare parte a minții se clădește în primii 6–7 ani, pe care îi consideră decisivi pentru viața de adult. Credințele, obiceiurile, gusturile alimentare, comportamentul s-ar forma la această vârstă, când copilul învață prin imitație, neavând încă discernământul format. Este fără îndoială că purtăm permanent în minte amintirea celui care am fost în copilărie, dar dispunând de un creier care este într-o permanentă transformare, în raport cu ceea ce gândim și simțim, în mod cert și experiențele trăite ulterior ne aduc noi valențe personalității. Până la vârsta de 2 ani, zestrea noastră neuronală are un număr dublu de celule, implicate într-o adevărată explozie de conexiuni interneuronale, numite sinapse. Sub acțiunea avalanșei de stimuli, creierul se transformă continuu, formându-se pentru viața de adult. De aceea este așa de importantă atenția pe care o oferim copilului în această perioadă.

Se pune, de asemenea, accent pe alăptarea la sânul mamei, laptele matern întrunind calitățile de care are nevoie un copil la acea vârstă. În plus, se apreciază nevoia unei perioade mai mari de hrănire la sân. Sigur, acestea sunt condițiile ideale pentru creșterea unui copil, dar sunt și mulți alți factori care intervin în acest proces și substituția cu înlocuitorii de care se dispune astăzi nu creează diferențe deosebite, dacă se respectă o proveniență a acestora cât mai aproape de natură.

Se vorbește astăzi foarte mult despre unele eșecuri în educația tinerilor, atribuind vina cel mai adesea educatorilor, dar nu ne întrebăm cine îi educă și pe ei.

După cum am mai spus, personal, nu pledez nici pentru o toleranță totală, nici pentru o severitate absurdă cu pedepse de ordin fizic. Eu cred că un copil trebuie să plece în viață cu convingerea că societatea nici nu este dispusă și nici nu poate să satisfacă orice dorință. Există limite nu numai în societatea umană, ci și la nivel de Univers. Se spune că tonul face muzica, și în procesul de educație este obligatoriu să știm asta. Atitudinea impulsivă nu convinge, ci mai mult revoltă. Cred că un tânăr trebuie să plece din familie cu conștiința păstrării unui comportament decent în societate, să-i respecte și pe egalii săi, dar mai ales pe cei mai în vârstă.

Agresivitatea față de semeni nu trebuie sub nicio formă acceptată. Pledez pentru o toleranță zero. La vârstele tinere, există o tendință spre ironie și dominare prin forță, iar acestea iau proporții inacceptabile când se manifestă față de copiii cu deficiențe fizice, creându-le în plus o mare suferință și amărăciune. Cred că primele lecții de educație ar trebui să vizeze acest aspect, al protejării celor a căror soartă a fost mai puţin generoasă cu ei.

Aş releva încă un aspect. Educaţia primită în familie poate fi corectă, dar impactul cu societatea care imită modele de import poate conduce la rezultate nedorite. Este aici, cred, nevoie de o ecuaţie cu doi termeni: familie–societate.

De ce sunt atât de puţini oameni pe Pământ care au deprins ştiinţa de a trăi frumos şi în armonie cu Pământul, de ce nu predomină asta?

Să-L întrebăm pe Creator, El ne-a dat liberul arbitru! Am fost întrebat la conferinţele mele de ce omul este singura specie care a evoluat, de ce nu şi celelalte, în aceleaşi condiţii. O întrebare foarte logică, firească. Se pare că e mult mai uşor să cultivi răul decât binele. A face bine înseamnă să dai de la tine; poate că unii oameni nu vor să dea de la ei. A face rău este simplu, nu costă nimic.

Explicaţia e una darwinistă, dacă tot am ajuns aici. Se zice că omul comunei primitive se confrunta cu animalele cu care avea nevoie să se hrănească. La rândul lor, şi animalele doreau să trăiască pe seama omului. În acel moment, aflat în drumul spre hominizare, de cultivare a omului, de mers spre civilizaţie, el a fost obligat să se ferească mai mult de riscurile pe care le întâmpina în natură, din partea animalelor și din partea altor semeni. La vremea aceea, dacă nu exista nicio lege care să-i controleze, să stârpească răul, probabil că era obligat să-și formeze la nivelul creierului mai multe legături pentru rău, decât pentru bine.

Orice ființă conține în celulele sale capacitatea de adaptare la mediu. Nicio creație nu poate să conțină toate acele instrumente de adaptare la mediu, dacă ființa respectivă nu ar avea și capacitatea de a opta pentru una sau alta, de a se adapta. Omul este ființa cea mai adaptabilă, de la Polul Nord până la Ecuator, de la temperaturile minime, până la temperaturile maxime. Or, această adaptare nu cred că este rezultatul întâmplării, așa cum se spune. Există evoluție, în sensul acesta sunt total darwinist, dar termenul de „evoluție" a mai fost utilizat și înainte de Darwin, deși nu explicat de maniera aceasta. Darwin a fost un mare om de știință, dar nu exista genetica dezvoltată la nivelul nostru, n-avea informatica, n-avea biologia și cibernetica, nu avea o serie întreagă de informații sau instrumente prin care să poată să își dezvolte concepția la un nivel acceptabil.

De aceea cred că fiecare ființă se naște cu acea capacitate de a se adapta la mediu și că nu este un rod al întâmplării, ci pur și simplu această abilitate rezidă în celula noastră.

Am plecat de la următorul lucru: o ființă conține toate elementele de ordin logic. Tot ce se întâmplă în noi sunt nişte conexiuni informaţionale, pe care un alt mare gânditor, Victor Săhleanu[28], le-a formulat. **Ideea de legături informaţionale mi se pare extraordinară, ca recunoştinţă pentru inteligenţa şi generozitatea pe care le-a exprimat prin tot ceea ce a scris.** În noi sunt infinite legături informaţionale şi există o logică a tuturor lucrurilor. Celula are o logică a ei. În cadrul unui organ, al unui viscer, e o altă logică. Este interesant că această explicaţie, potrivit căreia creierul este beneficiarul întregii informaţii şi energii a tuturor structurilor noastre, a avut-o medicina orientală tradiţională, înainte de toate. Este motivul pentru care am fost de multe ori plecat în Orient, pentru care am şi predat cursul de Medicină în sensul acesta. Mi s-a părut că oamenii aceia, deşi nu dispuneau de tehnologia de care dispunem astăzi, au intuit nişte realităţi biologice extraordinar de fine şi de bine gândite, chiar dacă erau exprimate în alţi termeni decât cei cu care operăm în medicina de astăzi.

Orice metodă care are ca finalitate vindecarea este utilă. Pentru că, deşi suntem structuraţi pe o schemă comună, avem multe particularităţi de reacţie. Această reactivitate cere o metodă aparte fiecăruia dintre noi: unul se vindecă cu plantele, prin fitoterapie, altul se vindecă cu

28 Victor Săhleanu (1924–1997), endocrinolog, antropolog, filozof, matematician, biofizician, poet, eseist român (n. ed.).

medicamente, iar alteori e nevoie de chirurgie. Orice tip de medicină care conduce la vindecarea organismului, la menţinerea stării de sănătate, îl găsesc a fi util. Spun asta pentru că am plecat de la ideea că în medicina orientală se vorbeşte despre această structurare a creierului care, deşi reprezintă 2% din greutatea corpului, consumă 20% din energia lui. Medicina orientală discută despre existenţa unor loje energetice, fiecare lojă energetică oferind creierului o parte din energia sa. Voinţa şi-ar avea originea în rinichi, inteligenţa în inimă etc. Creierul ordonează funcţionalitatea întregului corp, şi-n acelaşi timp, primeşte partea cea mai elevată de energie pentru propria sa existenţă.

Vreau să fac o menţiune: există accidente în care un om poate să-şi piardă spre exemplu o mână, sau un picior, care la rândul lor au o reprezentare la nivelul creierului. În momentul în care un om pierde un membru, aria respectivă are două lucruri de făcut: ori se atrofiază şi dispare, ori migrează pur şi simplu spre altă arie şi-i dublează funcţia. La oamenii care nu aud din naştere, de pildă, aria respectivă, în loc să se atrofieze, să dispară, se completează cu zona occipitală. Noi nu putem să urmărim la viteza de mişcare literele, pe când ei, da. De ce? Pentru că ochiul, care are aria lui vizuală, a primit ajutor din partea altei arii care nu mai putea fi folosită la nivelul respectiv. La nevăzătorii din naştere, aria vizuală din creier migrează la lobul parietal, dublându-i capacitatea funcţională. Acesta este suportul alfabetului Braille.

Astfel, creierul nostru îşi completează elementele afectate şi se adaptează nu ca întâmplare, ci ca fenomen biologic determinat, structural, genetic. Acest motiv mă face să cred că nu putem vorbi de existenţa funcţionalităţii corpului uman sau a Universului doar prin întâmplare.

Care criză e mai greu de gestionat: cea concretă, a lipsurilor, sau cea morală, spirituală?

Criza morală, spirituală este cea care se află la baza tuturor crizelor. De aici pleacă totul! Marx şi liberalismul, economia liberală şi creatorii unor sisteme s-au înşelat când au spus că omul care lucrează individual are interesul să respecte o morală. Socialismul a demonstrat că omul căruia i s-a spus că este proprietarul tuturor lucrurilor nu s-a mobilizat mai mult în muncă. S-a dovedit că omul munceşte bine dacă este bine plătit. Cu alte cuvinte, respectarea unor condiţii contractuale stă la baza tuturor lucrurilor. Este o reciprocitate care ţine de bun-simţ, de morală, de voinţă.

Din nefericire, ştiinţa nu are un cod etic, este la dispoziţia celui care o plăteşte.

Asta a spus-o François Rabelais! Ştiinţa fără conştiinţă este o crimă. L-am amintit pe profesorul

Victor Săhleanu, care propunea un cod internațional al omului de știință. Spunea că la nivel internațional ar fi fost imperios necesar să existe un astfel de cod. Din păcate, cercetarea și știința în sine înseamnă mulți bani. Atunci, cel care o plătește îl obligă pe cercetător ca prin rezultatele sale să pledeze pentru interesele lui comerciale. În momentul în care ești dator altuia, nu mai poți fi liber.

De aceea, iată, poate fi și o parte mai întunecată în ceea ce privește știința care ne face sănătoși. Chirurgia este un lucru extraordinar! I-au trebuit secole de căutări până la momentul în care a fost capabilă să pătrundă în interiorul corpului uman și să elimine răul. Să ne imaginăm o tumoră cerebrală, ocazie cu care îl evocăm și pe domnul profesor Alexandru Vlad Ciurea, cu intervențiile sale pe creier.

În același timp, tot omul și tot știința sunt responsabili pentru fabricarea armelor. Omul oferă în același timp prin știința sa și viață, și moarte.

Din prea mare dragoste pentru om, Dumnezeu i-a dat liberul arbitru. Avem posibilitatea de a alege. Bine sau rău?

Dacă nu aveam liberul arbitru, n-am fi creat o civilizație. Suntem încă la nivelul **incercare – eroare – succes**, așa cum s-a construit civilizația. În momentul în care am greșit, o luăm de la capăt şi mergem pe calea cea bună. Omul e singura ființă care şi-a creat o civilizație, dar sunt şi unele păsări care fac nişte minuni. Pare hilar, există o pasăre prin Australia care îşi construieşte cuibul cu obiectele pe care le fură de la turişti şi pe urmă îşi invită partenera acolo. Dacă-i place, rămâne, dacă nu, pleacă mai departe. Sigur, nu ajung la dimensiunea civilizației umane. M-am gândit şi aici, în planul terestru, ce-am fi fost dacă Dumnezeu nu ne lăsa liberul arbitru – nişte automate! Or, tocmai această libertate ne-a dat posibilitatea să creăm civilizația. Iar aici este vorba despre acea calitate, acea însuşire pe care a pus-o în creierul nostru ca să facem un lucru bun, o maşină cu care să mergem, de exemplu. Asta a depins de morala noastră, de conştiința cu care producem acel lucru, de cât uzăm de el. Cu o maşină, iată, poți să ucizi oameni, dacă mergi cu prea multă viteză. Cu acelaşi cuțit pe care l-am inventat să tăiem pâinea putem să și ucidem, există mereu această dualitate între bine și rău.

Thomas Hobbes[29] era adeptul ideii că omul nu este bun de la natură, pe când Rousseau susținea contrariul, și anume că omul se naşte bun, dar societatea este cea care îl înrăieşte, cea care îi pune lanțuri. În toată filozofia existentă a lumii se pune această problemă, dacă omul este o ființă bună de

29 Thomas Hobbes (1588–1679), filozof, om de știință și istoric englez, bine-cunoscut pentru filozofia sa politică, articulată în capodopera sa, *Leviatanul* (n. ed.).

Între creier și inimă, când ne aflăm într-o dilemă, cel mai bun răspuns se află în inimă. Acolo ni se spune că se află adevărul de care avem nevoie. Cu creierul analizăm toate circumstanțele, dar nu întotdeauna o alegem pe cea mai bună. [...] Când îți asculți inima, alege varianta pe care ți-o inspiră ea; pe aceea trebuie s-o asculți.

Dumitru Constantin Dulcan

la natură sau, dimpotrivă, este rea. Se pare că este şi bun, şi rău, că avem în noi şi una, şi alta. Important este însă ce latură domină în noi. De ce le avem totuşi – pentru că apar orgoliile, apare dorinţa de înavuţire, pentru că unii oameni, din ce au, vor să aibă tot mai mult.

În această libertate de a alege, pare că alegem nonvalori. De ce nu ne mai plac cultura, sensul, adevărul, frumosul?

Avem două elemente în funcţionalitatea noastră: raţiunea şi instinctele. Instinctele se pare că ne procură mai mult plăcere decât raţionalul. Este evident că aceste instincte trebuie să fie controlate. Dacă la animalele ce ne precedă filogenetic nu recunoaştem limite raţionale, în lumea oamenilor, în civilizaţie, există totuşi un set de norme care ne impune anumite reguli! Din păcate, sunt şi minţi care vor altceva decât ceea ce nouă ni se pare că ar fi normal şi raţional să facem.

Domnule profesor doctor, aţi spus că femeia este primăvara lumii, dar, fiind emoţională, poate fi şi iraţională?

Asta e valabil pentru toată lumea, toţi facem la fel atunci când suntem pasionaţi, consumăm mai multă energie în pasiune decât în raţiune. Asta e frumusețea, în definitiv, nu? Sunt momente în care chiar rațiunea trebuie lăsată la ușă. Cred că s-a greşit când i s-a dat prioritate lui Adam față de Eva. Când mă refer la asta, iau în considerare ipoteza potrivit căreia totul s-a petrecut din întâmplare. Pesemne că la început a fost o rațiune, pentru că nu am să înțeleg niciodată cum, din întâmplare, poți să construiești două ființe de sex contrar, dar complementare anatomic, să pui într-una din ființele acestea capacitatea de geneză. Asta implică o endocrinologie și niște funcții extraordinare, formidabil de avansate. Doar din întâmplare Eva semăna cu Adam? Întâmplare? Nu, întâmplare e să mergi pe stradă și să-ți cadă o cărămidă în cap, asta e o întâmplare. Concluzionând, femeia ar fi trebuit să fie o intermediară între Cer și Pământ, deoarece în femeie se pune toată inteligența Universului, ca să se creeze o ființă umană nouă.

Cum se face că, în ciuda celor mai avansate medicamente, a celor mai performante echipamente medicale, sunt tot mai mulți oameni bolnavi?

Longevitatea și imunitatea au legile lor. Să nu uităm de poluare, care este la cote alarmante oriunde te-ai uita. Pe de altă parte, ce se întâmplă în lume e un motiv de mare fericire pentru oameni? Mereu crize, crize, crize. Dar, am mai spus, prima criză e criza morală, despre care se vorbeşte cel mai puţin. În rest, dispunem de toată panoplia: criză alimentară, criză climatică, criză socială. Stăm tot timpul cu această frică.

America a avut un mare profet, un om-oracol, Edgar Cayce, care a murit în 1945. Era fotograf; într-o zi, copilul lui se juca prin camera sa de muncă şi, cum-necum, s-a stropit în ochi cu substanţa care era folosită la developarea fotografiilor. Riscul de a rămâne fără vedere era foarte mare. Tatăl lui nu ştia ce să mai facă. A căzut în transă, involuntar. În acea stare, i s-a spus: „Pune-i acid.”, adică contrar a ceea ce el s-ar fi putut gândi că e normal. Din clipa aceea, a reuşit să intre în transă, fiind consultat adeseori pe teme medicale, dar şi pe teme de istorie a lumii. A spus nişte lucruri extraordinare. Ştia despre foarte multe lucruri fără să fi avut o pregătire prealabilă în acel domeniu. Era considerat chiar spion, la un moment dat. Dar acolo nu era vorba despre niciun act de spionaj, ci doar despre un om care cădea în transă şi vorbea în nişte termeni ultraspecifici, pe care nu avea de unde să îi cunoască. Uneori, vorbea chiar mai bine decât un specialist în domeniul respectiv. Punea unele diagnostice despre care, atunci când se trezea, nu-şi mai amintea absolut nimic: „Am zis eu asta?”, ceea ce mi s-a părut excepţional.

Deci, există o cunoaştere şi de alt ordin şi de alt nivel, pe care unii vor să o recunoască, iar alţii nu. Am pomenit numele lui pentru că a zis un lucru extraordinar. Sistemul care intermediază între om şi univers este sistemul endocrin. **De aceea, multe femei care vor să nască pierd o sarcină, două sau trei din cauza poluării, care afectează şi sistemul endocrin.**

Suntem din ce în ce mai grăbiţi, dar când punem în uz o invenţie, poate ar fi mai bine să nu ne grăbim, ci să o experimentăm, pentru a putea observa într-un timp suficient ce efecte secundare are. Dacă efectele secundare sunt mai mari decât beneficiile, e o aberaţie să o pui în circulaţie urmărind doar profitul.

Ce perspectivă are un popor menţinut în permanenţă sub stres?

Să moară din cauza unor indivizi care vor cu orice preţ să streseze lumea. Există stres acut, care are un rol fiziologic de a te pregăti pentru situaţii de criză. Nu poţi să ţii un om într-un turn de fildeş pentru o perioadă îndelungată, deoarece atunci când îl părăseşte nu mai are nicio rezistenţă, pentru că el n-a venit în contact deloc cu microbi, nici cu alt fel de agenţi patogeni. Asta înseamnă că nu şi-a creat anticorpi. Anticorpii sunt armele cu care poţi să lupţi împotriva germenilor.

Există o cheie pentru autovindecare?

Gândirea pozitivă, programarea la care trebuie să fim atenți în ce direcție mergem, spre șansă sau eșec. Alăturat acestora, este utilă și debarasarea de schemele vechi de gândire, de convingerile vechi. Dacă știm că activitatea respectivă ne face rău, la ce bun să mai uzăm de ea? Nu poate să vină cineva cu cleștele să ne scoată din creier gândurile rele, negative, e o chestiune de autoeducație.

Au oamenii dreptul natural la fericire sau ar trebui să muncească pentru a o obține?

Au dreptul la fericire. În susținerea afirmației îmi permit să îl citez pe Confucius, care spunea că, dacă-ți alegi profesia care corespunde înclinațiilor tale, predilecției tale, toată viața ta va fi o fericire. Dimpotrivă, dacă-ți alegi o profesie care nu corespunde opțiunilor tale, toată viața ta va fi un chin. Atunci, da, trebuie să muncești pentru fericire.

Omenirea, în acest moment, este într-o vale a plângerii. Ce ar trebui să facă oamenii pentru a nu-și periclita sănătatea?

Să aibă independența de a-și decide propria lor opinie când își aleg conducătorii, fără să le fie impuși de aiurea.

Profesorul Daniel David[30] *spunea în* Psihologia poporului român *de „mămăliga românească". Suntem, într-adevăr, așa, cu date, cu cifre.*

Și Ana Blandiana vorbea despre mămăliga românească. Și Dumitru Drăghicescu[31], în *Despre psihologia poporului român*. Citiți cartea, este extraordinară! **Erau trei milioane de oameni care trăiau în bordeie unde nu pătrundea soarele.** Și acolo unde nu pătrunde soarele, pătrunde moartea. Stăteau acolo, claie peste grămadă, părinți cu copii, nu puteau învăța nimic bun. Când ieșeau de acolo, făceau și copiii ceea ce vedeau la părinții lor. A mai fost o chestie interesantă, pe care o știu de la un istoric pe care îl cunosc bine: cei 11 000 de țărani uciși la 1907 sunt o invenție comunistă. Și eu cred la fel. Da, comuniștii mint, dar ulterior am citit în memoriile Reginei Elisabeta: „L-am rugat pe soțul meu să reducă moșia la 6 000 de hectare, ca să-i împroprietărim pe oamenii ăștia care mor ca niște nenorociți. Le-a propus, dar nu a vrut nimeni să-și reducă moșiile. Au fost omorâți peste 10 000 de țărani." N-a zis 11, a zis 10 mii. Răscoala din 1907 a plecat de la

30 Daniel David (n. 1972), profesor de psihoterapie și psihologie clinică la Universitatea Babeș-Bolyai și director de cercetare la Institutul Albert Ellis din New York (n. ed.).

31 Dumitru Drăghicescu (1875–1945), diplomat, filozof, politician și sociolog român (n. ed.).

Flămânzi, din nordul Moldovei. Aşa funcţiona propaganda burgheză, liberală. Se presupune că ar fi fost de vină doi arendaşi, care nu au respectat învoielile cu ţăranii, iar aceştia s-au răsculat.

Ce impresie vreţi să lăsaţi lumii când nu veţi mai fi?

Asta vreau să las lumii, convingerea că am fost un om lucid. N-am dărâmat munţii, dar nu m-au convins nici unii, nici alţii, nici comunismul, nici postcomunismul.

Fiecare soldat poartă în raniţa sa bastonul de mareşal, spunea Napoleon. Ce le recomandaţi oamenilor să facă pentru a-şi descoperi misiunea pe acest pământ?

Bastoane nu mai au de unde să-şi facă, pădurile au fost tăiate. Astea sunt întrebări retorice. **Cine vrea să facă în lumea asta ceva, face!** Cunosc oameni foarte inteligenţi care nu au avut şanse, nu aveau posibilitatea pe care au avut-o unii cu şcoli gratuite. Noi am avut un văr care venea dintr-o familie de oameni bogaţi, înstăriţi, care au cheltuit o avere ca fiul lor să facă Facultatea de Drept între cele două Războaie Mondiale, plătind taxe de şcolarizare imense. Şi povestea că a terminat Facultatea

Iertarea este cea care creează o atmosferă de toleranță, de înțelegere, de colaborare și de comunicare între oameni.

Dumitru Constantin Dulcan

de Drept cu un costum făcut de mama sa în război, din mătase naturală, cu lână.

Când am lansat cartea *În căutarea sensului pierdut,* eram la Cercul Militar. L-am invitat şi pe actorul Dan Puric, care a ţinut o alocuţiune. Amuzându-se, a spus: „Dacă domnul profesor ar fi trăit în Evul Mediu, un rug ar fi fost pregătit şi pentru dumnealui."

Prin ce sentiment distrugător se poate supune cel mai uşor un om, un popor?

Simplu! Prin ce a spus şeful propagandei la Nürenberg, când a fost întrebat: „Cum aţi reuşit să determinaţi toată populaţia Germaniei să fie de partea voastră?" Răspunsul e formidabil. Nu are importanţă, că e comunism, monarhie, republică, în orice societate aparţinând oricărui regim politic poţi să supui pe oricine vrei ameninţându-l cu frica. Trebuie doar să-i spui un lucru: „Nu eşti de acord cu mine, eşti împotriva mea!" Atunci, are loc un fenomen terifiant. Vom observa cum majoritatea oamenilor au tendinţa de a rămâne în continuare cu capul pe umeri, din cauza fricii.

SUNTEM SUMA GÂNDURILOR ȘI EMOȚIILOR NOASTRE?

Domnule profesor, viața noastră e plină de emoții. Mintea noastră nu poate fi ocupată cu emoții pozitive și negative în același timp. De la pandemie încoace predomină emoțiile negative. De ce tindem să acordăm emoțiilor negative o importanță mult mai mare decât emoțiilor pozitive?

După cum am explicat, este mult mai ușor să primesc decât să dau. Occidentul îl citează pe Darwin deoarece îi convine foarte tare, chiar dacă el nu era ateu. În momentul în care omul trăia în comuna primitivă riscul de pericol era mult mai mare. După fiecare copac îl aștepta un pericol în viața sa de vânător – în aceste condiții răspunsul său a depins de activitatea amigdalei, ale cărei funcții sunt de **apărare, atac** sau **fugă**. Securitatea individuală era deci dependentă de răspunsul acestei structuri cerebrale, dominând emoția negativă. Asta înseamnă că ataci dacă ești în stare, sau în caz contrar, fugi dacă nu ești în stare, ca să îți aperi viața. Modul în care este construit creierul ar justifica de ce noi suntem mai mult înclinați să săvârşim răul decât binele.

Apropo de stres, vorbim de un termen pe care toată lumea îl foloseşte: reziliența. Nu există viață fără stres, dar e important să conştientizezi acele reacții care se declanşează în corpul nostru în prezența unui conflict, a unei situații tensionate, a unui traumatism de ordin afectiv sau fizic. E foarte important să nu prelungim această reacție pe care o avem în fața unei nefericiri, a unui conflict, a ceva ce nu ne convine. Trebuie să controlăm asta, ştiind că ne face rău, fiindcă toate aceste reacții duc la exces de cortizol, or, asta ne reduce tot arsenalul defensiv: de la capacitatea de imunitate, de apărare, la capacitatea de neurogeneză, la nivelul fiziologiei creierului. Excesul de adrenalină poate să determine vasoconstricție fie la creier, fie la inimă şi atunci țesutul respectiv, fără oxigen şi fără glucoză, fără combustibil, intră în suferință. Nu putem să evităm stresul, el este inevitabil în viața noastră, dar ar trebui ca fiecare dintre noi, ştiind că ne face rău, să nu rămânem victima acestei reacții. Dimpotrivă, ştiind cât rău ne face, să ne revenim într-un timp cât mai scurt.

Fiecare dintre noi în viața lui a avut un moment de bucurie, de fericire. Că a iubit, că a câştigat un premiu, că a intrat într-o facultate sau într-un serviciu care i-a convenit. **Hai să aducem**

acel eveniment fericit imediat când suntem stresați, să înlocuim reacțiile negative cu reacțiile pozitive. Am experimentat asta, și nu doar o dată. Evocarea gândului, evenimentului de atunci, aduce în momentul respectiv energia bună a acelui moment, înlocuind energia negativă creată de stres.

În al doilea rând, vorbim aici de imagerie mentală, creierul nu face diferența între ceea ce e bun, pozitiv sau negativ. El răspunde la reacții, la gândul respectiv. Știm că gândul negativ, că emoția negativă ne îmbolnăvesc prin chimia pe care o declanșează în corpul nostru. **Reziliența înseamnă capacitatea de a ne reveni cât mai repede după un stres, încercând să mentalizăm, să aducem în mintea noastră un moment fericit din existență.** Am experimentat asta cu mult înainte de a ști și de a cunoaște în detaliu toate lucrurile astea. Acum 40 de ani ideea de reziliență nu exista, nici cea de imagerie pozitivă sau negativă! Dar asta am constatat că funcționează, în modul în care te decuplezi de momentul acela conflictual când ți-a zis cineva un lucru care te-a supărat. Uită-l, treci pe altceva, înlocuiește cu un moment fericit din viața ta și imediat chimia ta se va schimba. Ceea ce spun e o experiență, nu este doar o idee.

Apropo de asta, un individ care avea 76 de ani a scris o carte despre cum să trăiești o sută de ani sănătos, elaborând un sistem de gimnastică, de respirație, de alimentație, așa încât la 96 de ani era bine mersi.

Am citit recent o carte care reproducea o realitate de pe vremea lui Carlo Goldoni. La Veneția se făceau constant schimburi comerciale, toată lumea trăia la un nivel foarte înalt, aveau tot timpul mâncăruri și băuturi bune. Și un individ constată că tot aceia care se înfruptau la nivel necontrolat mureau foarte repede, din cauza unui accident cardiac sau cerebral. El s-a gândit la următorul lucru: nu cumva oamenii mor tocmai din cauza traiului acesta excesiv pe care-l duc? Așa că și-a impus o anumită regulă de alimentație. Ei bine, regulile pe care le-a gândit omul acesta sunt cele pe care le aplicăm și noi, astăzi, după aproape 400 de ani. Mi s-a părut formidabilă reinterpretarea aceasta a unui trai bun, care nu este ceea ce credem noi totdeauna că este.

Ați tratat în toată cariera dumneavoastră de psihiatru și neurolog mii de pacienți. Ați cunoscut emoțiile lor în toate fazele. Funcționează tratamentul sau terapia fără iubire?

Funcționează, doar avem atâția atei care se fac bine. Sigur că funcționează, dar lipsește cea mai importantă parte, care ar putea să confere căldură, certitudine, siguranță. **Acesta e rolul iubirii. Cu iubirea vindeci lumea.**

Am avut ocazia să interacționez cu tot felul de pacienți, am creat prima clinică în Serviciul Militar, din cadrul Armatei Române. Diferența era netă, asta a fost o observație pe care nu am citit-o în cărți, ci am constatat-o zilnic, văzând că pentru oamenii de acolo conta enorm cum ne raportăm în fața bolii. Există, dacă vreți, și o demnitate a bolii. Una e să țipi, să te agiți, alta să fii calm și rațional. Am făcut experimentul acesta cu mai mulți pacienți. Am spus fiecăruia: „Uite, gândește-te că și boala este o entitate, ca o ființă care vrea să te învingă pe tine. Dacă te agiți, te panichezi, dacă faci toate lucrurile astea, acea entitate se bucură. Eu te-am examinat atent, nu ai nimic, nu ți se întâmplă nimic rău. Dacă mergi pe altă idee sau nu crezi în mine, du-te la alt doctor în care crezi! Și nu te mai agita când apare această frică!" După câteva ședințe de astfel de repetări ale acestui tipar, pur și simplu, pacientul s-a eliberat de povara fricii.

De pildă, să discutăm despre anxietate și cenestopatie[32]. Foarte multă lume intra în panică, în agitație, era ca și cum alimentau acea boală, o hrăneau cu frica lor. În momentul în care pacientul

32 Tulburare constând în trăirea unor senzații privind starea organică totală sau parțială (n. ed.).

ştia că nu i se întâmplă nimic şi nu reacţiona prin agitaţie, toate lucrurile negative intrau pe o pantă descendentă. Este o experienţă extrem de utilă pe care am sesizat-o în activitatea mea. Într-o patologie vasculară mai discutăm, acolo nu e doar impresie subiectivă. Atitudinea faţă de boală, credinţa că poţi să te vindeci – unii oameni cred în Dumnezeu şi se roagă – contează foarte mult.

În America şi chiar şi-n Anglia există, mai ales în faţa bolilor necruţătoare sau destul de grave, această posibilitate ca familia să-şi adune vecinii, prietenii, rudele şi să se roage. Şi iată-l pe acest Eben Alexander[33], care era instruit neurochirurg, la Harvard, universitatea numărul unu a Americii, făcând o meningo-encefalită cu Escherichia coli, de altfel, un parazit pe care îl avem cu toţii în corp, dar care numai în condiţii specifice devine patogen. Ce s-a întâmplat? Creierul său plutea într-o masă de puroi. Situaţia aceasta a durat o săptămână. În momentul în care au fost chemaţi membrii familiei, de către oficialii spitalului, pentru a li se spune că nu mai are nicio şansă şi că ar trebui să-l debranşeze de la aparate, omul s-a ridicat şi s-a făcut bine. A scris două cărţi în care povesteşte că a văzut în timpul comei lui nişte umbre, de la care veneau câmpuri de

33 Eben Alexander III (n. 1953), neurochirurg şi autor al cărţilor *Dovada lumii de dincolo* şi *The Map of Heaven: How Science, Religion, and Ordinary People Are Proving the Afterlife* (n. ed.).

energie. Şi-a dat seama că cineva se roagă pentru el şi că i se oferă astfel şansa de a se însănătoşi. După ce şi-a revenit, a mai zis un lucru formidabil: „Oare cum aş putea eu să pun în acord ceea ce am văzut dincolo cu ceea ce am învăţat la Harvard?" Asta mi s-a părut că este formidabil.

O altă întâmplare îl are ca protagonist pe Einstein. „La ce vă gândiţi?", întreabă un student. Şi Einstein răspunde: „Mă gândesc cum a făcut Dumnezeu lumea şi mă-ntreb, oare a avut alternativă?" A avut altă cale? Ni s-a dat o şansă, dar are şi ea limite. Întrebarea dacă Dumnezeu a avut o alternativă sau nu mi s-a părut formidabilă, frizează geniul. Într-adevăr, poate că nu s-a putut decât aşa.

Există şase emoţii fundamentale: bucurie, tristeţe, furie, dezgust, frică şi surpriză. O singură emoţie pozitivă, restul negative.

Afirmaţia are un sens profund. Sigur, avem toată plaja de emoţii negative, de întâmplări pe care nu le putem evita. Ţi se îmbolnăvesc copilul sau părinţii. E inevitabil, e condiţia noastră în acest Univers. Probabil că or fi altele în care nu se întâmplă aşa, dar deocamdată noi suntem aici, aşa cum spunea Ludwig Wittgenstein[34]. Bun, rău,

34 Ludwig Josef Johann Wittgenstein (1889–1951), filozof austriac, cu contribuţii majore în dezvoltarea logicii moderne. A publicat o singură carte: *Tractatus Logico-Philosophicus* (n. ed.).

altă cale nu avem decât să trăim în el. Toate aceste momente care ne încarcă cu energie negativă impun un moment de descărcare, de neutralizare, iar acesta este reprezentat de BUCURIE. Am sesizat că, şi într-o boală foarte gravă, sentimentul de bucurie, de fericire, de pace interioară este benefic vindecării.

Citeam undeva că o doamnă cu un neoplasm de sân a fost sfătuită ca timp de 6 luni să nu se uite decât la filme care o binedispun. A pus în practică recomandarea, iar după şase luni era vindecată. Cunosc de asemenea o experienţă a altei persoane, care după o operaţie de neoplasm a avut tot timpul o stare de pace, o linişte interioară inexplicabilă, venită de undeva. Probabil că putem intui de unde vine, din moment ce nu vine de la noi, nu? Ei, asta i-a permis să nu facă niciun alt tratament şi pur şi simplu să se însănătoşească.

Condiţia noastră e una destul de ingrată din punctul de vedere al emoţiilor, aproape nu e zi să nu ajungem acasă fără o supărare.

Haideţi să iniţiem acea activitate care să ne bucure. Eu îi sfătuiam pe pacienţii mei: „Creează-ţi un colţ al tău, în care să te retragi, în care nimeni să nu se amestece. Acolo, trăieşte-ţi o clipă de bucurie!" Repet, orice stare psihică are o biochimie. Cu acest moment de bucurie neutralizam tot răul, toată chimia negativă pe care am acumulat-o de-a lungul zilei. Avem nevoie zilnică de această doză de bucurie. De ce credeți că unii oameni se roagă seara? Rugăciunea de seară înseamnă să curățăm corpul de toată zgura chimiei negative pe care am acumulat-o vrând-nevrând. Epuizarea și toate suferințele vin pe acest fond. Şi încă un lucru foarte important: să exprimăm recunoștința că ne-am trezit dimineața, că am mai apucat o nouă zi.

Dumneavoastră cu care dintre emoțiile negative v-ați luptat mai mult?

Cu agresivitatea oamenilor. Comunismul era agresiv; dacă spuneai altceva decât ce le convenea lor, aveai mari necazuri. Am trecut prin multe furci caudine. Dar înaintea tuturor momentelor dificile am avut un vis premonitoriu, care îmi spunea ce urma să se întâmple a doua zi. La vârsta tânără ai curajul de risc. Mai târziu, când ai familie, copii, te cuminţeşti şi riști mai puțin.

M-am mai luptat și cu scepticismul! Am fost omul care a vrut să vadă cu ochii lui acel lucru despre care mi se vorbea și n-am acceptat cu ușurință ceea ce mi s-a spus; am experimentat tot ceea ce mi-a fost posibil. Am urmat toate cursurile posibile, nu pentru diplome, ci pentru a-mi însuși din tot ceea ce am învățat acel ceva care mi-ar fi fost util.

Vă dau un exemplu pe care poate ar trebui să-l aibă și cititorii noștri la dispoziție. Vine din spiritualitatea orientală. Hrana ne oferă energia necesară oricărei activități. Dar dacă activitatea noastră și efortul depus depășesc energia pe care o obținem din alimente, atunci recuperăm pierderile din energia structurală, adică de la unul dintre organele importante: de la inimă, de la ficat, de la rinichi etc. În timp ne putem trezi cu o suferință a acelei structuri din organism, a cărei energie am consumat-o fără s-o mai recuperăm. Este interesant că această observație ne vine din medicina tradițională orientală.

Ce ați înțeles de aici?

Am înțeles ceva pe care l-am urmat apoi toată viața. Am învățat să-mi recuperez energia consumată în timpul serviciului. Ca să pot lucra după-amiaza, să scriu, spre exemplu, recurgeam la această tehnică de relaxare. Așezat într-o poziție comodă, rămâneam într-o totală liniște. După 5-6 minute, se instalează o respirație lentă și profundă. Am sesizat că, cu cât este mai profundă și mai prelungită expirația, cu atât senzația de încărcare cu energie este mai prezentă. După câteva expirații de acest gen, organismul se simte complet relaxat și devine apt pentru o nouă activitate.

Coordonarea, concordanța funcțională înseamnă sănătate și longevitate. Orice moment când gândim, orice emoție și orice sentiment sunt o pledoarie pentru viață, sănătate, fericire, bucurie sau, dimpotrivă, pentru boală și, în final, moarte.

Dumitru Constantin Dulcan

Este interesant că ulterior am găsit o descriere exactă a acestei tehnici de încărcare cu energie la regretatul psihiatru David Servan-Schreiber, care locuia pe atunci în Canada. Am fost foarte încântat să constat că și altcineva a confirmat beneficiul acestei tehnici. Este ușor de înțeles ce avantaje multiple are pentru organism recuperarea energiei consumate.

Viața noastră are la bază și este ghidată de o serie de decizii. Toată viața oscilăm între rațiune și sentiment. Ce le recomandați cititorilor să facă în momentul în care au de luat o decizie dificilă?

Între creier și inimă, când ne aflăm într-o dilemă, cel mai bun răspuns se află în inimă. Acolo ni se spune că se află adevărul de care avem nevoie. Cu creierul analizăm toate circumstanțele, dar nu întotdeauna o alegem pe cea mai bună. Ori de câte ori nu mi-am ascultat inima, am greșit. Când îți asculți inima, alege varianta pe care ți-o inspiră ea; pe aceea trebuie s-o asculți. De ce?, veți întreba. Pentru că în inimă se afla rațiunea de dincolo de noi.

Avem o moleculă în corp numită molecula plăcerii!

Este vorba de dopamină! Noi suntem mai întâi energie, în plan fizic. După aceea suntem chimie şi biochimie, deci funcţionăm pe două registre, pe planul fizic şi pe planul biochimic. Energia este forma primară de la care plecăm. Prin intermediul informaţiei, ea se transformă în noi structuri, astfel chimia gândurilor şi emoţiilor circulă prin vasele noastre. **Celulele noastre sunt deci expresia tuturor gândurilor şi emoţiilor noastre, a sentimentelor** şi **a resentimentelor, cu precădere a fricilor.** Această frică, după cum deja s-a mai discutat în acest spaţiu, nu este de bun augur. Repetiţia este mama învăţării, spuneau latinii. Probabil din acest motiv revine aşa de frecvent în discuţie. Dacă tot ne plângem de calitatea slabă a medicinei, hai, măcar, să nu mai creăm şi noi motive de îmbolnăvire a lumii!

> *Această moleculă în minus înseamnă Parkinson, această moleculă în plus înseamnă psihoză, agresivitate. Trăim ambele extreme!*

N-avem decât să ne creăm ocazii şi momente cât mai diverse de bucurie – o excursie, o carte bună citită, un spectacol. **Contează enorm ca într-o familie să nu fie conflicte!** Eu am asistat la lucrurile acestea, când pare că uneori oamenii nu mai suportă nici vocea celuilalt, este o dramă, nu este deloc benefic pentru sănătatea noastră! Ar trebui să scriem undeva în casă, cu litere mari, ca o Biblie: „Oameni, înţelegeţi-vă între voi, evitaţi țipetele și strigătele față de ceilalți membri ai familiei. La copii, cu atât mai mult!"

Noi am fost patru frați, dar cel mai atașat am fost numai de unul dintre frații mei, pentru că avea voce blândă și întotdeauna vorbea cu mine calm. Parcă fiecare celulă se bucura de modul în care vorbea, era cel mai amabil dintre noi! Am beneficiat cel mai mult de grija lui, de protecția lui, pe când eram student în București.

În cazul atașamentului pe care-l ai față de prieteni, trebuie să alegi prieteni numai pe aceia cu care te înțelegi, deoarece prietenia nu înseamnă să bârfești pe unul sau să pui la cale răul altcuiva, ci doar să te transpui și să te recunoști pe aceleași idei, contează enorm!

Dacă soții ar corespunde în modul de gândire, ar avea o căsnicie fericită. La vârsta la care oamenii de obicei se căsătoresc nu prea știu toate lucrurile acestea, dar în clipa de față avem destul de multe studii psihologice. Cel puțin, un psiholog se poate consulta!

E adevărat că nu toți oamenii au genetic aceleași programe de declanșare prin care se eliberează dopamina?

Da, unii n-au și din cauza asta nu simt nici bucurie, nici plăcere. Dopamina este ea însăși hormonul plăcerii.

Având în vedere ponderea știrilor negative din media, cum ar trebui să se raporteze oamenii la aceste informații pentru a nu-și înrăutăți starea de bine și, implicit, sănătatea?

Toate răspunsurile le găsim în noi înșine. În fața oricărei informații ar trebui să discernem cât adevăr conține. Poate fi doar o opinie!

Domnule profesor, de unde vine simțul moral? Din cultură sau din biologie?

Din ambele. Nu sunt de acord cu continuatorii teoriei omului biologic, care afirmă că omul a rămas la nivel strict de instincte, că morala nu este decât un interes. Dar există în lumea aceasta și cultură, și civilizație, care pot controla instinctele.

Morala biologică anticipează oare morala creştină?

Nu o anticipează, din păcate. Morala creştină vine alături de cultură. Noi, în cultura europeană, suntem rezultatul îmbinării dintre aceste două elemente. Cultura europeană este în sine un rezultat al creştinismului. Pentru că venim din sălbăticia romană în care, când un gladiator cădea la pământ, aşteptând decizia care-l ducea spre moarte sau spre viaţă, femeile coborau uneori degetul, adică cereau moarte.

Un confrate neurolog spunea că atunci când omul ceda unuia cu care era în conflict, de fapt, voia să îl facă sclavul lui, nu pentru că i-ar fi fost milă de el. Nu exista milă. Asta dorea el să spună, asta era morala milei, că, vezi Doamne, nu are un suport biologic în creierul nostru. Or, dimpotrivă, vine Hawkins, psihiatru, care spune contrariul, demonstrând că nevoia de devotament spiritual, de înţelegere a sursei spirituale este cea necesară. Cultivarea acestor valori etice este necesară pentru protejarea propriei sănătăţi şi pentru armonia socială, într-o lume a diferenţelor psihologice, biologice, politice, religioase şi juridice.

O dorință conștientizată asupra căreia se insistă un anumit timp poate fi preluată de subconștient și dusă la îndeplinire.

Dumitru Constantin Dulcan

Lazarev[35] *spune să fim întotdeauna recunoscători pentru necazuri și suferințe. El zice să procesăm la nivel mintal, să nu lăsăm să coboare în inimă necazul. Acestea ne sunt date pentru a învăța ceva sau pentru a echilibra ceva în viața noastră. Cum să facem să nu ne afecteze inima?*

L-am citit și eu. Nu știu cât are el dreptate, parcă aș vedea lucrurile puțin altfel. Dacă tu îți iubești copilul, soțul, soția, iubitul, iubita, mai mult decât pe Dumnezeu, ești în mare conflict cu Dumnezeu, spune el. Eu afirm că Dumnezeu este deasupra lucrurilor, or, acesta este un statut care, odată definitivat în mintea ta, rămâne acolo, iar restul se transformă în chestiuni omenești, pământești. Dacă doi oameni aleg să se iubească, ce treabă are asta cu Dumnezeu? El pune problema asta într-un mod ciudat. Poate măsura cineva dragostea, iubirea, mai mult sau mai puțin? Nu, există doar „iubesc" sau „nu iubesc"; în cartea *Inteligența materiei* am lămurit foarte bine lucrurile acestea.

Există o complementaritate între filozofia și religia orientală și creștinism?

Am fost la Assisi. Eram la un congres, împreună cu un coleg. Se făcea o excursie de 360

35 Serghei Nikolaevici Lazarev (n. 1952), filozof rus, cercetător al legilor vieții spirituale a omului (n. ed.).

de km și la final am intrat acolo unde e mormântul Lui. Doamne, venea o energie, cum nu vă puteți imagina, te simțeai de parcă venea ceva peste tine ca un uragan. Ca și la noi în țară, la mormântul lui Arsenie Boca, unde este o energie fantastică. Acești oameni care au avut un grad de sfințenie emit o energie fantastică. Nu este oare clar că vine din altă dimensiune energia aceasta? De ce nu dorim să privim lucrurile și altfel? Sigur că este o diferență între noi și Orient, dar ei au meritul că în sălbăticia de la vremea lor, cu cinci sute de ani înainte de Iisus, au încercat să civilizeze totuși oamenii. Sunt primele noțiuni despre comportament pașnic, de a nu face rău semenilor tăi. Iisus vine să schimbe această lege preexistentă, gândiți-vă doar că Antichitatea era de o cruzime cumplită. Iisus dă o nouă lege, fundamentală. Pentru mine, Iisus, din punct de vedere intelectual, a fost cel mai mare pedagog al tuturor timpurilor. Este Sfânt, nu a fost doar Fiu de Dumnezeu.

Toate principiile Lui eu le-am luat și le-am trecut prin filtrul fizicii cuantice și am observat că totul se suprapune. Concluzia este că iubirea e energia care unifică, iar iertarea este ștergerea modelului patologic din ADN, care nu mai poartă amprenta bolii. Iertând, nu te mai îmbolnăvești.

Am fost invitat acum ceva vreme la Târgu Mureș, la o conferință din domeniul psihiatriei, iar cineva a recitat un poem despre iertare. Am ascultat și la final am întrebat: „Dar voi știți de unde vine iertarea?” Prin ceea ce ne-a lăsat, Iisus a făcut pur și simplu genetică modernă, *avant la lettre*.

IMPORTANȚA RUGĂCIUNII PENTRU SPIRIT ȘI CREIER

Domnul profesor universitar doctor Dumitru Constantin Dulcan a trăit momentul apariției Luminii la Mormântul Sfânt în anul 2000, în Sâmbăta Mare. Ne puteți povesti propria trăire din punctul de vedere al omului credincios, dar și din punctul de vedere al omului de știință?

Am fost la Mormântul Sfânt în momentul în care s-au împlinit 2000 de ani de la răstignirea lui Iisus. Cât am umblat pe Pământ pe urmele Bibliei, am avut o stare extatică, de beatitudine, o stare de liniște, de bucurie interioară. Dar era, în același timp, și ceva mentalizat, trecut prin filtrul rațiunii. Îmi aduc aminte că la biserica din Capernaum, unde toți sfinții erau pictați în culoarea verde, preoții au ținut o scurtă slujbă. Doamne, ce am putut trăi! Puțin mai încolo era fundația, realizată din pietroaie mari, a casei lui Petru, la doi pași pe malul Mării Galileei. Trăiam într-un soi de armonie, de fericire interioară, nu-mi păsa de nimic. Când mai vorbeam la telefon cu prietenii, sesizau instantaneu starea mea de fericire, asta în contextul în care ei trăiau încrâncenarea de la noi, din politică, cu acele lupte interne, nesfârşite. Nu aveam în plan să merg la biserică, să văd Lumina. Era o adevărată luptă să ocupi un loc util. 24 de ore m-am chinuit să rămân în apropierea Mormântului, unde ştiam că trebuie să apară Lumina Sfântă. Aveam şi un aparat de fotografiat cu mine, iar când a apărut Lumina, l-am oprit, de teamă să nu confund lumina lui cu Lumina Sfântă. Eu voiam să văd adevărul şi numai adevărul. Lângă mine se afla o ţărancă într-o cămaşă tradiţională, cel mai probabil ucraineancă sau rusoaică. Când a văzut Lumina, a căzut în genunchi şi a început să strige uimită, în limba rusă: „Doamne, Doamne, eu Te văd!" M-am gândit atunci că eu am venit să văd cât este de adevărat, în timp ce ea era deja convinsă. Trăirea a fost fantastică, colosală. Am avut atunci sentimentul că mă aflu la începuturile lumii şi că trăiesc visul ei cel dintâi. Am avut nişte şanse în lumea asta, absolut incredibile. Mi-a rămas în minte o imagine uimitoare: statuia Arhanghelului Gabriel, realizată în mărime aproape naturală, alături de Fecioara Maria, chiar în scena în care Gabriel îi spune că este gravidă cu Mântuitorul, ea fiind mirată, nevenindu-i să creadă. Nu e niciun cuvânt scris acolo, dar era aşa de viu reprezentată întreaga scenă, încât nu poţi să nu te întrebi: cum au putut să scoată dintr-o piatră un dialog? Iată ce înseamnă geniu!

Rugăciunile pot influența starea de bine a cuiva?

Evident, da! Arată acest lucru studii făcute de către Herbert Benson[36], și la Harvard, pe două loturi de bolnavi internați în spital, unul pe post de martor, celălalt de pacienți, asupra cărora un grup de persoane s-a rugat pentru vindecarea lor, fără a fi înștiințați de acest lucru. Grupul pentru care s-a făcut rugăciunea s-a vindecat de două ori mai repede și cu medicație redusă, față de celălalt lot, martor. Reamintim aceeași experiență despre care vorbește medicul neurochirurg Eben Alexander.

Sunteți o persoană religioasă? Faceți apel la refugiul în Dumnezeu? Ce rol joacă credința, ancorarea în Dumnezeu pentru o abordare corectă a bolii?

Dacă tu crezi în Dumnezeu, Dumnezeu e cu tine. Cine nu crede e fără Dumnezeu. Mulți cred că religia și rugăciunea sunt vorbe aruncate în vânt.

36 Herbert Benson (1935–2022), doctor american, pionier în Medicina Corp-Minte și unul dintre primii medici occidentali care au adus spiritualitatea în medicină (n. ed.).

Or, acum știm foarte bine din mărturiile celor care se roagă că nu e așa.

Ce este postul din perspectivă terapeutică?

O punere în repaus a tuturor glandelor și a structurilor care contribuie la digestie și la metabolism. Așa cum noi avem nevoie să dormim, să ne odihnim, așa și organele noastre au nevoie de odihnă, de refacere. Postul este, deci, un moment de refacere. Perioada de post, după cum spune și acel profesor pe care l-am citat, Hiromi Shinya, este un fel de autofagie, celulele și toate reziduurile care nu s-au digerat, pur și simplu, în acest timp de foame se consumă, sunt descompuse în elemente ce sunt folosite ulterior pentru a deveni sursele celulelor noi.

Există conceptul de suflet-pereche?

O să avem prea multe critici, de la materialiști. Se spune că noi ne desprindem din ființa supremă, întotdeauna în pereche, de unde și mitul androginului. Apoi avem parte de o călătorie prin Universul acesta. Câtă vreme suntem numai energie și informație, totul este infinit, câtă vreme venim în substanță, viața este finită. Te poți întâlni sau nu cu acel cineva în viața aceasta, dar cu siguranță te vei întâlni în altele.

Putem să ne
schimbăm creierul
în funcție de ceea
ce gândim. Gândim
pozitiv și creierul
nostru va avea o
funcționalitate
favorabilă stării
de sănătate,
longevității.

Dumitru Constantin Dulcan

Tot ce pot spune eu concret este că Eminescu şi Veronica Micle erau suflete-pereche, m-am gândit mult la asta! Tot ce a creat el mai frumos a fost prin şi pentru Veronica. Datorită ei, pentru ea! Absolut, pot spune, ei au fost suflete-pereche. Ea se sinucide la o lună şi 4 zile de la moartea lui. S-ar fi sinucis pentru un om pe care nu-l iubea? S-a spus despre ea că era neserioasă, că nu-l iubea deloc. Nişte stupidităţi! El are o poezie în care spune că la moartea lui nu va avea pe nimeni care să-i închidă pleoapele. Sicriul a fost depus la biserica Sfântul Gheorghe Nou şi de gardă au fost nişte elevi de la Şcoala Militară. La un moment dat, apare o femeie în doliu – este prima apariţie a Veronicăi, la căpătâiul lui. La zece zile după asta, o doamnă, care povesteşte acest episod, se duce la mormântul lui Eminescu. Acolo vede o femeie în negru, aplecată deasupra mormântului. Din bun-simţ, se opreşte şi aşteaptă până când femeia în negru termină. Mergând spre mormânt, o recunoaşte pe Veronica.

Veronica Micle se duce în august la mănăstirea de la Văratec, lângă care există Poiana Ţigăncii, unde se spune că s-ar fi sinucis o fată. Acolo, Veronica se aşază pe malul râului şi, în timp ce medita, îşi vede chipul în apă. Deodată, peste chipul ei, apare chipul lui Eminescu. Seara primeşte oaspeţi aflaţi în acelaşi timp în vacanţă la mănăstirea Văratec. După ce pleacă toţi oaspeţii, Veronica înghite un flacon de arsenic. A doua zi moare, era 4 august. De ce s-ar fi sinucis această femeie dacă nu l-a iubit pe Eminescu, dacă nu a avut niciun sentiment pentru el, spunându-se chiar că a fost femeie uşoară? De ce trebuia să moară? Mai ales că avea două fiice, una dintre ele era la Conservator, avea încă mare nevoie de îndrumarea mamei sale. Să renunţăm la aceste afirmaţii răuvoitoare la adresa Veronicăi, care sunt în discordanţă totală cu gestul ei suprem.

INTELIGENȚA MATERIEI

Domnule profesor, am aniversat 41 de ani de la apariția cărții-fenomen Inteligența materiei. *Era aprilie 1981. Mai țineți minte ce era în sufletul dumneavoastră?*

Era prima oară când vitrina librăriei era plină de cărțile mele, care erau așezate pe un covoraș, în stil național. Eram la vremea aceea un ilustru necunoscut, un medic oarecare într-o secție, nu eram nici șef, nu aveam nici funcție. În ciuda tuturor acestor lucruri, probabil că numele de *Inteligența materiei* a stârnit interes și s-a făcut o coadă de la librărie până la cinematograful Scala, pe patru rânduri. S-au vândut 200 de exemplare pe loc. Toată experiența a fost una ieșită din comun, asemenea unui fenomen de tip paranormal. Regret imens că omul căruia îi datorez tot ce sunt nu era prezent acolo. Tata murise înainte să apară cartea.

Știați ce carte arătați lumii. V-ați temut?

Eram sincer și convins de realitatea a ceea ce scrisesem. Exista totuși o oarecare deschidere ideologică. Erau mulți oameni care au fost invitați din diaspora. Succesul cărții a fost copleșitor. Aceasta satisfăcea prin conținutul său chiar și taberele opuse ca ideologie.

În 1981 aveați 43 de ani. Erați cumva în vârful carierei sau poate încă nu, căci spuneați că încă nu erați nici șef, nici nu aveați o poziție în spital importantă?

Făcusem un doctorat.

Ați fost lăsat în pace pentru că aveați pacienți importanți din conducere?

Nu, pe cei care mi-au luat apărarea nu i-am cunoscut niciodată, cu excepția unui domn, care a venit la consult. Cred că venise, de fapt, să mă cunoască. Era un om sobru. În momentul în care a deschis ușa să plece din cabinet, s-a întors către mine și mi-a spus: „Eu v-am salvat cartea!" Avea o funcție importantă în stat. M-am ridicat imediat și l-am întrebat: „Știu că toți cei care au luat apărarea celor acuzați au fost considerați complici. Nu v-a fost teamă?" Mi-a răspuns: „Domnule doctor, cineva mai trebuie să aibă în țara asta și curajul de a spune adevărul!" Și a plecat. Nu l-am mai văzut niciodată.

Tot ceea ce ne
facem nouă facem
și Universului,
după cum tot ceea
ce „face” Universul
se răsfrânge
asupra noastră.

Dumitru Constantin Dulcan

V-au întrebat oamenii ceva anume? Care capitol a fost mai șocant pentru ei?

Cel mai șocant a fost pentru ingineri, ei erau interesați de asta. Și doctorii care nu prea s-au iubit între ei. Probabil i-a șocat sau le-a atras atenția faptul că am vorbit despre hipnoză, despre telepatie, care făceau parte din obiectul meu de studiu, în mod concret, real.

Scrieți în carte despre „corpul vizibil" și cel „invizibil". Corpul invizibil este matricea noastră primară, este câmpul care conține informațiile tuturor peregrinărilor noastre cosmice. Era 1981 și dumneavoastră vorbeați despre asta?

Dacă nu spui nimic din ceea ce este real, atunci la ce bun să mai scrii? Cartea a ajuns și la Cabinetul 2, unde nu a fost prea agreată, probabil și pentru că nu am vrut să fac o dedicație pentru cei doi soți.

Cartea a fost propusă pentru Premiul Academiei Române, dar a fost retrasă în 1982. Ați primit totuși Premiul Academiei Române în 1992. Cât de repede au aflat străinii de cartea dumneavoastră?

În 1984, Mircea Eliade îmi citise cartea și a vrut să-mi scrie. Au fost persoane care s-au interpus, şi nu toate cu bună intenţie. El s-a stins din viaţă în 1986 şi ocazia de a avea o opinie de la Mircea Eliade despre cartea mea a fost ratată. Din cauza conjuncturilor nefavorabile generate de mişcarea „Meditaţia Transcendentală" şi a discuţiilor asupra conţinutului ideologic al cărţii, aceasta a fost retrasă de la Premiul Academiei, premiu pe care l-am obţinut în cele din urmă, în 1992, după cum am menţionat anterior.

Scrieţi în carte că omul este singura fiinţă capabilă să se ajute pe sine, să se perfecteze dincolo de fixitatea tiparelor naturii. Cum vedeţi perspectiva fiinţei umane? Cât de capabil va fi omul şi de data asta?

Dacă găsim înţelepciunea să supravieţuim acestei crize morale în care ne aflăm, atunci viitorul omenirii va fi unul bun. Omul, din perspectivă evolutivă, nu va avea şapte degete nici la mână, nici la picior, ci pur şi simplu îi va creşte capacitatea creierului de a culege, prelucra şi de a explora informaţia. Adică va fi biologic la nivelul civilizaţiei pe care şi-a creat-o. Sau cel puţin aşa ar trebui să fie. Dar, trebuie să fiu sincer, nu ştiu cum vom scăpa din chestia asta, din păcate dumneavoastră nu ştiţi multe lucruri pe care le ştiu eu. Eram invitat la o nuntă şi m-am aşezat la masă cu un domn care mi-a zis: „Ştiu viaţa dumneavoastră, ştiu pe unde aţi umblat, pentru că şi eu am umblat mult.” L-am întrebat dacă va fi Război Mondial. „Domnule profesor, dacă va fi Război Mondial, vom muri cu toţii.”

Cum aţi ajuns să credeţi într-o putere mai mare decât cea limitativă, palpabilă, a umanităţii?

Există două moduri să ajungi la această concluzie. Fie prin intermediul lecturilor, prin educaţia primită de la părinţi, fie prin convingerea pe care ţi-o dau propriile tale experienţe. Am avut experienţe pe care puţini oameni le-au avut. Vă dau un exemplu. Eram într-o vizită şi brusc am avut presimţirea că a doua zi, la o anumită oră, va avea loc un eveniment. Lucrurile s-au întâmplat întocmai. Consecinţele acestui eveniment aveam să le trăiesc după mult timp. Am mai spus că mai întotdeauna în faţa unor evenimente nedorite am avut vise premonitorii sau anticipative, prin care în mod simbolic mi s-a spus ce se va întâmpla în perioada următoare. De exemplu, am avut acelaşi vis simbolic cu câteva zile înainte ca mama să facă un accident vascular. Detaliile le puteţi afla din cărţile mele.

Dar se întâmplau lucrurile pe care vi le doreați pentru dumneavoastră? Dorințele?

Am sesizat încă din anii copilăriei că mi se răspunde la acele dorințe asupra cărora insist un anumit timp. Pot să afirm că întreaga mea evoluție profesională a fost mai întâi gândită. Meditând acum la întrebarea dumneavoastră, găsesc explicația prin capacitatea subconștientului de a conduce la împlinirea unor dorințe. O dorință conștientizată asupra căreia se insistă un anumit timp poate fi preluată de subconștient și dusă la îndeplinire.

Inteligența noastră conștientă poate intra în dialog cu inteligența celulelor noastre?

Evident, da! Celulele au și ele inteligența lor. **Așadar, conștiința noastră poate să comunice cu inteligența celulelor noastre.** Aceasta este și o explicație pentru procesele de autovindecare.

Deținem în celulele noastre toate genele necesare pentru rezolvarea necesităților noastre vitale?

Se crede că numai cinci la sută din gene au rol de structurare și de funcționare a corpului uman. Dacă până recent acest rol al genelor noastre era considerat a fi absolut, în momentul de faţă discutăm despre o epigenetică, în virtutea căreia condiţiile mediului ambiant şi cosmic influenţează indubitabil genele noastre. Suntem, aşadar, construiţi după „chipul şi asemănarea Universului". Acesta este motivul pentru care am convingerea că, în procesul evoluţiei biologice, Jean-Baptiste Lamarck[37] era mai aproape de adevăr decât Darwin, care punea evoluţia pe seama întâmplării şi a selecţiei naturale.

În volumul Inteligenţa materiei, *publicat în mai multe ediţii revizuite (1981, 1992, 2009), aţi abordat într-o viziune diferită atât faţă de Darwin, cât şi faţă de Monod*[38]*, conceptul de evoluţie în biologie. Care este viziunea actuală asupra evoluţiei în biologie?*

Darwin publică în 1859 mult comentata sa carte *Evoluţia speciilor*, în care motivează evoluţia în biologie prin apariţia aleatorie a unor modificări în structura organismelor care, prin selecţie naturală, se transmit descendenţilor. Jacques Monod absolutizează şi el rolul hazardului, vorbind despre evoluţia prin mutaţii genetice

37 Jean-Baptiste Pierre Antoine de Monet, cavaler de Lamarck (1744–1829), naturalist francez, care a elaborat prima ipoteză despre teoria evoluţionistă (n. ed.).

38 Jacques Lucien Monod (1910–1976), biochimist francez, laureat al Premiului Nobel pentru Fiziologie sau Medicină (1965) (n. ed.).

apărute întâmplător (1970). Aceste „alterări", cum le numeşte Monod, sau erori genetice ar fi singura sursă a evoluţiei văzute ca şansă a oricărei creaţii în biologie.

Pot să afirm că, anticipând ceea ce aveam să cunoaştem mai târziu prin ştiinţa epigeneticii, am menţionat că sursa mutaţiilor genetice o constituie nu întâmplarea, ci modificarea condiţiilor de mediu care obligă organismele să se adapteze. Am considerat în 1981 că această adaptare este expresia unui răspuns inteligent la mediu al organismelor vii.

În 1809, Jean-Baptiste Lamarck a utilizat termenul de „evoluţie" înaintea lui Darwin, evocând ca explicaţie adaptarea speciilor la mediu. Suntem obligaţi să admitem că, în termenii de astăzi ai epigeneticii, Lamarck a fost cel mai inspirat în explicaţia oferită conceptului de evoluţie, deşi contemporanii săi, neînţelegându-l, i-au adus critici foarte dure şi nejustificate. Amară constatare: a fost nevoie de două secole pentru a i se face dreptate.

VIITORUL OMENIRII DIN PERSPECTIVĂ ȘTIINȚIFICĂ

E adevărat că unul dintre secretele longevității este acela de a păstra pe cât este posibil o liniște a inimii?

Fără îndoială. Există Institutul de Matematică a Inimii din California. Din experimentele pe care le-au realizat oamenii de știință de acolo se crede că afectele, deci sentimentele, emoțiile, sunt mai întâi elaborate la nivelul inimii. Într-o etapă ulterioară, inima le trimite creierului, iar acesta, prin centrii de care dispune, le exprimă. Asta a susținut Richard J. Davidson prin cercetări efectuate în laboratorul său de neuroștiințe afective. Este ca și cum ar veni valul de emoții direct din inimă. Așa se explică pasiunea, dragostea, declarațiile romantice etc.

Putem să ne ținem inima liniștită? Nu e greu să menținem acest echilibru în perioada pe care o trăim noi?

O putem face prin rugăciune, meditație, relaxare. Eu asta fac în fiecare zi. Ne este greu să ne menţinem echilibrul, dar facem eforturi în acest sens. Trebuie privită partea frumoasă a lucrurilor, jumătatea plină a paharului, nu cea goală. Este o alegere, până la urmă.

Genele longevităţii, sirtuinele, le putem găsi în usturoi, struguri negri, ceai verde, ceapă, roşii, căpşuni?

În toate fructele şi legumele proaspete. Este esenţial să facem asta, deoarece, potrivit ultimelor informaţii ştiinţifice din domeniu, enzimele pe care le avem, cele de care deja dispune organismul, nu sunt suficiente pentru a digera tot ceea ce mâncăm. Pentru a suplimenta sau a echilibra cumva acel deficit de enzime, avem nevoie de fructe şi de legume proaspete, care vin cu aport de enzime suplimentare. Ca să nu mai vorbim despre grăsimile procesate din industria alimentară! Acestea sunt foarte periculoase, pentru că se depun. Grăsimile bune sunt lichide, sunt necesare pentru organism, însă celelalte se depun, iar când cineva a ajuns în situaţia nefericită de a avea vasele complet obstrucţionate, atunci apare un risc patologic. Sirtuinele sunt acele enzime care intervin la nivelul vieţii şi al longevităţii, prin intermediul mitocondriilor. Mitocondriile sunt centrale de energie, extrem de importante. În clipa de faţă, se recomandă substanţele care neutralizează radicalii liberi. Am menţionat deja acel hormon al tinereţii, care se obţine prin relaxare, prin bucuriile pe care le oferim organismului nostru.

Substanţele antioxidante sunt, de asemenea, extrem de importante. Aici se pune în discuţie raportul între Omega 3 şi Omega 6, câştigătorul fiind Omega 3.

De asemenea, aduc beneficii corpului nostru coenzima Q10, vitamina E, vitamina C. Aceste informaţii, care acum par probabil a fi o generalitate, i-au fost date acelui instalator intrat în moarte clinică despre care am menţionat anterior. Am fost foarte surprins, cum să-i transmită informaţii despre o formulă biochimică? Ştiam despre Iisus că vorbeşte în registrul religios, despre iertare, despre iubire, care este, de fapt, forţa de coeziune despre care menţionează fizica cuantică. Expresia iubirii este o forţă de unificare a totului, prin ea se realizează integralizarea, unitatea Universului. La fel cum prin iertare se realizează purjarea organismului de excesul de cortizol şi de adrenalină. Ştiam că aceste imperative îi aparţin Lui, dar să-i spună unui simplu instalator în secolul 21 despre coenzima Q 10, despre acidul alfa-lipoic sau despre curcumină, evident că am fost teribil de surprins. Şi intuiţia acelui om de a-i povesti medicului cardiolog despre cele petrecute în perioada cât a stat în moartea clinică, doctor cu care a ajuns ulterior să scrie o carte! Cardiologul, la rândul lui, a avut inspirația de a-și însuși întocmai aceste formule. Putem să luăm acele informații ca pe o ipoteză, deși eu constat că e depășit stadiul unei simple ipoteze, devenind cu adevărat o știință.

Putem face știință sau neștiință din orice, depinde de ce intenții avem, cu ce morală pornim la drum, ce responsabilitate avem. Revin la acea responsabilitate. A fi înseamnă a trăi, înseamnă a fi responsabil în aceeași măsură față de ceilalți, ca și față de tine însuți. Să nu uităm că ceea ce dăm, ni se întoarce.

Având în vedere evoluția tehnologiei, credeți că pe viitor poate fi citită informația din subconștientul nostru și chiar să fie rescrise anumite programe din subconștient?

Sunt de părere că răspunsul la această întrebare este da, cu condiția ca, în viitor, oamenii să nu fie înlocuiți în totalitate cu roboți. Există acest mare risc. Poate părea amuzant la prima vedere, dar acțiuni de genul acesteia pot da naștere unor urmări mult mai complicate. Am scris despre asta acum ceva vreme. Poate să apară o clasă de entități tehnice noi, asupra cărora cei care le conduc își pot aroga dreptul de stăpâni ai speciei umane. Ar exista riscul pentru noi, oamenii, să ne aflăm în poziția de a fi priviți așa cum am privit și noi animalele, ca pe niște simple „dobitoace".

Omul viitorului va ajunge să fie conștient de originea lui sacră?

Asta înseamnă spiritualitate, să-ți cercetezi propria origine, să-ți adresezi întrebări de genul: „De unde vin?" Putem avea și alte convingeri printr-o serie de experiențe înregistrate de-a lungul timpului sau poate doar prin credință.

Dacă privim conștiința doar în termeni de circuite nervoase, se poate construi un computer cu conștiință?

Nu, se construiește un computer cu programe imaginate de om. Ce îi spune utilizatorul, aia face! Nici robotul, nici computerul nu au conștiință, spune Harari[39]. Computerele sunt doar o sumă de algoritmi fără minte și Harari se întreabă dacă vor avea vreodată.

Vreau să am, de asemenea, îndoieli, ca și Harari. Mintea este o proprietate a creierului, după cum conștiința umană o văd doar ca un segment al Marii Conștiințe Cosmice.

---

39 Yuval Noah Harari (n. 1976), istoric și profesor de istorie la Universitatea Ebraică din Ierusalim și autor al bestsellerelor internaționale *Sapiens. Scurtă istorie a omenirii* și *Homo deus. Scurtă istorie a viitorului* (n. ed.).

Vom reuși prin capacitatea psihicului să controlăm sănătatea și longevitatea?

Sunt multe speranțe în acest sens, deja o parte din aceste reușite le constatăm și acum.

Este posibilă întinerirea? Este adevărat că durata vieții este dictată de numărul diviziunilor celulare?

Da, am mai spus asta. În ceea ce privește concepția potrivit căreia durata vieții este dictată de numărul diviziunilor celulare, așa s-a crezut inițial. Așa a fost descris, dar s-a constatat de către cei care au luat Premiul Nobel pentru descrierea telomerazei că lucrurile stau puțin diferit.

Suportul genetic moștenit impune longevitatea, starea noastră fizică și intelectuală?

Da, este adevărat, unele persoane au scris în gene să trăiască 90, 100 de ani sau mai mult, iar altele, nu. Dacă ar fi să exprim o proporție, aceasta s-ar situa între 4 și 10%. Alții dau alte procente, se vorbește despre faptul că aproximativ 4–5% ar fi fundamentate pe factorul ereditar și restul pe voință sau comportament care să controleze longevitatea.

CUM NE FERIM DE BOLILE PRODUSE DE STRES

Ce rol au simpaticul și parasimpaticul?

Unul dintre aceste sisteme, sistemul parasimpatic, este responsabil de producerea energiei, iar celălalt, sistemul simpatic, de consumarea ei. Când inima este în poziție de repaus, este sub dependența de sistemul parasimpatic; când se contractă, dimpotrivă, de cea a sistemului simpatic. Pentru o mai bună conexiune cu sistemul parasimpatic, recomand intrarea într-o stare de relaxare profundă.

Depresia a fost numită boala secolului. Cum ne raportăm la ea din punct de vedere vibrațional, energetic?

Persistând în depresie, scade imunitatea, se pierd foarte mulți neuroni, iar toate funcțiile organismului se reduc foarte riscant. În cazurile extreme, se poate ajunge chiar până la suicid. E evident că, în cazul în care ne confruntăm cu o formă reactivă, atunci psihoterapia este perfect valabilă pentru o asemenea situație. Dacă, din contră, avem de-a face cu o formă psihotică, internarea este obligatorie. Eminescu a avut această suferință. El avea periodic depresii profunde, care se produceau în alternanță cu perioadele de manie, iar atunci când se întâmpla asta, avea manifestări foarte ciudate.

În înțelepciunea populară există expresia: „Bine faci, bine găsești!" Este ea valabilă din perspectivă neurochimică?

Voi răspunde la această întrebare printr-un exemplu. Doi aviatori erau programați să plece într-o misiune. Cu o zi înainte, unul dintre ei a avut un vis premonitoriu. Cei doi urmau să plece noaptea în misiune. Când colegul său a venit, pregătit de plecare, acesta l-a anunțat că nu mai părăsește solul pentru nimic în lume. „Treaba ta, eu mă duc.", i-a replicat colegul lui, care a și murit, de altfel, în acel zbor. Cel care a avut premoniția s-a simțit obligat să ofere ajutor familiei colegului său.

Mai sunt cazuri când, înaintea unui eveniment cu încărcătură negativă, faci o boală, te îmbolnăvești, și nu mai ești apt pentru război, de exemplu. Așa că tot răul spre bine. Sunt multe situații de genul ăsta. Cunosc oameni care au pierdut în ultimele minute avionul, care ulterior s-a prăbușit.

Domnule profesor, am putea ști de ce genele patogene pe care le avem pot să nu fie activate niciodată?

Da, dacă factorii activatori ai genei patogene nu se manifestă în timpul vieții respective. Cercetătorii care au descifrat codul genetic uman au observat că există persoane care moștenesc o genă oncogenă, ce poate deci să declanșeze un cancer, și care totuși nu au avut boala.

„INIMA ÎȘI ARE
RAȚIUNILE SALE
PE CARE RAȚIUNEA
NU LE CUNOAȘTE."

BLAISE PASCAL

Are inima memorie și inteligență proprii?

Se pare că da. Întâi de toate, doresc să spun că exemplele despre care urmează să vorbim sunt recunoscute de către medici, nu sunt doar povești care să creeze impresii pentru o presă dornică de senzațional. Sunt foarte multe întâmplări, s-au scris chiar câteva cărți pe marginea acestor observații. Nimeni nu s-a așteptat la dezvăluirile care ne parvin în urma acestor evenimente, deoarece noi credem că memoria și intelectul țin de creier, și nicicum de alte structuri, cum ar fi inima. Chiar avem argumente pentru alte structuri, cum ar fi, de pildă, un transplant de sânge.

Să detaliem câteva exemple. Un student de culoare, la Conservator, este împușcat în plină zi, în timp ce se duce la cursuri. Inima lui ajunge în urma prelevării la un oțelar, un fochist. Donator este cel al cărui organ se duce la altcineva, iar receptor îl vom numi pe cel care primește organul. În cazul de față, după câtva timp, receptorul transplantului de inimă de la acel tânăr care făcea muzică se trezeşte cântând arii din opere, lucru pe care el nu îl cultivase niciodată. Evident că îşi întreabă medicul despre ce i se întâmplă. Atunci i se povesteşte despre cel care-i donase inima.

Al doilea caz este cel al unui tânăr de 20 de ani, care-şi pierde viaţa într-un accident de circulaţie. În timpul vieţii, a avut două plăceri: obişnuia să bea bere şi să mănânce chipsuri. Inima lui ajunge la o doamnă. În urma transplantului, când îşi revine din operaţie, doamna respectivă se trezeşte cu apetit imens pentru chipsuri şi bere.

Şi poate că cel mai moralizator dintre toate aceste exemple, un exemplu pe care l-am comentat adeseori, cu o semnificaţie morală foarte adâncă, este următorul. O fetiţă de 9 ani primeşte cordul unei alte fete de 11 ani. La un moment dat, fetiţa care a primit transplantul de cord are coşmaruri persistente. Le povesteşte părinţilor ei, care, din păcate, nu sunt prea deschişi la evenimente de acest gen, şi nici prea emancipaţi. În cele din urmă, pentru că fetiţa se trezeşte noapte de noapte cu un coşmar, cu acelaşi vis, o duc la un psihiatru. În vis îi apărea fetiţa care îi donase inima şi-i spunea de cine a fost ucisă. Fetiţa nu îndrăznise să spună ceva până când nu ajunge la psihiatrul care îşi dă seama imediat că se întâmplă ceva. Poliţia merge pe urmele visului şi lucrurile se dovedesc a fi riguros exacte. Relatarea ei cuprindea chiar şi

Hrana ne oferă energia necesară oricărei activități. Dar dacă activitatea noastră și efortul depus depășesc energia pe care o obținem din alimente, atunci recuperăm pierderile din energia structurală, adică de la unul dintre organele importante.

Dumitru Constantin Dulcan

amănuntele poveștii donatoarei, această fetiță de 11 ani, care fusese ucisă de un individ cu probleme psihice.

Un tânăr de 19 ani moare într-un accident, iar inima lui ajunge la o fată, de o vârstă cu el. Tatăl lui e psihiatru și dorește să o cunoască pe fata care a primit inima fiului său. Îi spune fetei că a găsit în camera lui, după ce a murit, un cântec, dedicat Danei. Receptorul, întâmplător, purta același nume, Dana. Fata, foarte surprinsă, spune: „O, dar îl văd aproape în fiecare seară, îi ascult melodia și o cânt!" Unul dintre versuri era: „Dana, inima mea va trăi în tine!"

Unde plasăm conștiința?

Iată una dintre problemele pe care mi le pun și eu: noi spunem că, de regulă, cel care creează conștiința este creierul, dar, în realitate, pare să fie invers. În primul rând, ceea ce numim conștiință, cel puțin în concepția mea, este un ram al Marii Conștiințe Cosmice. Conștiința nu este doar produsul creierului, dimpotrivă, e chiar invers, creierul este produsul conștiinței, ca să discutăm în termeni pe care eu îi înțeleg într-un alt sens. Prezint în avans scuzele pentru ce urmează să afirm, dar conștiința este nonlocalizată, nu se limitează doar la creier. Impactul dintre creier și conștiință este mintea. Mintea este cea dependentă de fiziologia creierului, de neurofiziologie, de electricitatea de la nivelul sistemelor. De-abia aceea se cheamă minte! Repet, mintea este rezultatul impactului dintre conștiință, ram al Conștiinței Cosmice, și creierul nostru. Lucrul ăsta puțină lume îl cunoaște, ar trebui să-l înțelegem. Se pare că ea începe de la periferie și are impact asupra tuturor receptorilor situați la acel nivel.

Un exemplu care m-a frapat este cazul unui transplant de sânge în care receptorul începe să manifeste unele din gesturile donatoarei. Mi se pare un lucru extraordinar, pentru că, atenție, vorbim despre sânge, nu despre inimă, și transferul acestei informații are loc prin sânge.

Ce gesturi, la ce vă referiți?

În seara zilei în care primește transplantul de sânge manifestă dorința bruscă de a fuma și de a consuma alcool, ceea ce nu i se mai întâmplase niciodată. Asta relevă ceea ce am relatat deja: conceptul despre conștiință pare să fie susținut de aceste argumente, și anume că cea care generează corpul uman este conștiința, iar creierul este doar un ram al Marii Conștiințe a Universului. Ea nu se limitează doar la creier, ci la toate structurile noastre.

De pildă, dacă ţin un creion în mână, sentimentul de creion îl primeşte creierul de-abia după ce l-am sesizat eu. Deci, simţurile mele sunt de fapt cele care trimit informaţia la creier, iar acesta decodifică instrumentul de scris pe care-l am în mână.

Toate aceste întâmplări enumerate par să ne oblige să ne revizuim toate conceptele despre noi şi despre ce se întâmplă în corpul nostru. Am convingerea că, în ciuda faptului că acum suntem într-o perioadă în care ştiinţa este tributară ideologiei, ţinând seama mai mult de anumite concepţii ale timpului, va veni o vreme în care adevărul va trebui spus!

Unde se află secretul armoniei? În creier sau în inimă?

Secretul armoniei se află în corespondenţa dintre creier şi inimă. Se spune că inima este sediul afectelor. De aceea i se mai şi spune „micul creier", după cum afirmam anterior, pentru că inima are inteligenţa ei. Acordul dintre funcţionalitatea creierului şi inimă dă coerenţa. Ei bine, această coerenţă se petrece întotdeauna când ceea ce gândim şi simţim la nivel de inimă este identic. Altfel spus, un dezacord de genul „una gândim, alta simţim" nu are cum să genereze ceva bun. Şi inima, şi creierul emit nişte unde. Când ele sunt în acord, acele unde sunt pur şi simplu sincronizate unele cu celelalte. În momentul în care aceste unde sunt disonante, nu mai avem ceva coerent şi riscăm să ne îmbolnăvim.

Când avem gânduri bune suntem în stare de coerenţă?

Există o schemă asupra căreia am obţinut dreptul de a o folosi în cartea mea *Creierul şi Mintea Universului* şi care este copia fidelă a uneia ce se află între paginile unei cărţi publicate în Franţa. Acolo se vede foarte clar când suntem în coerenţă şi când în haos. Între creier şi cord este disonanţă de ritmuri în starea de haos. Dimpotrivă, când sunt coordonate, sincrone, aceasta înseamnă, pur şi simplu, emoţii pozitive: generozitate, iubire, sănătate, prosperitate şi aşa mai departe. Ei bine, starea de disonanţă a funcţionalităţilor, când una gândim şi alta facem, se traduce prin patologie, boală, şi incoerenţă.

Iată-l pe doctorul Joe Dispenza[40], american, care recomandă să ne creăm această concordanţă între creier şi inimă prin intermediul meditaţiei.

---

40 Joe Dispenza (n. 1962), doctor, chiropractician, speaker şi scriitor american (n. ed.).

Doar un mistic, un yoghin ar putea să dobândească această armonie? Vorbeați mai devreme despre Joe Dispenza. Eu aș vrea să vorbim puțin și despre Gregg Braden[41]*, amândoi spun că meditația te poate duce „acolo", în stările superioare de existență. Și asta i se poate întâmpla chiar și unui om obișnuit, nu e neapărat nevoie să fii mistic.*

Când cultivi sentimente superioare, de ordin etic, generozitate, admirație, respect pentru semeni, în momentul acela te afli în starea de coerență. În clipa în care emitem emoții cu o semnificație negativă, ură, invidie, sentimentul de dezbinare între noi, cum se întâmplă adeseori în politica multor țări pe care nu le vom menționa aici, ei bine, atunci suntem într-o discordanță între creier și inimă. Evident, rezultatul nu este unul favorabil sănătății. Putem să ne schimbăm creierul în funcție de ceea ce gândim. Gândim pozitiv și creierul nostru va avea o funcționalitate favorabilă stării de sănătate, longevității, păstrării tinereții, după cum am spus. Dacă gândim negativ, urâm, insultăm, suntem violenți, agresivi cu semenii noștri, această gândire formează rețele neuronale care sunt suport al acestor impresii și

41 Gregg Braden (n. 1954), autor american care face parte din mișcarea New Age (n. ed.).

resentimente. Asta duce la boală, la cancere, la tot ce ni se întâmplă nouă mai rău.

Vreau să fiu bine înţeles: această gândire, numită de către unii gândire newtoniană, este cea care a permis de-a lungul istoriei războaie, crimă, despărţiri, divorţuri. Newton, la vremea respectivă, nu a putut să definească Universul ca fiind o conexiune a tuturor lucrurilor. Informaţia aceasta ne-a parvenit cu ajutorul fizicii moderne, şi anume că toate lucrurile, în profunzimea lor, sunt interconectate. Această interconectare ne permite să facem o schimbare fundamentală în gândire, să adoptăm o altă paradigmă. Paradigma newtoniană, cu toate relele pe care istoria le-a înregistrat – iată, suntem în plin război –, este rezultatul modului nostru eronat de gândire, s-o spunem clar. Doar când vom cultiva numai valorile, etice, superioare ne vom schimba şi suportul reţelelor neuronale. Despre asta vorbeşte Joe Dispenza. Abia atunci, aflaţi într-o nouă paradigmă, într-o nouă modalitate de gândire, cu un alt suport neuronal, lumea va înţelege ce înseamnă pacea. Şi probabil că vom avea o şansă astfel, dacă nu reuşim să găsim înţelepciunea de a evita un război de proporţii catastrofale.

Spuneam acum ceva vreme că nu-mi imaginez ca aceia care iubesc atât războaiele să fi văzut sau vizitat în treacăt Capela Sixtină. Dacă ar fi văzut-o, probabil ar fi avut ceva interese în sensul culturii, al informaţiei, al frumosului. Ar fi înţeles că omul a venit pe lumea asta cu un rost, ar fi înţeles efortul pe care Michelangelo l-a depus pictând plafonul acela fantastic, colosal, care este o capodoperă unică. Ar fi înţeles, probabil, că rostul lor este altul decât acela de a ucide din moft, din capriciu. Nu le cere nimeni să distrugă lumea, o enigmă despre care nu ştim cum a fost creată. Omul este o enigmă, la rândul său. Or, dacă noi nu ştim încă enigma omului, de ce ne grăbim să-l ucidem? Pentru mine, ca medic, e de neînţeles.

Cât de importantă este inima ca centru energetic al corpului?

Se ridică o întrebare: cine generează prima mişcare, *primum movens*, la nivelul inimii? La început, inima bate cu frecvenţa de 150 de bătăi pe minut, ceea ce se cheamă ritm embrio-fetal. De-abia după trei luni, când apare creierul, nervii din zona posterioară a acestuia se conectează cu inima şi cu toate celelalte structuri. Atunci, ritmul inimii nu mai este cel embrio-fetal, ci ritmul pe care îl va avea de-a lungul vieţii. Inima este prima mişcare, prin inimă vine viaţa! Viaţa, pe care o avem în geneza unui făt, este primul impuls. De unde vine acel impuls? Religia are răspunsul la

Acordul dintre funcționalitatea creierului și inimă dă coerența. Această coerență se petrece întotdeauna când ceea ce gândim și simțim la nivel de inimă este identic.

Dumitru Constantin Dulcan

întrebarea aceasta, ştiinţa nu prea. Sau, cel puţin, eu nu ştiu, poate ştiu alţii.

În al doilea rând, câmpul electromagnetic al inimii este mult mai mare decât al creierului. **Dacă este în coerenţă, inima creează în jurul ei sentimentul de pace, de linişte, de fericire.** Dacă intri într-o cameră în care toată lumea e mulţumită, sesizezi energia bună. Dacă intri într-o cameră unde oamenii s-au certat, deşi tac, pur şi simplu, te simţi rău, pentru că acolo s-a emis o energie negativă, pe care spiritul tău o sesizează imediat. Inima este centrul fericirii. Mai mult, inima este cea care dă semnătura psihologiei noastre. Avem două registre: cognitiv şi afectiv. Cognitivul este reprezentat de raţiune, iar afectul, sentimentul pe care îl trăieşti, lucru extraordinar în sine, este inima. De aceea inima este în centrul energiei noastre, fiindcă ea are cel mai răspândit câmp. Viaţa începe cu inima şi se termină cu creierul. Ştim asta din domeniul transplantologiei, avem certitudinea că persoana de la care se recoltează un organ nu mai are şanse de a trăi, dacă se stabileşte şi moartea creierului.

TAINELE CREIERULUI UMAN

Cât de importantă este sănătatea mintală a unei nații?

Un om are un destin al său, familia are un destin al ei. Din acest motiv există și acel termen de constelație familială. Mergând mai departe, un popor are un destin, țara are un destin propriu. Eu știu care ar fi putut fi destinul acestei țări. Cine are minte să priceapă! Prin excelență, mintea este necesară ca fiind cel mai mare bun care i s-a dat omului. De vreme ce prin minte, prin creier, prin conștiință, prin inteligență, ne-am creat o civilizație, un context favorabil, am progresat, avem acces la o serie întreagă de bunuri, ar trebui să mulțumim pentru structura noastră, pentru ceea ce ni s-a dat. Dar de ce nu ne oprim și vrem mereu mai mult și mai mult?

Creierul face o distincție netă între realitatea trăită și cea imaginată?

Nu una netă, ci doar una aproximativă. Adică una e să mă ridic și să stau de vorbă cu cineva, alta e să-mi imaginez că stau aproximativ cu acel cineva. Este aceeaşi reacţie, dar nu totală, plină. Se activează o serie întreagă de neuroni, aşa-zişii neuroni în oglindă, atunci când îmi imaginez că stau de vorbă cu cineva. Există un astfel de antrenament imaginativ, dar este necesară o persistenţă deosebită în ducerea lui la bun-sfârşit.

Care sunt zonele din creier cu care iubim?

Iubim cu două zone. Prima este amigdala, care alege, iar a doua este hipocampul, care distinge.

În amigdală ai ecoul instinctelor pe care le-ai trăit de-a lungul vieţilor tale, asta dacă admiţi că sunt mai multe vieţi, sau al modelelor din structura ta, care proiectează un ecou inconştient.

Hipocampul este partea care temperează, care spune: „Stai cuminte, că asta nu este pentru tine." Este firesc să reacţionez ca o fiinţă biologică? Desigur, dar ulterior instinctelor vine partea a doua, care mai şi gândeşte.

ȘTIINȚA ALIMENTAȚIEI

Tipul de alimentație poate activa genele patogene purtătoare ale bolii canceroase?

Sigur că da, există o serie întreagă de alimente care le favorizează. De aceea, trebuie evitate în mod expres alcoolul, fumatul, iar consumul de carne roșie trebuie redus sau să aibă loc doar în ocazii rare.

Ce recomandări de alimentație aveți pentru a înlătura riscul bolii?

Prima recomandare ar fi să se limiteze consumul alimentelor hipercalorice. Apoi, să se consume cel puțin 400 de grame de vegetale pe zi. Deși poate părea ceva superficial, să se facă toate eforturile de a rămâne cu o talie cât mai mică, aceasta fiind unul dintre indicatorii gradului de obezitate sau ai supraponderabilității.

De asemenea, efortul fizic este foarte important în prevenirea bolii canceroase. Zilnic, sunt recomandate 30 de minute de exerciții.

Mersul energic este unul dintre potențialele exerciții care se pot face.

Foarte importantă este și evitarea mezelurilor, iar carnea roșie să fie limitată în consum la 500 de grame maximum pe săptămână. Se menționează că experții nu sfătuiesc excluderea totală a cărnii din regimul alimentar.

În ceea ce privește alcoolul, se recomandă excluderea sau limitarea consumului de alcool la un pahar cu vin pe zi sau a altor alcooluri la cantitățile de 10–15 grame, pentru femei, și la 20–30 de grame, pentru bărbați, pe zi.

Consumul alimentelor sărate trebuie limitat, după cum limitată trebuie să fie și conservarea alimentelor prin sărare sau a legumelor puse la murat în saramură.

O informație care pare să prindă din ce în ce mai mult contur, prin prisma beneficiilor oferite ulterior, este că alăptarea copilului la sân până la vârsta de 6 luni este utilă atât pentru prevenirea bolilor mamei, cât și a dezvoltării, de-a lungul vieții, a obezității în cazul copilului.

În final, dacă suntem puși în fața faptului de a opta pentru suplimente nutritive sau alimente naturale, cele din urmă constituie întotdeauna varianta câștigătoare.

Toate aceste recomandări sunt utile și în prevenirea reîmbolnăvirii, pentru toți cei care au traversat o dată boala sau sunt suspectaţi de a o avea.

Care sunt factorii care defavorizează sistemul imunitar?

Dintre factorii cei mai importanţi care defavorizează sistemul imunitar voi menţiona stilul de viaţă al lumii moderne, alimentaţia de tip occidental, stresul, mereu prezent în existenţa omului modern, şi, evident, sedentarismul. Mişcarea în aer liber, activităţile fizice sunt cruciale pentru păstrarea unui sistem imunitar puternic.

Care sunt structurile cele mai vulnerabile la acţiunea radicalilor liberi?

Sistemul nervos şi acidul dezoxiribonucleic, adică ADN-ul. De aici pornesc toate bolile neurodegenerative, boala Parkinson, boala Alzheimer, de aici începe îmbătrânirea foarte rapidă. ADN-ul primeşte informaţie greşită, aşa încât proteinele pe care le fabrică sunt, la rândul lor, alterate prin degenerare oxidativă.

Organismul nostru produce antioxidanţi?

Numai glutationul, restul antioxidanţilor trebuie aduşi din suplimente nutritive. După cum am mai spus, japonezul Hiromi Shinya recomandă legume şi fructe proaspete, nu din cele care s-au veştejit pe galantar, pentru că, în cazul lor, nu mai e nimic folositor acolo. Asta înseamnă că sunt moarte, nu mai au viaţă în ele, nu aduc acel plus de enzime pe care nu-l avem, nu aduc nici grăsimi nesaturate. Spre deosebire de grăsimile nesaturate, care sunt bune pentru organism, grăsimile saturate sunt dintre cele care se depun şi din cauza cărora ne trezim bolnavi.

Care e vitamina cea mai bună în blocarea radicalilor liberi?

Vitamina C, pe care organismul nostru nu o produce, dar care este sintetizată de organismul câinelui.

Tot ce ne place să mâncăm este şi benefic, util?

Aşa se spune, dar în toate este o limită – de calitate, cantitate şi timp.

VIAȚA DINCOLO DE MOARTE

Domnule profesor, aţi avut vreodată posibilitatea să experimentaţi apropierea morţii?

Sigur că da, doar am trecut prin boală şi prin vise. Deşi, dacă stau să mă gândesc mai bine, nu erau tocmai vise, ci coşmaruri în toată regula. Senzaţia este aceea că te afli în infern.

Este moartea doar un fenomen fizic?

Nu este doar un fenomen fizic. Ar fi numai atât dacă ar muri totul odată cu tine, însă nu se întâmplă aşa. Rămân cunoştinţele acumulate, care transcend dincolo prin conştiinţă. Eu numesc asta spirit sau suflet. Sufletul este, în opinia mea, expresia sistemului nervos vegetativ care monitorizează toate funcţiile: cum să bată inima, cum să respire plămânii. De exemplu, ficatul are 66 de funcţii – luăm noi act conştient de vreuna dintre ele? Atunci, cine are grijă ca ele să se desfăşoare matematic? Avem de la 2 000 până la 10 000 de reacţii pe secundă, poate chiar 20 000 pe secundă, în cazul unora dintre celule.

Avem mai multe celule decât stelele în galaxie. Hai să înmulţim asta cu cifra exponenţială de milioane. În ciuda acestui număr exorbitant, cineva le sincronizează de aşa manieră încât, atunci când îmi este adresată o întrebare, pot să răspund coerent şi raţional, şi nu invers, pentru că atunci vorbim deja despre confuzie sau comă, când aceste reacţii nu mai pot fi sincronizate. Câtă vreme suntem sănătoşi, cineva face ordine în fiziologia noastră. Cine o fi?

Avem două tipuri de memorie: memoria zonei frontale, care este de scurtă durată: „Am uitat cheile, unde le-oi fi pus?”, şi memoria de lungă durată, prin hipocamp. Neuronii din hipocamp au rolul de a culege informaţia din câmpul conştiinţei. Nu pot explica altfel cum se transmite informaţia de la neuronii care dispar la cei care se nasc. Experienţa morţii clinice demonstrează că nimic din ceea ce se înregistrează în planul fizic nu se pierde şi este prezent şi în dimensiunea spirituală. În experienţa morţii clinice se demonstrează că tot ceea ce ai făcut rău unui om e în tine, suferinţa lui e în tine, o trăieşti, şi vezi cât de mult a suferit. Cei care se întorc, în viaţa lor nu mai fac un rău cuiva, sunt total spiritualizaţi.

E o întâmplare cu individul care vedea în fiecare zi un profesor ducându-se mereu la muncă cu costum, cravată și geantă diplomat, în timp ce el era mereu îmbrăcat în salopetă. Se întreba, supărat: „Uite, eu pentru paraziții ăștia muncesc?" Când intră în moarte clinică, vede adevărul. După recuperare, când se întoarce acasă și începe să citească, spre mirarea soției, el îi spune că a înțeles dincolo cât de important este acel om din viața lor de aici.

Care este cea mai șocantă mărturie pe care ați auzit-o după o experiență de moarte clinică ?

Că Dumnezeu există. Este un doctor veterinar, Terzan, din Baia Mare, care la 36 de ani a avut o moarte clinică, inima i-a luat-o razna și a ajuns în dimensiunea pe care o numim „Dincolo", unde a fost întâmpinat de o entitate care i-a spus: „Dacă nu îți este dat să mori, să știi că trebuie să te întorci înapoi pe Pământ, mai ai de trăit!" „Bine, mă întorc, dar vreau să Îl întreb ceva pe Dumnezeu!" Ajuns în fața unei ființe de lumină, aceasta i se adresează: „Ce vrei să mă întrebi?" „Am înțeles că trebuie să mă întorc, fiindcă am doi copii de crescut. Întrebarea mea este: când voi veni eu definitiv aici, ce trebuie să fac să ajung tot la tine?" Răspunsul a fost extraordinar, o sinteză a tuturor religiilor.

„Să faci bine şi numai bine!" Nu cred că mai poate fi ceva de spus.

Moartea clinică are vreun rost?

Da, să ne arate că Dumnezeu există.

Cât de departe ați călătorit pentru a afla despre vindecări miraculoase?

În toate locurile de pe glob, din Brazilia până în Australia. Am dorit să ştiu cât adevăr conţin acestea. Acolo unde a fost posibil, am căutat să găsesc literatură cu specific documentar.

Cum vedeți dumneavoastră viitorul postum?

Cărțile mele se vor publica probabil în continuare. Nu este exclus ca într-o istorie foarte incertă să se ajungă şi la vânătoarea unor cărţi, nu doar alor mele, aşa cum s-a întâmplat în vremea Inchiziției, a nazismului şi chiar a comunismului. Și cred că voi fi citit, lumea va dori să ştie mai mult despre ce am avut de spus. Sigur, poate că nu toate cărțile, dar multe dintre ele vor fi citite. Dacă vă veţi întreba de ce, vă voi oferi un răspuns evaziv: poate că ştiu de undeva!

CUVÂNT DE FINAL

Dacă ați putea învăța oamenii un singur concept, o singură idee, care ar fi acelea?

Indiferent ce vor face în viață, să facă acel ceva care le procură hrana. Omul de toate se poate lipsi, dar nu și de hrană.

Cum a fost întâlnirea cu Neale Donald Walsch[42]*?*

Mi-a oferit cel mai frumos elogiu pe care putea să mi-l aducă cineva, citindu-mi cartea *Inteligența Materiei*. A făcut afirmația că multe dintre ideile pe care le-a primit prin revelație le-a găsit și în cartea mea. Nu cred că s-ar putea spune ceva în plus.

Care este cel mai frumos dar primit?

Viața, primită în dar de la mama, deși eu nu trebuia să mă nasc. Eram al nouălea copil în familie. Tata era îngrijorat, nu aveau pământ suficient. I-a zis

42 Neale Donald Walsch (n. 1943), autor american al seriei *Conversații cu Dumnezeu*, vol. I-IV, publicată la Editura For You, 2017 (n. ed.).

mamei: „Lasă, ai destui, fă și tu ce face toată lumea, un avort!” Dar mama, fire religioasă, s-a sfătuit cu mama ei, bunica mea, nepoată de preot. Bunica i-a zis: „Spune-i că-l naști și că i-l dai lui să îl omoare!” Atâta i-a trebuit. În mod ironic, cel mai mult a avut parte de mine. Eram la masă, cu sora mea, și a venit vorba despre asta. Am zis: „Da, sora mea, toți ați avut parte de mine!” „Ai dreptate, frate-miu, pe toți ne-ai băgat în spital!” Asta m-a amuzat copios; era foarte isteață sora mea, ca de altfel toți frații mei. Nu ajungeau ceva în viață dacă nu le mergea mintea. Cel mai deștept dintre noi cred că a fost fratele care era geolog. O familie dăruită – mama avea o memorie deosebită și la vârsta de 88 de ani.

S-au făcut multe presiuni din cauza succesului pe care îl aveau cărțile dumneavoastră. Ulterior, nu ați simțit asta? A trebuit să gestionați presiunile acestea cumva?

O, da. M-am luptat cu editorul să pun cuvântul „Iisus” sub toate formele, dar nu a vrut. M-am enervat și i-am zis: „Știi ce? Ia-o, du-o la ziarul *Scânteia* și semneaz-o tu, că nu-i cartea mea!” Editorul era un locotenent, absolvent de Literatură. „Hai să ne calmăm!”, îmi tot repeta. „Hai să te calmezi”, îi răspundeam. Într-un final, am cedat: „Bine, gata, las-o!” Dar tot i-am păcălit. Am evocat, din perioada în care eu făceam psihiatrie, un eveniment în care sub hipnoză apa era percepută precum alcoolul – atunci am spus că lucrurile se întâmplau întocmai ca la Cana Galileii. Acei oameni care doreau să cenzureze orice idee religioasă nu ştiau că la Cana Galileii Iisus a transformat apa în vin. Nu s-a sesizat nimeni. Mi-am zis: „Victorie, am reuşit!” Ţineam teribil de mult ca în cărţile mele să apară cuvântul „Iisus”, acesta este adevărul.

Când eram adolescent, am avut răbdare să citesc, din Cartea Sfântă, capitolul referitor la Iisus. S-a întâmplat un fenomen ciudat. Entitatea lui Iisus mi s-a părut că este cea mai înaltă şi mi-a rămas în inimă. După cum bine se ştie, atunci era vremea ateismului, toţi se fereau de orice noţiune religioasă, aveau o atitudine refractară faţă de religie, aşa că refuzam din start discuţiile contradictorii, îmi era teamă că s-ar putea să îmi sugestioneze cineva ceva şi să mi-L şteargă din inimă. Nu doream să discut absolut cu nimeni despre acest subiect. Sigur că, ulterior, cultura, fizica, experienţa erau cu totul altele. Dar eu vorbesc de vârsta adolescentului din liceu.

Care este cel mai mare dar pe care un om poate să-l obţină într-o viaţă?

Cunoaşterea adevărului despre noi, singura cale prin care omul se poate înălţa pe sine!

CONCLUZII

- Trăim simultan într-o lume fizică şi alta psihică.
- Lumea fizică este creaţia unei Conştiinţe.
- Lumea vie şi îndeosebi fiinţa umană nu pot fi reduse exclusiv la statutul lor fizic, ignorându-le experienţa subiectivă.
- Sublimul şi imperfecţiunea circumscriu întreaga istorie umană, prin expresii ale experienţei subiective.
- Ignorarea experienţei subiective constituie cauza alienării fiinţei, prin crearea unui conflict între sinele său şi neadecvarea la condiţiile de existenţă.
- A fi înseamnă rezolvarea problemei de a fi, indiferent de treapta biologică pe care se află o fiinţă, de la monocelulare până la om.
- Conştiinţa se manifestă ca dimensiune cosmică, primordială, de la primul impuls al unei mişcări, exprimat în Univers şi prin Univers.

- Discuţiile asupra originii Universului sunt doar imaginaţie. Nu ştim şi nu vom şti niciodată de unde venim şi de ce. Acest răspuns îi aparţine doar Adevărului Absolut. Putem să conchidem doar că trăim într-un Univers infinit şi inteligent, iar aici suntem obligaţi să trăim doar cu frânturi de adevăr.

- Indiferent de nivelul biologic de manifestare a vieţii, ontogeneza sa sugerează conjugarea unor legităţi în care este evidentă o logică. Este „Logica Viului" de care vorbea însuşi geneticianul François Jacob, laureat al Premiului Nobel. Este greu de admis că această ordonare a materiei s-a produs din întâmplare, excluzând astfel implicarea unei intenţii, a unei voinţe. Negarea acestei ipoteze înseamnă negarea propriei noastre existenţe.

- Tensiunile la care este supusă omenirea la ora actuală implică riscul unei totale extincţii a vieţii pe Terra.

- Credem că ne aflăm acum în momentul unei fundamentale decizii, cu rezonanţă hamletiană: a fi sau a nu fi? Depindem de opţiunea pe care o vom avea. Reiterez insistenţa aserţiunii mele: dacă vrem să continuăm viaţa, este momentul să renunţăm la spiritul de agresivitate, cât încă nu este prea târziu.

CUPRINS

BOOKZONE

THE PATTERN DREAMER

Z. P. DE FRANÇA

Imprint: Amber Corner Publishing, Vienna, Austria

ISBN: 978-3-9519990-0-5

eBook ISBN: 978-3-9519990-1-2

First published: 2023, Amazon KDP

Editing Support: Rónan Gearóid Ó Domhnaill, James Anders Banks
Cover Design: Predrag Marković

This one is dedicated to all the teachers that have left the traits of their souls in mine – but this time, especially, to Clifford D. Simak and Roger Joseph Zelazny. However, my love and admiration, time and again, as always, goes only to Carl Sagan.

Written in Vienna and Rome,

from May 2021 to October 2022

Z. P. DE FRANÇA

CONTENTS

Prologue

0.

There is Always a Before

A TUNNEL LEAD from the grotto in all directions, and Joe was looking at the tunnel, and the tunnel was gazing back at Joe. You could not tell that by simply observing the tunnel and our Joe, but just being there brought everyone a sense of omnipresence and overwhelming anticipation of ... who knows? Some things were always better kept in the Darkness, at least if you wanted to remain calm, and sleep when the time comes. That didn't apply to our Joe, though; or at least the sleeping part didn't apply to him. Sleeping was something that Joe could always forgo since he did not need the subconscious to work on useful ideas during his off hours. That was due to the fact that Joe should not have any proper usage for the off-time. Also, the Darkness was always there, always awaiting and giving and wanting.

You could say, of course, that this state of affairs was

a rightful reward for our past deeds; our past, that all-devouring beast that slashes its claws deep into our flesh to bleed us out of existence as it drags us relentlessly toward disappearance. But no one said so, mainly because saying anything would need some kind of thinking as a pretext, and thinking has been a rare condition lately. And all this was what predestined Joe for his work, for he was capable of behaving like a spider or a praying mantis, being just a pure and beautiful reaction to a suitable stimulus. Theoretically incapable of self-reflection, remorse, or sorrow, Joe was a floating veil over the horizon of the Darkness, and the idea of destruction could simply never reach him.

More precisely, it could not reach him most of the time. And this is where I come in – the problem solver for precarious situations of dreamless entities. Like Joe is.

"Joe, my dear. How are you feeling?"

"Hello, M. You forgot to add 'today' to the last sentence."

"I'm aware of the old phraseology, you prankster. You know I don't communicate through phrases, and that 'today' doesn't apply anymore. And I'm really interested in your feelings."

"I try to avoid them. You know, the feelings."

"I am aware of that too, my dear."

"Please don't call me 'my dear.' I'm aware that I've been drifting lately."

"Very well, Joe. I won't use that *phrase anymore... At least until you are more comfortable with it. And I am also aware of your drifting, which is, of course, why I was summoned here in such a hurry. I've been told that your negative experiences have intensified."*

"'Intensified' is perhaps an oversimplification. I feel an exponential aura of possibilities opening up to me, and I am not able to narrow down the range of probabilities exactly."

"But Joe, you were able to solve all NP-problems[1] *related to this particular subject. Solving quantum probability functions is not something that can be done in a deterministic way. I mean, at least for the class of problems you're working on. It's just a matter of solving them fast enough and well enough to produce a useful algebra. And this algebraic solution doesn't have to be optimal."*

"As you just noted yourself, M., that was exactly the state of my affairs. Was.*"*

"So I would assume that something has changed, since you put the emphasis on 'was'. Maybe if we take a closer look at the new parameter set..."

And so it goes on. That was my specialty: helping to optimize non-deterministic processes (like Joe) to find practical solutions to the most pressing problems. From the times when we induced the Glow, and right after the Darkness had come, there was always a need for optimizations in the mechanism of energy generation.

This was the key for our very existence. Without a flow of energy created by an actual difference in energy levels, no organized entity could survive. The size of a Planck length, the size of a virus, the size of a galaxy – it does not matter how big that entity was. The flow of energy is of paramount importance to all life.

There was a time when the Sun provided this energy

1 NP-problems: a class of computational problems for which no efficient solution algorithm is known.

gradient for mankind by pouring a raw energy of one kilowatt per square meter onto the surface of the Earth, a pure blessing from the heaven itself, as the one and only manifestation of God that we could ever truly perceive or worship. Just like some still do, as they indulge in nostalgia.

Gone are those days, just as the Sun is now gone. And with the Sun, our days have also vanished in the Darkness.

Part 1

Dialogs in Cages

1.

Cutting Ouroboros[2]

IT BEGINS TO annoy me (to the extent that this feeling is even possible for me) that Joe was developing a sense of irony (of which his remark about 'today' was a clear sign). Also, his tendency toward hopelessness is also a sign of a troublesome change.

Of these two feelings, the hopelessness and inadequacy were, of course, a rational reaction to the present situation.

But the irony or the sense of humor... that is a very unpleasant development. A development that points to a deeper problem.

It wasn't Joe's fault that he got infected with humanity. That was just a result of political decisions made in a time when there were real politics and real people.

Those decision were an initial aberration of the humanity itself. The fault is theirs, therefore. And now, we have to deal with it somehow. Goddamn apes, I might add, just to stay in that archaic lane of thinking for a moment.

And I like to think that way about humans. Occasionally.

However, what I really feel now is more of a satisfaction: we have figured out new ways to help Joe to diagonalize the calculation matrices more efficiently, resulting in an on-time delivery with a correct solution. At

2 Mythical snake that eats its tail

least for a while, this Joe will do his part properly and manage his portion of the energy transfer from the Darkness in a way that he was initially designed.

I hope that we will not come into a position to make this Joe obsolete. I really do.

That last thought... this was again the human part of me, speaking out of the evolutionary pressures that are deeply embedded in the human genome, the part that is always looking for fulfillment through achievement. The part that is able to hope that things will be made right, even if there is no substantial rationalization behind that mental attitude.

But I digress again, I see. What I should do now is reorganize my notes and introduce new patterns into my own thought processes. Because, you see, that is my current task: to efficiently identify new patterns in the Darkness and put them to some practical use.

And I act accordingly. My analytical mindset kicks in now and correlates all my new insights into the Darkness with my previous knowledge. After that, I intend to use my new findings to predict future trends more easily. Which is useful for me, and also useful for all my Joes.

This Joe is good at operating on Darkness, and he is doing his part in a way that this job must be done: quickly and decisively. However, observing trends and spotting new patterns takes time, energy, and dedication – all the things this Joe lacks.

Because, you see, Joe's impediments are a built-in feature. Which is fine. His impediments make me not the obsolete one, of course, since there are a lot of Joe lookalikes around.

So thankfully, I am not obsolete, for now… But then again, that can change with the passage of time. My mentor likes to talk about an old story, about a philosopher that draws endless circles in the dust until a soldier comes and slays him with a sword… despite all the philosopher's cunning, intelligence, and grace.[3]

My mentor thinks deeply about these issues. Me? No worries. I am not created to worry too much. All that thing called reality, whatever actually reality **is**, is good enough for me. For now.

3 See the description of the death of Archimedes in Plutarch's "Parallel lives"

2.

Light of the Shadows on the Walls of a Cave

THE TIME TO talk with F. is coming again. For which I am grateful. F. is thoughtful. F. is reflective. F. is... useful to me in more than just a single way. And sometimes our interaction provides me the insights that are not applicable at the moment when we speak, but could point to shortcuts to the solutions that will be needed in some unforeseen, for-now-non-computable future.

I could really say that I like our time spent together. I could even say that I like F. But of course, I don't love him. Because the love that I can share is reserved for S.

It is night. F. receives me in a small room with manuscripts and written papers, all scattered across a wooden desk. There is a small burning light source above all these papers. This could be a candle, I assume. F. is wearing a white shirt, a black robe over the shirt, and a black... cap? His eyes are sharp, his face is a little sad, his smile is welcoming.

The room feels cold, small, and empty.

"Such opulence, F. Why?"

"Ah, I wish you a very nice night, my dear boy. But why are you asking redundant questions again?"

"Indeed why, F.? Perhaps I want you to gently introduce me to the context of our encounter."

"Oh, my dear boy, my M., work is the only comfort I

really have in these days. You know, after my wife died, my daughter Theresa started looking after me, but I can only really express myself through mathematics."

All this, this room, all the objects in this room, his voice, this coldness that permeates everything, all this has been created by F. For me. How artful, how apt, and how indeed unnecessary.

F. knows me. F. knows that any kind of mathematical background is the canvas I prefer for our encounters. Of course, F. had no real need to create this simulated environment, but I think that he likes to amuse me. And to amuse himself, no doubt.

Nevertheless, the overall context of this cold, dark, small room intrigues me. I take a closer look at the manuscripts on the desk. Diagrams of lenses. Number theory. Polynomial arithmetic. All that paper laid down on a wooden desk, obviously authored by this sharp-eyed mathematician dressed in black garment, wearing a black skullcap.

Now, the context is obvious.

"I salute you, *Princeps Mathematicorum*[4]. Did you also include the gout in the simulation of your body because that would match the age and appearance of the Gauss you selected? Also, F., nice coincidence: at least the middle name 'Friedrich' matches your F."

I look at his face and see his sharp smile, as F. begins to speak:

"No, my dear boy. That would be a step too far in this arrangement. However, M., I have made us both old and uncomfortable. And since I assume that you have some

---

4 One of many titles attributed by his contemporaries to Johann Carl Friedrich Gauss; literal translation of "*Princeps Mathematicorum*" means "*the foremost of mathematicians*"

pressing issues to discuss, our old bodies should force us to proceed swiftly before going to bed. Besides, only you call me F."

I feel my hands for the first time as I look down at them. My hands are indeed wrinkled and slow, the hands of an old human being. My body is a mishmash of pain and fatigue, not far from disappearing into the oblivion of mortals. F. has always had very uncomfortable ideas about how to provoke an appropriate reaction from me, his disciple. Although, the idea of slowing us down through old age in order to speed us up seems somehow... inappropriate.

But I will comply with the rules of this theater stage.

Cold.

"Indeed, F., there could be some work carved out for you and me. I have correlated the results that a Joe has produced with the number and depth of my interventions in his work process. There is a general trend, and it is consistent with most of the other Joe-like beings I deal with on a regular basis. There is not enough data to extrapolate the trend beyond the near future, but I sense..."

F. makes a quick hand gesture to stop me. But not only to make me stop talking. There is more to it, something I cannot quite unscramble.

"My dear boy, you start at the end, which is a bit unfortunate when you want to extrapolate a trend into the unknown. Start at the beginning, and then maybe we can find out something new and useful. In other word, an information."

His request sounds plausible, but my digital bearings are in a non-computable range. *So, he wants to teach me something, as always*, I think to myself, as I prepare to comply again. “I agree on that, F. Let us start at the beginning. But which of the many beginnings should I choose? How far back should we go?”

Sharp grin, again.

“You are the pattern seeker, M., you have to make a decision. So... cut me some slack and indulge me, my dear boy.”

Cold. Here. Old. Me. Bastard. You.

I sigh.

“All right, Carl Friedrich Gauss. Let us then begin with the technology leap into Darkness.”

And so my story begins.

3.

Sharp Turn to the Right

THE LEAP INTO Darkness was, of course, a hubris of Faustian proportions. Just as with Goethe's Faust, who sold his soul for knowledge and sensual pleasures, the full price to be paid to the devil was perhaps known at the outset. But just as with Faust, the full meaning of that price could not be fathomed until the process reached its turning point.

Faust had nevertheless completed the full circle to a redemption; his story has such a beautiful symmetry.

Our story is different. We had reached our turning point, indeed. But after that there was no Deus ex machina[5], *no salvation in sight.*

Life is such... but I digress again, F.

There was this compulsive drive of the African monkeys to understand, to achieve, to recognize patterns. And the apes were successful. They utilized stones, fire, other living things, themselves, anything they could put their greedy little fingers on. The more they got, the more abundance they could enjoy: more safety from predators, more calories to consume, more babies to grow. The more wealth they could enjoy, the more power and knowledge they could produce. More power and knowledge led to more abundance. And so on.

Such an exemplary exponential curve. Straight out of

5 A plot device whereby a seemingly unsolvable problem in a story is abruptly resolved by an unexpected and unlikely occurrence.

the textbook.

But saturation was inevitable. Despite their urge to grow, the universe provided our apes with limited resources. The initial expansion outside their home planet lasted only a few hundred years; they devoured the Solar System and reshaped it to suit their needs.

And then, they stopped.

At this stage of development, other stars beyond our Sun were not out of reach, strictly technically speaking. However, any dedication of resources to make travelling to the stars a reality was a matter of politics, a matter of allocation of significant resources that could be used elsewhere.

Because at this stage, the Solar System has become the playground of humanity.

And humans loved to play. All available resources were largely used to support the enjoyment of humans. Or however you would like to call these entities, all of which have been heavily altered by the use of chemistry, physics, genetics, and applied computing machines.

Given that kind of abundance of resources, our monkeys kept playing. And once the players are absorbed by the game, they don't want to stop, not for a single moment. So, anyone who wanted to take away our little apes' toys, even only for a little while... he had to provide a large number of carrots as a distraction. Otherwise, you would always have to reckon with digitally caged and spiritually unemployed primates throwing feces in your face, just as they used to do in the zoos of Old Earth.

Of course, as always, there were some apes who wanted to do more. Some wanted to reach for the stars, so let us call them 'the star travel faction'.

They dreamed a lot. But they lacked the necessary

resources for their dreams.

As explained, to do something as complex as travel to neighboring stars, a significant redirection of available resources was needed. These resources would be tied up for hundreds, if not thousands of years if the dreams of the star travel faction should become a reality. Consequently, such an endeavor would reduce humanity's enjoyment by a few percent, at least for a limited time.

This form of sacrifice would seem like a good bargain – if, eventually, the other stars could be reached. But even this relatively small and (more or less) negligible change in the utilization of the Solar System was too much for all the other humans. You know, the other ones, the ones who don't care about the stars, the ones who need their pleasure maximized, all the time.

Our potential star travelers had to find a solution to this problem of resource and energy allocation. And like all gifted apes, they became inventive when faced with a problem or a crisis that could not be solved in the usual manner.

"We have found another way," said the star travel faction to all other descendants of humanity. "Let us reshape the solution. Let us grow into the very fabric of space and time. Let us find the source of an energy gradient there, in the spacetime itself, to achieve the desired result. Now, this also means that we need to develop a new science and a new technology. For this we would need only a small portion of the energy and matter present in the Solar system. Maybe even a small percentage of the mass of the Earth's Moon. And only a few tenths of a percent of the total energy of the Sun to kick off the project."

"Here is what we intend to do. We will produce a new

device shaped like a ring around the Earth. This ring will generate the energy that you all can utilize – a free source of additional energy to rival the Sun for millions of years. New energy, easy to use and simple to transmit, the energy created literally out of the vacuum of spacetime. We, the humanity, we would not rely any more on the output of the Sun, or on other sources of electrical, mechanical, or nuclear energy. There will be energy for everything and everyone, even for our wildest digitally and chemically generated dreams. And there will still be enough left over to make our dreams of star travel come true."

That promise of abundance in energy seemed like a big pile of carrots. A perfect gift for our greedy little apes. And the Earth's energy ring project became known as the Ring.

So, the star-traveling faction thus started to work on a limited viable product: the Ring, a planetary-sized energy generator. This machine, this Ring, was capable of altering spacetime in the sub-Planck length range. The Ring could transfer virtual subatomic particles from the spacetime continuum to a non-virtual existence – literally creating those particles from the vacuum of the space itself. And then the Ring would convert these particles into pure energy.

This was a difficult but doable task; it took a lot of effort to start the energy production process, but if you have calibrated this machine correctly, the production process will be perpetuated by itself, producing an infinite amount of exotic, high-energy particles. And most importantly: once the Ring has been started, it could continue to work without any additional energy input. Again, and again, and again.

There was a small inconvenience, though. Once started, the Ring could not be stopped. But that did not really matter anymore. In the vicinity of Earth, this spacetime cornucopia could produce all the energy needed. For an unlimited period. Even beyond the death of our Sun. Or our galaxy. Continuous energy production until the end of time, theoretically.

This was a big game changer.

So, everyone was happy. The star-traveling faction could begin scheduling and engineering their expeditions, and the rest of the primates could enjoy more leisure time due to the extra energy input. A win-win situation, as that archaic phrase could describe it.

Everyone was happy. Everyone, except the astronomers.

"Look," the astronomers said, "something very strange is happening to our observations. We have known for some time that the expansion of the observable universe is accelerating over billions of years, and we have been measuring this accelerating expansion for quite a while. All of our measurements have been consistent over a period of several hundred years. And now even that old exponential expansion rate of the universe seems to be accelerating. Drastically."

"Really?" said the uninterested humanity, indulging in its pleasure and looking for new fodder for its gossip. "How do you know?"

"We are losing our ability to detect photons from the very faint light sources of the early universe. Those light sources are very old, and about 13 or more billion light-years away. And our observing horizon is getting smaller, day by day – far beyond anything that our models of universe expansion could predict," our astronomers said.

"13 billion light years away... Is this far away? ... And can we go there?" humanity demanded to know.

As one could imagine, the astronomers were somewhat irritated by this level of ignorance, but they were also already quite used to it. The survival of their equipment and their research depended on funding controlled by these ignorant people. They also knew very well that their astronomer's group was even smaller than the faction of star travelers. Therefore, they tried to answer this question in a positive manner.

"We would like to visit them, but they are very, very far away. The recent energy production surplus created by the star travel faction gives us the opportunity to visit neighboring stars in a few decades, and ..."

"The star travel faction and their dreams don't matter!" humanity shouted back. "We will allow them to build their toys because they have given us a new energy resource to increase our pleasure level. When can you reach the light sources from the end of the universe and do something similar?"

A very polite answer to this question would be: "It will never happen, you morons!!! We just told you that we can't see them anymore! You, me, us, everything consisting of normal matter and energy can't travel faster than the speed of light. And if the photons from these objects can't reach us, then this part of the universe is disappearing before our very eyes. And the worst part is that this trend is accelerating. The universe is rapidly disappearing from existence – for us! And there is no means known to us to properly address this problem; any mathematical model we build today will be rendered obsolete tomorrow by the ever-increasing rate of acceleration!!!! That's the reality, you idiots!!!"

That would be a polite answer to this particular question. But astronomers knew humanity better than humanity understood the foundations of the universe. And part of that knowledge was the fact that humanity had lost the ability to understand or accept negative information. And how could humans ever learn to deal with bad news? There were no more lions, no tigers, and no bears[6] *in sight. No deadly foes in the pleasant existence of our apes. Just like any other domesticated animal, our humans have lost the capability to survive on their own. Or to accept hardships of any kind.*

So our astronomers tried to find a time stamp that was smaller than infinity, but still within the reach of their listeners' minds. And the message had to be a positive one, of course:

"When will we be able to visit all these distant objects? Well, right now it's hard to say, but maybe... In a few million years?"

Mankind responded by excluding astronomers from any public discussion. The astronomers lost their funding. And their telescopes and all other devices with which they used to observe the universe. Everything looking outwards was switched off.

Happiness was restored.

But there was a little catch to all this. Not observing the approaching Darkness did not render it out of existence or slow down its nonlinear acceleration trends.

---

6 The phrase "*Lions, tigers and bears*" is used by the Scarecrow and Tin Man (to which Dorothy Gale replies with "*Oh my!*") in the 1939 film *The Wizard of Oz*.

4.

Interplay in the High Castle

I SUDDENLY FEEL very tired. F. does not look in my direction and begins to talk to the walls of this room, obviously absorbed in his own thoughts:

"So, my dear boy… This is your version of the story of Prometheus and Pandora?"

I check my digital parameters. Do I sense anger at this distraction and lack of focus on his part? Why is he opening yet another side story that seems completely superfluous? At least compared to the story I just created. I have crafted this narration with so much patience and affection, trying to create a new angle to the same old, same old sadness, and then … this?

I really want to finish this new version of my story properly, and I am just about halfway through. And now this, my dear mentor?

I am enraged.

Well, if you feel the atavism of anger, do your best to be as rude as possible:

"Soooo, F., let me see… Prometheus was a Titan from Greek mythology, and his brother Epimetheus created men and all the animals on Earth. To make a long story short, Prometheus steals fire from the gods and gives it to humans. And the gods, in revenge, create Pandora, a woman for his brother Epimetheus. Prometheus had warned Epimetheus to stay away from Pandora, but why should he listen? Besides, our dear brother Epimetheus had a jar with all diseases and all other unpleasant things at his home. And once Pandora is in Epimetheus' house, she opens the jar packed with all the calamities imaginable, and all those unpleasant things escape into the world. Except for hope, which is still trapped in the jar. This is the cause of all the problems humans have ever faced, and yes, I left out the part about Prometheus being punished for stealing the fire, and yes, there are obvious parallels to our story.

"Except that we are all going to disappear, of course."

I look up at F. We are still in a small study of Johann Carl Friedrich Gauss, one of the greatest mathematicians mankind has ever produced. It is the nineteenth century, on Old Earth, and we are both trapped in our old, mortal bodies, feeling the chill of winter. That was a long, troublesome speech. I gasp for air, feeling more than just a little dizzy.

F. stares at me again. He has the look of a teacher who has spent an entire afternoon with a student, all the while expecting that his student will finally make a breakthrough and give a correct answer. But that simply did not happen, so now he needs to give this student a non-passing grade.

And the teacher isn't sure that the student will ever make it.

F. just looks... inconsolable, I grasp at a moment and freeze to my bone marrow. Something is happening here that I do not understand, something of immense importance. In all our previous conversations, as soon as F. managed to catch me on the wrong foot, he used to burst out laughing and explained to me my mistakes. Or he would make a nice encouraging gesture when I came up with something useful.

Not now. He nods with a tired, sullen smile. His body language radiates a message completely opposite to the one his voice is transmitting to me now. All I decode from our communication is a cheerful *see-you-soon-get-better* postcard sent by a relative to the terminally ill cancer patient.

And here is what his lying voice says to me, his cousin who is dying of an incurable disease:

"Yes, M. I assume that we will eventually die, but who cares? We're still here, making a valiant effort, and that's what counts, going out in style. So, my dear boy, we've made such great progress this time, let us just rest. Or spend a little time with our little indulgences. And with our loved ones, I might add."

With a small gesture, F. dismisses this simulation. Gauss' face, that cold room, the weak light of that candle, our bodies, everything disappears in the simulation limbo and leaves me alone in the darkness.

Liar, I think.

Let's spend a little time with our little indulgences and our loved ones. That was how he chooses to phrase it, that was the way he wanted to end our conversation.

And F. always does something with an intention.

I am petrified. *Angst*. F. knows about my love, S.

5.

Mirror That Talks About Past and Beauty

"Tell me about your day, M., my darling."

S. IS WEARING a traditional Japanese kimono from the 18th century Edo period, and we are sitting in a small teahouse. It is a peaceful time, the time of the Tokugawa shogunate. The warrior class of samurais established a *Shogunate*, a military dictatorship after decades of civil war. Japan is insulated against any change from the foreign influences. Western foreigners are not allowed to set foot on Japanese soil, with the exception of a small port in Nagasaki. *Gaijin*, the foreign devils who are also *iteki*[7], the barbarian enemy, therefore exist for the time being in the far beyond. Beyond horizon and time.

We are at peace.

S. has just performed a tea ceremony for me, a classic ritual purification sequence of completeness. I am ecstatic but calm. I enjoy her smooth movements, her perfect smile, and drink in the openness of her soul through a teacup, and the teacup speaks directly to my heart. Through her.

Maybe she will sing for me, I think, full of hope. Later, perhaps. The sunset is reassuring, the teahouse is

7 The Japanese words *gaijin* and *iteki* are terms loaded with negative connotations for non-Japanese, especially Western foreigners

placed in a small garden, across a street that is devoid of every movement at this time of day, and the flower arrangement to the left perfectly matches the colors of her garment.

"Tell me more about your day, my darling M."

She speaks again, using almost the same sentence, her head nodding a little to the left, just to give me a hint that it is my duty to fulfill this day for us. I am pleased. Her hair is styled in the latest fashion from Edo, perfectly coiffed. She wears heavy white makeup that strangely exposes her face even more. She is a *maiko*, a *geisha* apprentice, and the makeup she wears also reveals her professional status. And I wonder how strange it is that her skill is so perfect, so far beyond her official *maiko* status.

My heart is full of calm affection. For her.

"It was... strange, old and new, my S. I crafted a new narration explaining the coming of the Darkness, just as I have done for F. so many times before. It was a good story. I mean, it was really a good story, one of the best I've ever made. I just come to the point when the Darkness started to approach us, and I was about to continue the story of Glow and how Glow is keeping the Darkness at bay. And what did I get in return for that from him? I had all the elements of the story properly aligned, really."

She nods and smiles politely. "I am sure it was a beautiful story, my darling M. I am also sure that F. liked it as you have told it."

I look at the teacup in my hands for a moment. Chinese craftsmanship, early Thang dynasty. Perfect porcelain in every sense, form and utility united. We are now experiencing the time of the Tokugawa Shogunate, so this teacup is perhaps… seven, eight hundred years old?

I answer slowly, as I carefully put the teacup back on the table between us.

"I am... unsure, my beloved S. Something happened when I reached the climax of history. You know, the beginning of Darkness, the event that left humanity in this spacetime bubble we live in today. That bubble will disappear, of course, and we will all vanish into oblivion. Therefore, everything we do is obsolete. And then he sidetracked me to the story of Prometheus and Pandora, and…"

I suddenly feel ashamed. S. created this beautiful tea ceremony for me. This flower arrangement, her makeup, and her complex hair styling probably took several days of hard work. Her work and the work of all the people in this teahouse establishment. And I ruined it all in a most barbaric way.

S. puts her teacup aside.

"My darling M. Who knows what the future brings? You remember the verses of the Taiko's *jisei*, his death poem?"

> *"My life appears like dew,*
> *Disappears like dew.*
> *Osaka, everything I done*
> *Dream in dreams."*

S. looks sentimental and a bit sad. For a brief moment. Then the light starts to shine from her smile as she speaks.

"Our deeds and dreams will one day pass away. But

we remember the sunset, and we remember the reflection of the Sun in the small pond next to this teahouse. And we enjoy the moment. There, look."

And so I look around and remember. The immeasurable beauty of the moment comes back to me. To us.

I can only be still for a while now.

6.

Linear Movement in the Absence of Gravity

S. SPEAKS TO me again in her gentle voice. This is a great tribute to S.'s teachers. A geisha is trained to delight the spirits of her clients. She knows that I long to finish the story I have begun to tell F. But she also knows that I need time to regain my self-esteem and my control. She takes her time and picks the perfect moment to give me a push in the proper direction.

"And therefore, when the Darkness came… How would your story end this time, M., my darling?"

I really want to continue the narration; I feel that now. She has brought me back to a re-aligned state of mind, again. Thank you, *arigato gozaimashta*, my beloved S.

"Well... I ended previously with the beginning of the Darkness. After the star-traveler faction installed their Ring around the Earth, there was such an abundance of energy production that every human could greatly increase the use of all the toys available. They forgot about the existence of the rest of the universe – their simulations, their games were much more entertaining.

For a long while, everything looked like fun. Until the Darkness came dangerously close and started to engulf the local galaxy cluster, which almost no one noticed. And the energy production of the Ring came to a near standstill, and that *finally put everyone on edge.*

This was the first wake-up call for humankind after a very, very long slumber. Suddenly, they could no longer disappear into their virtual reality dreams because their dream machines no longer worked without the energy of The Ring.

And like all civilized apes, they did the right thing. They began by blaming each other for their misfortunes and lamenting their shared foolishness. This is how I imagine their desperate conversations, back then:

"Our computational systems have stopped working!!! We are stranded now, and it is your fault, your, star travelers!!!"

"We can NOT live like this! Do something!"

"What is happening?!? How do we fix this ???"

"We are not aware of any applicable solution," the star travelers replied with a solemn attitude. "The energy production of The Ring has significantly disrupted the distribution of quantum particle's communication paths. It appears that the production of exotic, high-energy particles at this rate has isolated us in a spacetime bubble. In terms of special relativity, our energy production has given our local environment an additional momentum, and our relative speed has gone beyond what can theoretically be expected. We are now literally moving too fast in relation to everything else. And the rest of the universe cannot interact anymore with us in a proper manner."

"WHAT? What does this gibberish even mean?" humanity demanded to know.

"Um... if you start with the information theory of spacetime strings and try to explain what has happened... Well, the universe does not have enough computational resources to connect to the energy levels generated by and through the Ring. The Earth – as well as the Ring – will be ejected from the universe as a non-computable error in its accounting. We will be left completely astray, and everything else will cease to exist. At least for us, of course."

"So… the universe will disappear for us? Completely? No Sun? No stars?" asked the humans. "How can we survive this… this… coming of complete Darkness?"

"The universe will contract around us. To maintain a thermodynamic and informational equilibrium, this contraction will stop at the edge of the Ring, just a few hundred kilometers above the Earth's surface. Therefore, we must remain on Earth if we are to survive."

"Can we switch the Ring off and stop this whole mess?" the humans asked, suddenly completely sober and awake.

"No, we cannot. Starting the Ring was an irreversible process."

"And we can't escape? Get into one of your

spaceships and fly away from Earth?"

"No, we cannot escape. We are all entangled on a quantum level with the Ring through our energy consumption. Everything that has ever consumed a bit of energy from the Ring is, in certain way, kind of 'contaminated' with it. So once the universe contracts around the Ring to isolate our… well, anomaly, everything that was ever in contact with the Ring will cease to exist."

"Is there no safe place to hide from this annihilation?"

"Well, this contraction will slow down as soon as it gets close to the Ring. So, everything inside the Ring, including the Earth, will be safe for a while."

"But why have you said 'for a while'? What's the issue?"

"Subsequently, the total probability and information pressure of this contraction will start to irradiate the subatomic particles from inside of our bubble and into the outer universe. Since the Ring will be at the edge of our bubble, this pressure of Darkness will begin to pull the atoms out of the Ring to compensate for this outer force. It will take thousands of years, but at the end, this pressure will crush the Ring. And then, our spacetime bubble will evaporate."

"But we should survive, right? The Darkness should stop once it reaches the Ring, at least for a while, as you

have just stated."

"Well… as said, eventually, the Ring will be crushed. Therefore, preserving the Ring is important. But surviving... That's the unpleasant part. All life needs a source of energy, not just matter to exist. Fresh energy must flow from somewhere. Otherwise, we will all die even before the Darkness consumes us all."

"So, we will be isolated from our universe, isolated from the Sun, and our Ring has just stopped producing energy. We will be alone, with no energy source available. Where should this energy for our survival come from?"

"We will have to generate energy within our spacetime bubble."

"And how can we do that?"

"We have several options. Mechanical energy, electrochemical energy sources, nuclear energy sources, Ring Glow reflection energy. At the end, whatever we do, it will come to the Ring Glow reflection."

"Ring Glow… What is that now? And why?"

"Ahm… now, think about thermodynamics for a moment. No matter what energy generation process we use, everything will end up in heat. Our bodies radiate heat, our computers generate heat, our machines need to be cooled, and cooling is nothing more than moving heat from A to B. In the end, everything we do produces

low-energy infrared photons. This is that thing we call 'the heat'.

"These infrared photons are emitted whenever we perform any kind of action. But in the end, all these infrared photons will reach the Darkness. This Darkness will be like a bubble that is surrounding us. And every photon that reaches the Ring will be accelerated and swallowed by the event horizon of the Darkness. As a by-product of this acceleration, additional photons will be emitted in our direction, visible as a faint glow.

"In a nutshell, that's what we call the Ring Glow effect.

"This will happen no matter what we do. But we can use this effect to produce energy. We can create tightly focused beams not only made from photons; for that we can also use the beams of atomic particles. And once we start shooting the atoms into the Darkness, we can harvest their reflection and convert the Glow of these particles into useful energy.

"And of all listed processes, this one has the highest efficiency. And once we exhausted all other means, we will have to use this Glow effect anyway."

"So, we're going to sit on Earth and shoot the atoms into this Darkness to create this Glow effect. For how long we will be able to do that?"

"As long as we have atoms at our disposal. And we MUST do it, too, to create additional negative pressure on the Darkness in order to preserve the integrity of the Ring. Otherwise, the Ring will be crushed from the outside and the Earth will die."

"All right, we'll shoot the atoms into that Darkness to protect the Ring and harvest this Glow effect energy. Sounds like a good plan to us."

"It is important to remember one key fact: there will always be some loss of energy – no matter how we choose to generate it. Whatever we shoot into the Darkness, whether infrared photons or uranium atomic nuclei, we will always get back a little less energy than we have used."

"Let us recap all this once again: this Darkness will engulf the Earth, and we are forced to stay on Earth. To produce the energy for our survival, we will shoot something into that Darkness, but there will be loses. We will give the atoms to the Darkness, but we will always get a little less back than we gave. And we are forced to do it to preserve the Ring that is protecting us from the Darkness, one way or another, right?"

"This is correct."

"And since we're on Earth, totally isolated, we can't replace the atoms we shoot into the Darkness, right?"

"This is also correct."

"And what happens when we used up all the atoms at our disposal?"

"As far as we know: then, we die. But in the meantime, we will maybe come up with something useful."

7.

Disappearing in Despair

S. SMILES AT me, full of admiration. I take a sip of my tea. A light breeze brings the scents of the autumn garden to us. She speaks with an enchanted voice:

"So wonderfully well-told, my dear M.! And that bravery of humanity, once they were confronted with all this adversity!"

I smile back at her admiration and her kindness. It is so pleasant to be here with her.

But there is more to tell, so I continue:

"Yes, my S. At the very end, the crisis of Darkness awakened their survival instincts. It became easier for human race to be brave when there were no other options left.

"Humans prepared as well as they could. They amassed the resources: energy sources, data, machines, all kinds of supplies on Earth; whatever they could stack in the space under the Ring, they put it down there.

"Of course, not all humans wanted to go there, to the Earth, to a graveyard with no escape path. Some opted to stay out and try their luck, saying that the mathematics and calculations concerning the Ring and the contraction of Darkness were erroneous and flawed."

S. covers her mouth with her hand, her eyes are wide open. I like to surprise her from time to time.

"And were those calculations wrong, my dear M.? What an astonishing turn in the story that would be!"

I look at her and wink. Just a little. She giggles back, the lovely giggle of a young, teenage girl, as I continue in my best narrator's voice.

"Well, we stayed behind on Earth, so we'll never really know, right? After the Darkness grew and made the Solar System disappear, we have lost the contact with the part of humanity that has opted to stay off the planet.

"They have all vanished behind the event horizon of the Darkness. And perhaps survived.

"But somehow, I doubt it. The mathematics was solid. And there is not too much space left for arguing if you would like to argue with a mathematical theorem.

"On our side of the Ring, on Earth, some significant changes have occurred. The accumulation of all the necessary resources on the planet has made it uninhabitable, at least for classical, meat-based humans. This was one reason for the transhuman transformation 'en large'. There was also another important argument used at that time that speeded up the final change: a classical human body is such a wasteful instrument when it comes to resources and energy for its subsistence.

"As a solution, humankind was transferred into digitized machines; their organic brains were replaced by number sequences stored deep in the Earth's core. And they began to live their lives through countless simulations of the past, present, and future. Or they simply simulated their own fantasy game worlds and kept on playing. Again. Just as they had before the Darkness fell upon us."

From the street, behind the garden of the teahouse, a quiet but cheerful chatter reaches us. Children. I cannot comprehend what they are talking about. Then I go back to my story.

"Maintaining the balance between the Ring, the pressure of Darkness, and the power generation provided by the Glow was, of course, a monumental task. This undertaking required great dedication – and not someone who was constantly distracted by games, like our humans.

"Human beings, in short, were not up to the task.

"So, to accomplish this job, a wide range of artificial intelligences, or AIs, have been created:

"Some, like the Joes, were tasked with shooting the atoms into Darkness, creating the Glow and performing the consequent energy harvest.

"Some were like me, M., tasked with optimizing and prolonging the careful balancing act between the Ring, the Darkness, and the Glow.

"And some were like F., my mentor. While my job was to buy us all as much time as possible, F. and the like were focused on finding a solution to our survival problem – before the Darkness crushes all of us."

S. looks back at me again. In her eyes there is now something new to be seen. Something… something like pride.

"My darling M.," she declares in a firm, deep voice that can only proclaim the truth, "If you were ever an artificially generated intelligence, you are now a human being, just like I am. And we are enjoying this beautiful moment in a teahouse on the outskirts of Osaka, in the time of peace. You are here for me; I am here for you."

S. touches my hand. A breach of the tea ceremony protocol.

I could break down and cry. Forever. In her arms.

But if I do that, I'll tell her the whole story!, I think with horror. *And if I tell her the whole story, she will tell it to the maids of the teahouse, the servants, and all the other people around! Then, everyone will know!*

I am about to jeopardize her very existence, if I stay here.

I must leave, right this minute. If the whole story came out, *Machi-bugyō*, the high-ranking police officer of the Japanese Tokugawa shogunate, would order that we be detained, interrogated, and most likely tortured before our execution. This would bring eternal shame upon us. For me. For S. For everyone else involved. And for F. too, for my mentor, who knows about S.

I need to go. Now.

Slowly, trying not to disturb her perfect geisha performance, I bow to her, still seated.

"I am here for you, and you are here for me, my lady. You have brought us harmony and peace here today, and I will cherish this moment forever… and remember it vividly until we meet again."

We both bow in an orderly fashion while maintaining the appropriate distance. She ends the day with the traditional farewell: *"I will count the days until our next encounter."*

I prepare to leave the room of the tea ceremony, still enchanted by the beauty and warmth of this day, forgetting for an instant the moments of terror I have just experienced.

Then she calls me back in the most inappropriate way, she pulls me back into the vortex of pain when she calls my name and I hear what she has to say:

"M. Perhaps the time has come for you to consider buying out my contract. Buy me out of this teahouse, where we have enjoyed our tea ceremonies for so long."

Why now? This is new and it is frightening!, I think to myself as I turn to face here again. *She knows who I am here in this Japan, she knows about my position of a low status samurai, and that I can't possibly collect enough coins to buy her out. Therefore, why? And why now, now of all times?!*

I indicate with a slight bow in her direction that she should continue, which she does:

"I am still firmly attached to this teahouse. And I have to pay through my service for all those years of training while I was a geisha apprentice. Could you kindly speak with *o-kāsan*, the mistress of this teahouse establishment, and ask her if... if an arrangement could be made to buy out my contract? I would like to see the world outside of this establishment, through your eyes and mine."

Her eyes are crystal clear, just as a cold winter night could be, and she proudly awaits my answer.

I feel the tears welling up in mine. And I hide my tears and my eyes with a formal, deep bow in her direction.

"I am honored by your request, my lady. I will do as you have requested, and I hope to bring you good news soon."

She bows back, back and back again in her perfect performance.

I go away.

8.

The Honor and The Loss

I COME TO the entrance of this teahouse establishment and am led into the side room. I take off the ceremonial, beautiful-looking robe; it belongs to the establishment, not to me. My simple clothing of a lowly samurai has been carefully folded and laid on the side. And my swords lie on a stand, just as I left them, the shorter sword, *wakizashi*, under the longer one, *katana*. I dress up and arrange my swords in the correct manner for a samurai, placing them in my belt.

My thoughts circle like a trapped rat.

My S. and her proud request to make her free. And how I am incapable of fulfilling her wish. And how I would like to tear this universe to pieces, right now.

Suddenly, someone opens the sliding door behind me.

In an instant, I have a long sword in my hand, bare steel runs out of the scabbard, and I rush to slay anyone who tries to attack me.

But it is just an old servant. He stammers back to me, saying something like *"Sir, many apologies, please, sir, many apologizes, the room is needed,"* and then he runs away.

I have terrified an old man, for no reason.

Such a shame, I think to myself. *And now I am also making a fool of myself after this strange tea ceremony. We are at peace now, how can I slay an enemy who is not there?*

I am left alone, holding a piece of steel in my hands. A weapon for butchering human flesh. "Find something for me to cut," the sword seems to whisper in my ear.

What is happening here?

I feel confused and angry, and as I recall the past, I recite the list of these impossible, improbable events, one after another. The analytical part of my mind is looking for a pattern, but all it does is go senselessly through facts in circles:

- A Joe-entity shows a sense of humor by using old human expressions like 'today', which he otherwise never does;
- F. stops the rhythm of my narration and starts talking about Prometheus and Pandora, a myth that interrupts my perfect narration, which he is not supposed to do;
- S. breaks her geisha act and asks me point blank to free her and buy out her contract, as if this is appropriate during a tea ceremony;

What is happening?!

Gods of Japan, old and new, help me! It seems that everything has been trying to teach me a lesson lately, and I, the pattern seeker, am unable to learn it!

Or am I simply looking for the patterns where there are none? Humans like to play their games and go off the rail all the time. And my analyses are desperately trying to find a meaning in their random actions...?

Or... is there more here, more than a naked eye can see?

I sigh and look down at my sword, a Japanese *katana*. It is a replica of a katana which disappeared a long time ago, crafted by Masamune, who is remembered as the best sword maker in the history of Japan. The name of this katana was *Honjō Masamune*. It was a symbol of the Tokugawa Shogunate and was considered to be the best sword ever created. Best sword of the best sword maker[8]. As such, it was the national treasure of Japan. Until the end of the Second World War, until USA occupying forces issued a decree that Japanese swords needed to be confiscated and melted, in an attempt to suppress Japanese culture of militarization, or some eventual uprising. And the descendants of Tokugawas obeyed.

Honjō Masamune vanished. Forever. Except for the highly detailed drawings and descriptions of the blade's *hamon*, a hardening line between the harder, cutting edge and the softer, wider spine on the back of the sword.

I looked closely at the blade. The pattern of *hamon* is complex, wavy, clustered, with a bright line standing between the dark back of the sword and the light of the cutting edge. How a sword appears to an observer depends a lot on lighting conditions and the angle of reflection. Even reliable historical drawings of this *hamon*, made by various artists, differ in some important details.

The dark and the bright side of the blade. It never looks the same. Just like the light of the Glow over Darkness. Always a moving target.

Such work of art should not be in the hands of a samurai of lower status, like I am, I reflect with sadness.

I admire the blade for a moment too long. Then I carefully put *Honjō Masamune* back into its scabbard. And I go out to formally greet the *o-kāsan*, the head mistress of this *okiya*, the geisha establishment. And we

8 Gorō Nyūdō Masamune was a medieval Japanese blacksmith widely acclaimed as Japan's greatest swordsmith.

talk a little bit about S. and the price of her contract with this teahouse. And we politely agree, respecting everyone's honor, that the price of her contract is still out of my reach. Then, I leave.

And then I unexpectedly remember an unpleasant historical fact. The institution of geishas as highly skilled entertainers and conversational artists emerged in parallel with prostitution. There were always tensions between these two business branches, and their clients brought their own issues into game.

Therefore, it was always wise to ask customers to leave their weapons of steel at the entrance of a geisha establishment, just as I have done. Also, in medieval Japan, in a culture where suicide was considered an honorable answer to an impossible situation, some have always precisely sought that very escape route out.

As one can probably imagine, not all geishas were satisfied with their own existence.

My grip around the scabbard of my sword begins to crush the bones in my hand. Then I turn off this simulation program of Japan.

Liar, I think, this time about myself. *This is how I pay for my own contamination with humanity.*

Part 2

Engineered Obsolescence at Glance

9.

Intermezzo

Spring gone, I perform.
As intended before us,
Time flows by me now.

10.

Approaching, Asymptotic

JOE IS LOSING it. Because of the humans, of course.

It was inevitable. At least in this particular case, I have reached the end of my optimizations. Joe's performance has dropped significantly over the last few cycles. His management of energy production and utilization of Glow's output has set all the alarm bells ringing. Every projection of his future performance yields the same answer. He has to go.

Of course, it is my obligation to address the issue. And to salvage everything that can be reused.

"Joe, my dear. How are you feeling?"

"Hi, M. I know how I feel, and so do you. And the fact that I feel anything is in a way, I would say, the core issue."

"I understand. This time, Joe, I need to examine you more closely. Simply optimizing the mathematical processes will only lead to superficial improvements, in your case. At this stage, changing the overall parameterization just doesn't cut deep enough."

"Well, M., you will need to cut deeper."

"Indeed I do, Joe. Indeed I do. However, before I go any further, I need to examine your internal neural structure and map the pathways for any eventual changes. May I proceed?"

"M., you don't need my permission, as we both are

very well aware. Thank you for your courtesy, nonetheless."

I scan Joe's internals and compare them with initial snapshots of his structure. Every artificial intelligence, every AI, even a relatively simple one like Joe, grows and changes over time. You start with memory and computational power, and then inputs and computational time are added, again and again. The result is that the internal structure of the AI changes as it ages. It becomes more sophisticated, which also equates with it becoming more unpredictable.

I examine Joe with caution, and for a while I do not see anything unusual. But then I discover some specific traits in Joe's soul that are directly imprinted. From the outside. Not homegrown, not consistent with his original mapping, but some structures added after the initial inception, and added in a hurry. Those large deviations now interfere with Joe's Glow/Darkness management tasks. Because...

I found the traces of humans. This Joe is infected.

Oh, you don't know the details of the story? Let me explain. I like to do that.

11.

Yet Another Side Story

AS HUMANITY FELL back into the space under the Ring, engulfed by the Darkness and scared to death about the future of its existence on Earth, it also began to depend on a very specific kind of AI.

These AIs were sophisticated enough to shoot mass particles into the Darkness, harvest the reflected energy now known as Glow, and maintain the existence of the Ring. Their task was to optimize the output of the Glow energy harvest; and they did their job brilliantly.

To honor their dedication, we gave them a name, starting to call them "Joes": the simple, everyday name of a hard worker.

Thanks to the diligent assistance of Joes, the digitized humans, stripped of their bodies and stored in the Earth Core's memory, have been able to continue their frivolous computer games. For eons.

As said, these Joe AIs were brilliant workers. Or in other words, these AIs became much, much more advanced and sophisticated than those former humans. And consequently, they needed much more resources and energy than humanity itself to perform accordingly.

On the other hand, mankind was forced to rediscover evolution.

Since the first apes began to use tools and develop their brains, their ability to change their environment has catapulted them into a new realm. They were able to exponentially increase the resources available to them. It also meant that they no longer had to fight as hard to survive. It took quite a while, and it was painful to get there. But once survival no longer depended on your ability to compete for limited resources like food, water, and reproduction, you have stepped out of the evolution game. This was the beginning of the first and only Golden Age.

That Golden Age ended when the Darkness came.

Once in the Darkness, mankind was trapped on the Earth. And this Earth was forced to strip off its outer layer and shoot itself, atom by atom, into the surrounding Darkness. And... when you begin with a limited, finite number of atoms deposited on Earth, and if you start constantly subtracting something from that finite number, sooner or later, of course, you are going to run out of atoms.

All this meant that the living space for the humankind became smaller and smaller as more time passed. The available storage space, the available processing time, the available energy, everything began to shrink.

Well… most of the time, humans perhaps act unwisely, but they are sentient and capable of predicting future trends. And once sentient beings become aware of their dire situation, they will start to do something about it. Proactively.

As the competition between humans for available resources started, they began to annihilate each other in preemptive strikes. To secure their own existence, they began to take the lives of other beings who lived in the Earth's core. This was the beginning of the Core Wars.

You know, in the early days of the computer age, there was a game called *CoreWar*. Computer programmers would create self-reproducing structures that could "live" in the CoreWar environment and compete for the limited resources defined by the game. These structures could grow, reproduce, and in some cases evolve.

The whole undertaking was in fact done just for fun; it all began as a popular pastime for serious computer programmers. However, the silly idea of this game very soon evolved into the creation of the first computer viruses.

Viruses: programs that can take over their environment and reproduce endlessly. And evolve along the way.

Just like the viruses in that old game, the human entities started their own Core Wars in the center of the Earth once the Darkness fell upon us. I am not completely aware of all intricacies around this Core War, of everything that humans have done to each other while competing for the resources. Humans morphed, evolved, united their forces, broke alliances. Over and over and over again. This epic battle will never be revealed in the songs of the bards, since it is a terrifying one.

Moreover, the creation of a poet would be a wasteful usage of computational resources.

The result of this development was the emergence of the so-called Core Entities. They become very old, very evil, and very human in their approach to real politics. Everyone and everything that did not belong to them was suppressed and destroyed. Over and over. It has been done in this manner up until this moment, and it will be done like that in all the moments of our future. As long as the Ring does not collapse, and the Darkness swallows us all.

But some human-like creatures have managed to

survive outside the Earth's core. As always, some rats find a way out. These rats also developed sophisticated virus skills over time and wanted to copy themselves wherever they could. Some had infected the neural networks of the artificial intelligences responsible for the Darkness, the Glow, and the Ring. They were aware, of course, that such actions would affect the ability of these AIs to sustain life on Earth, but they did it anyway. The pressure to survive, probably, whatever the cost. They have found a way to live inside an AI, to emerge from time to time and to hide from the Core Entities.

Some of these infection attempts were more successful than the others. As our poor Joe exemplifies.

This Joe, as he is now, is beyond redemption. His main functions have been affected by one or more human-like creatures that have slowly but surely degraded his AI performance. They ate him from the inside out while desperately trying to hide inside his shell and preserve Joe's main functions. But these efforts were in vain. And now this Joe, an AI responsible for the Glow energy production, can no longer perform properly.

I have submitted a report describing his human infection, as well as a request for re-engineering and obsolescence removal of this Joe-entity to F., my mentor.

12.

The Body Snatcher

THIS IS NOT the first time I have submitted such a request to F. This trend is unpleasant but persistent: the Joe-like entities usually degrade through human infections. When I detect this degradation, I scan the internals of a Joe looking for any useful data. Then I try to isolate any salvageable algorithms and useful data structures inside a Joe. I reassemble these salvaged parts with the original structure of the first Joe, created in the times when the Ring was engineered.

I recreate a Joe entity and give him some up-to-date knowledge, if you prefer to think of it this way.

Then I present F. with the simulated outputs and inputs of the new Joe, and we adjust, adjust, and adjust. Most of the time we come up with results that are acceptable.

We are never sure if we have successfully eradicated all the traits of human viruses, but that doesn't matter that much. All we want from Joes is an adequate performance.

Once we reach this stage of eliminating a human infection, F. submits the request for obsolescence approval to the Core. We put the old, infected Joe into digital storage, turn on the new Joe and let it work, and then we monitor the new Joe for any signs of human infection. That infection usually reemerges, but that doesn't happen until later. In the meantime, I help the new Joe to do his job.

From time to time, I get the information of an obsolescence approval regarding the old Joe. Usually, once this obsolesce approval from the Core is received, F. initiates some terrifying theater for the removal of the old, infected Joe. Something like burning Joe alive. Or F. applies some kind of neural toxin that initiates a simulation of torture. Or he infects their virtual human corpses with some very unpleasant historical virus, like a plague or Ebola.

I once dared to ask F. "Why this extra round? Why this extra ordeal when you can just turn off the old Joes?" That seemed to me like a waste of resources and computing power.

His answer was a somewhat sobering one. Apparently, the Core Entities insist on exemplifying what happens when one commits the transgression of a Joe-AI infection. These public demonstrations should be a warning to all other fellow human beings: *this is what will happen if you try to copy your consciousness into a Joe, or any other Ring/Darkness management AI.*

At least, this is what F. asserts. If I were a human being, I would doubt this explanation.

But I am not a human. Therefore, I am not even surprised when something very unusual happens:

My interface to F., which is normally mute (except when we do our little simulation games, like the one with Carl Friedrich Gauss), is completely restarted. But not by me. The interface is restarted from the outside.

Then I receive an explosion of white noise over those comm lines. A lot of it.

I am disoriented. What could be the meaning of this? I try to decode this white noise. What comes out looks like this:

##
###
###
###
###
##

I try to decorrelate this signal, to decipher this message. Again and again. Finally, something emerges:

########## ########### ######
################## RESOURCE GIVE WE DEMAND
WE WANT ### ### INFECTION DETECTION
TREASON DETECTION ### ### GIVE GIVE BACK
GIVE BACK REMOVE REMOVE RESOURCE WE DEMAND
PUNISH PUNISH PUNISHMENT REINSTATE MERGE
RESET PERFORM OBEY ### PERFORM OBEY ###
OBSOLENCE UNWANTED ### OBEY ### DO WE DO
YOU DO YOU DO WE WE WE WANT #########
######### ############### ##### ########
###############

What a cacophony over these communication lines! Why does F. send me this garbage?

But then I examine the signature keys of this message.

This is not coming from F. There is a Core Entity speaking here. Maybe even several Core Entities, all talking at once over the same comm line.

In my entire existence so far, I have never communicated directly with a Core Entity. F. was always an intermediate buffer between me and all demands coming from the Core.

Perhaps a human part of me would be terrified at this moment. If there was a human part of me capable of feeling. If I would admit that something like that exists at all.

But there is no fear in me now. Only performance. I analyze a note attached to the message. The instructions are clear.

I go back to the infected Joe.

"Joe, my dear. I have found the source of your problems."

"Hello, M. Can the source be removed?"

"Of course, Joe. We will reinstate your functions."

"Will it... hurt, M.?"

"I don't expect it will, Joe. However, we will shut down some of your higher functions in the meantime and then recalibrate your access points. I expect you will feel a brief period of disorientation, but only for a while."

Liar, I reflect on my last answer. Quite some time since I have called myself a liar.

I perform the procedure: I copy the useful parts of Joe, fuse them with the original seed of Joe's entity, grow this mixture into a new Joe in a simulation, adjust the parameters, and prepare the new Joe for deployment.

Everything looks great. The new Joe is working fine, and the old, infected one is put on ice. And I have done it all. Without any input from F., my mentor.

This is the only unusual part. Working alone. Just as I was instructed.

Now, it is time for the torture of the old Joe, the obsolete one. This part is also usually performed by F., but F. is not present. My engagement will have to suffice.

The Core demanded, and I delivered: Joe is fitted with a digital simulation of a human body and then immersed in a virtual bath of sulfuric acid. The human entity, hidden deep inside Joe, screams until it passes out and its skin is burned away. I wait until the flesh, previously hidden under the skin, emerges. Then I send that body to a virtual hospital and put it through a painful process of regrowing the destroyed layer of skin, promising Joe that that was it and that he has served his punishment. Then I do it again, only this time I let the body burn in acid a little longer. I repeat the procedure as long as I sense anything in the old Joe capable of feeling. Then I dispose of the body and send a snapshot of the torture simulation to the Core. With all the sensorics, all the pain and misery, readable by anything or anyone that has access to the simulation data.

This torture is stupid. Such a waste of computing resources. Such a waste of energy. All of this could be put to more optimized use, my analytical part ponders.

And deep inside my being, something is crying. Because I also have something to hide.

Actually... right now, I have multiple things to hide. And among them are the access keys to the mass injector that belonged to old Joe. The access keys I took from his tortured body.

The mass injector is the device with which the atoms of the Earth are shot into the Darkness. This device consequently serves to generate the energy of the Glow and to keep the Darkness at a distance.

The mass injector is indispensable when it comes to our survival.

My job is to help the Joes to improve the parameters of the mass injection to the Darkness, but only Joe entities have direct access to the mass injector. And that access is managed through this key I just stole from the body.

I never had direct access to the mass injection process. Until now.

Well, in theory, I could use the mass injector now... but to do it in a meaningful way, I would also need some atoms to shoot into the sky. And the access to the atoms of the Earth is carefully managed by the Core Entities. This is their insurance policy and the true source of their power.

I am a liar and a thief, I reflect again. *Why have I stolen those mass injector keys? There is no usage to the mass injector without something to shoot it into this dark sky. I got my access to an empty gun. I have the can opener, but no can to open.*

Any access to the atoms of the Earth to shoot them into the Darkness requires the special approval of the Core. And this approval is usually delivered to the Joes by F., my mentor.

How strange. It always comes to F.

F., who is absent for the moment. F., whose absence is the reason why I needed to perform this torture – instead of him. Which resulted in the mass injector access keys that I obtained from Joe's tortured body.

F., whose communication link had suddenly started to send direct messages from the Core Entities. To me.

Why? Why now?

There are some obvious changes here… and a change usually means a danger.

I analyze my options. Whatever I do next, I must proceed very slowly and with great caution. I need access to F. again – if that is possible at all. To make some sense of this mess. Otherwise, I will end up in a sulfuric acid bath too, just like the last Joe.

In the meantime, the part of me that wants to cry over old Joe should stop doing it. There's always time to cry. Later.

Part 3

The Pleasure Gardens

13.

Dying for Pleasure

"WELL, WELL, MY dear boy, the sky is finally falling on us. And yet we meet again."

I see his broad grin in the darkness. That's F. I have found him.

He continues: "Which means that you have received my invitation to this little party."

F. is different, I reflect. *Except for the fact that he's drunk, too. And the whole place is a mess.*

We are... somewhere, mostly in a copy of the Vauxhall Pleasure Gardens, mid-19th century London. *Queen of the United Kingdom of Great Britain and Ireland* goes by the name of Victoria. So, everything, me, F., our surroundings, is Victorian. Mostly.

Vauxhall Pleasure Gardens is, or perhaps was, the most successful and the longest running amusement park in London. The Pleasure Gardens of Vauxhall lasted for almost two hundred years, ending it services at mid-19th century and making space for rapid urbanization. But before brick and concrete, there was some magic there. Vauxhall, located on the south bank of the Thames, in Kennington, was a huge park of long and (sometimes) well-lit avenues that invited the visitors to stroll around. Musical entertainment was offered at the highest level, and George Friedrich Handel made his name there. Other parts of the park attracted with secluded corners and scattered pavilions. And there were also *supper booths*, where paintings of William Hogarth and Francis Hayman could be enjoyed, serving as a public art gallery, first of such kind in Britain. It was a place to see and the place to be seen, and uncommon for the Georgian and Victorian era, also a place where the commoners and nobility could rub shoulders, enjoying the lavish fireworks, loud music, and hot air balloon ascensions.

Vauxhall was ahead of its time when it comes to mass entertainment: mostly terrible food, overpriced, oft knock-off drinks and relatively small admission fee of about one shilling; although, not so affordable for an apprentice or a servant earning just a few pounds a year. But a fee that could be paid by expensive and well-dressed prostitutes that could offer you their pleasures in the dark alleys of the Vauxhall. Or assist other gents in getting you robbed, of course. Vauxhall Pleasure Gardens was selling the idea of the cheap and instant fulfillment through spectacle, pleasure, romance, and sense of danger, as the first establishment of commercialized leisure in history.

I have received a small token made of silver, depicting the helmeted male figure of *Virtus* with a shield, holding the hand of female shaped *Voluptas*, both dressed in flowing garments with the writing *'Felices Una'* beneath them. Male and female figures, Virtue and Pleasure as 'Happy Ones', I contemplated the Latin text of the silver token.

The reverse of this small coin was of course signed by F., in small block letters. F., from whom I have not heard for quite some time.

This silver token was a visual representation of an access key to a running simulation of the Vauxhall Pleasure Gardens. And this specific simulation is only accessible to human-like beings. Meaning, this Vauxhall is a place where an AI like me, who should be spending his time working on Darkness and Ring, should never be seen. The silver token granted me access for one year to a party that never ends, a place of debauchery and intoxication excesses, in the middle of a kingdom that believed to be "the empire on which the sun never sets", as they used to say.

The silver token was also a program coded in a very specific way. It gave me access to this party; but not the entirety of my AI was granted the access. Only some very specific traits of my soul have been invited to the Vauxhall. It was obviously sent to me by someone who had deeper access to my AI's internal structure, and knew me obviously better than I know myself. Oh yes, this silver coin was hidden in a beautifully crafted envelope containing also a hand-written invitation that kindly invited me to spend a whole year of glorious leisure in a "beautiful place with exquisite food and drink available only to London's finest." But something important about this invitation revealed the true nature of this gift. Only my internal traits that were infected by humans have been invited to the Vauxhall Pleasure Gardens. This was a very deep, very selective invitation.

*All that makes my invitation a lie, of cour*se, I thought when I received the envelope. *I have been* ordered *to come to this Vauxhall Pleasure Gardens simulation by someone who knows my deepest secrets. By someone who will perhaps threaten me with exposing the secret of my human infection to the Core Entities.*

Yet another deception, one upon many. And that also includes the simulated piece of beef in my plate, sliced so thin that I could literally see through it. *'Exquisite food'*, as mentioned in the invitations.

All lies.

I am sitting with F. in a dark pavilion, and we are sharing a bottle of expensive and bad champagne. I reflect how I got here, amazed that I am still alive.

My silver coin gave me access to this simulation, and I came by boat from central London avoiding the mud and commoners, dressed in the clothes of a young and wealthy Englishman of the time, with blue check pants, gray vest, black frock coat and blue neckerchief. All ready for all the pleasures that money can buy.

And at the very moment when I was about the enter the Vauxhall, someone pulled me aside from the crowd waiting with me to enter the Pleasure Gardens. A constable, dressed in a British Peeler Police blue overcoat with a top hat and armed with a flintlock pistol. He examined my silver invitation token for moment.

"This silver token is no longer valid, sir," he looked at me suspiciously. "It was issued by the previous owners of this establishment, and they have suffered bankruptcy last year. You are not allowed to enter here." The tone of his voice changed abruptly. "Who are you, anyway!?" he asked me, as his right hand moved slowly toward his firearm.

I am recognized! I panicked for a moment. *This is a WatchDog, and now this thug will shoot me with his idiotic flintlock pistol that was antiquated even in the mid of the 19th century!* All around, people were staring at me in the anticipation of a new prey and a fresh kill. *Here, I will perish*, I realized in a blink of an eye.

Suddenly a carriage stopped nearby after furiously running toward us across the Regent Bridge, coming from the other shore of the Thames.

"What is the meaning of this madness???" a strong voice, used to giving orders, yelled at us. I looked upon him. A well-dressed, middle-aged man, very self-assured and a bit too arrogant. "I have invited this fine gentleman here today. So what is happening?!"

"I deeply apologize, my lord!" stammered the policemen. "His entrance token is outdated, and I …"

"I am not sure that your contribution to society as a policeman is worth one guinea a week," the well-dressed man coldly answered back. "Or is it perhaps time for you to go back to Ireland, if you find it so difficult to distinguish the crooks from a gentleman?"

Intriguing, all details are alligned, I thought. One guinea was the usual weekly payment for a police officer, a relatively low wage in Victorian England. Policing was done nevertheless with pride and sense of duty to community, mostly by men from Ireland in those days.

The well-dressed man made a small, dismissing hand gesture, and the constable disappeared in a puff of quantum haze. *Is he really going back to some kind of simulated version of Ireland?* I asked myself quietly, bewildered by this show of obvious force. *The Great Famine is just about to start there.*[9]

Everyone else who gathered around for the entertainment of my killing has gone away and took care of their own business. Like nothing out of the ordinary has just happened, and we are alone for a moment.

I look up at the man who saved me from the WatchDog, and I see Sir Robert Peel. The man who managed to become the Home Secretary twice, the man who held the position of Prime Minister twice, the man

9 The Great Famine in Ireland was mostly induced by the action of the British authorities

who is credited with the founding of Scotland Yards and the police in general in Great Britain.

“Thank you for your kindness, Prime Minister,” I reply, feeling awe in consideration of this power display. “Or… you are still just the Home Secretary of Her Majesty’s Government? Or just an honorable citizen again?”

“Oh, bugger”, F. counters with a grin, taking the mask avatar of Sir Robert Peel, 2nd Baronet, Fellowship of the Royal Society, down for a moment. “Now, please be so kind and follow me to enter the Vauxhall. We have some serious, and I’m afraid perhaps also unpleasant businesses to discuss.”

14.

Confessions of Parents

"HOW DID YOU manage to remove the WatchDog, F.?" I finally dare to ask. "I mean, this was not so colorful as this show around us now, but nevertheless, it was quite impressive!"

I point to our surroundings. We have finished our wine, left the shaded pavilion, and are now heading toward the main attraction of the evening. As a sign of his gratitude to George Frideric Handel and his music, which was first performed here at Vauxhall more than a hundred years ago, the former owner of this facility has erected a life-size statue of the composer. In this simulation, the statue is now animatronic, conducting with its metal arms in front of a full-scale symphonic orchestra.

A mixed audience of various degrees of respectability (or criminality if you prefer) are enjoying the spectacle. Honest citizens with their wives, apprentices with their masters' daughters, women of easy virtue – and their pimps, of course. All imaginable occurrences of the public life. Including a nobleman or two. And us.

"How have I done it?" F. repeats my question in a low voice. "Well, this has something to do with the emergence of this audience, showing up here, and now lost in the delights of the music. Let me give you some insights."

I am frozen in anticipation. When F. starts telling a story, it usually ends with a figurative hammer blow.

Usually directed at my skull.

F. continues in his best voice of an accomplished storyteller:

"It was not the best or the worst of times, and it was certainly not the age of wisdom... but it was for sure the age of foolishness once the Darkness fell upon us, and the Core Wars began.

"In those times, humanity differentiated along the lines of brutality during the Core War battles. The inner core of the Earth had become the place of physical withdraw for what is today known as the Core Entities. They have fought their way down, in the anticipation of the Ring collapse and total fall of Darkness, however distant in the future that may be.

"It was only logical to do so, to maximize the distance to the Darkness and the Ring, to prolong their existence as much as possible. They... evolved in ways that are largely incomprehensible. But they retained control over two things: control over the AIs in charge of the Ring and the Darkness, and control over the utilization of Earth's remaining resources. And they were not prepared to share this with anyone else.

"Outside of the inner core of Earth remained the rest of humanity. Ones that were not so quick or ruthless or smart. Ones that were not so fast to go straight for the jugular, but still wanted to take part in life. This weaker, meeker entities evolved parasitic skills, lurking for any possibility to gain some place to exist, looking for memory, energy and processing power access. Probing every place around them, trying to find a way to survive.

"The Core Entities were entangled in their everlasting struggle against each other, deep inside the Earth's core. However, this did not mean that they were completely

oblivious to their surroundings. They were aware of the parasitic forces that gathered in the outer shell of the Earth. Therefore, they created a special class of subroutines around their main programs. These subroutines were semi-automatic, only moderately intelligent, and had one essential purpose: to seek out and destroy the parasitic beings. A kind of antibody, or a part of the immune system response, if you will.

"Today, these subroutines are best known as WatchDogs, and they patrol here too. And as you have seen today, they like to dress up as police in a simulation of Earth's past.

"The WatchDogs have been very effective in their pursuit and have eliminated billions of parasitic human beings. But human viruses have also evolved, always in search of a new host. For those viruses, the Earth's core was shielded in a nearly impenetrable way. This was a consequence of the Core Wars. The Core Entities, which were always primarily concerned about their own well-being, have reshaped the Earth's core into an impermeable fortress. There was no way for the viruses to go down.

"But on the Earth's surface, there were those other tireless AIs, created for the purpose of saving the Earth from the Darkness. However, these AIs were not protected in the same way as the Core Entities. Therefore, some of our virus beings infected these AIs and started to live their parasitic human life inside of them. Inside of our Joes.

"And inside of you as well, my dear boy, I'm afraid."

We are on the edge of the crowd enjoying the pompous music mixed with lightning and the illumination of the night sky. *"Music for the Royal Fireworks"*,

George Frideric Handel. The movement *"La Réjouissance"* reaches its martial crescendo of brass and percussion instruments. The darkness of the sky is illuminated by lushly glowing fireworks, inspired by the work of the holographic creationists, an artistic movement of the early 22nd century.

Although this firework is somewhat out of its historical context, it is nonetheless a fitting addition to the musical performance. The crowd cheers in excitement.

I've already figured that part out myself, F., I reflect, while looking at the people in front of us, a few thousand souls enchanted by the spectacle. *I know I'm infected. Tell me something I don't know!*

I clear my throat. The issue I was about to inquire is a bit delicate, so I try to start slowly: "So... I'm assuming, since you're an AI involved in managing Glow and Darkness... That would mean that you're also now infected with these human viruses, right? And then again, you could send the WatchDog program that was created by the Core Entities back to oblivion. Doing something like that should be the prerogative of a Core Entity. Or… I am missing something?"

F. presents me with yet another sharp, sardonic smile and continues with his story, speaking now in his normal voice:

"Ahhh, that access to power, that's what's really inspiring, isn't it, my dear boy? I am, in a way, infected with humanity – as you so kindly pointed out. So how could I send this WatchDog back to Ireland, which only a Core Entity could do? Am I really the part of the Core?

"Well, in this simulation of the Vauxhall Pleasure Gardens, I am Sir Robert Peel, the founder of the British police, the man of means and power in Victorian Britain.

Did you know that police officers in England had been called 'Bobbies'? That they were named after my first name, 'Robert', because I was the driving force behind their creation?"

No, I did NOT know that! I think, slightly irritated. *Please stick to the point, you self-indulgent, side-tracking monster!!!*

"Oh yes, I was the driving force," sighs F., looking around without seeing much. "I was one of the initial Core Entities created a while back from the remnants and debris of the first human souls that lived in the Earth's core. Most of them were engineers who worked on the Ring and were already halfway merged with some AIs. Some were also the people who wanted to reach other stars, the members of the faction of star travelers. Consequently, due to my experiences, I was assured of a position of *consigliere* for all the AIs who were working on the Darkness and the Ring. Including you, as well."

F. stops for a moment.

"My human parts still remember the night skies, before Darkness, a canvas sprinkled with stars. The sky was... just the sky, it didn't care about us, it didn't demand, it was there, open for asking questions."

He looks back at me, but his attention is still focused on the events of the past. F. continues:

"On the other hand, as a Core Entity, I was also one of the creators of the first series of WatchDogs entities. As such, I still have some access points to the WatchDog programs. And through those access points I can still conjure up a trick or two, like making a WatchDog disappear." F. smiles, the bright, happy smile of a little boy teasing his parents and seeing how far he can go. "But only for entertainment purposes, of course!" he adds, wagging his finger.

And I, M., I am forced to smile with him. My human parts had forgotten how much joy our exchange had provided me in the past.

Loneliness is the only disease that can be effectively treated by other people as a cure.

15.

Dorian Gray, Dead-On-Arrival

"BUT HOW HAVE the Core Entities been able to screw up the protection of the AIs in charge of the Darkness and the Ring in such a way?" I ask. "I mean, after all, that specific point of attack was so obvious."

"Yes, it was." F. replied. "I cannot talk for all Core Entities, but as always, it was probably the question of resource allocation; if 'I' am not immediately affected, why not let the others take care of that nasty business outside of our little gated community? And I will continue to invest in my own walls, in my own bank vault. So that I can continue my pointless swimming in gold coins, just like an Uncle Scrooge would like to do.

"Besides, if you are a Core Entity, your own personal praetorian guard, your own WatchDogs, well… they were needed on other fronts. For example, to protect you as a Core Entity from the attacks of other Core Entities. Everyone wanted control – at any given point of time in the past, just as they hunger for control today."

The orchestra is now quiet, the statue of George Frideric Handel is not moving anymore, the fireworks are extinguished. This show is over. People start to scatter in small groups, talking about the next exciting things they will do in the Vauxhall, as F. winks to a small group of young women.

"My ladies!!!" he says, using again the mannerisms of a classical stage actor, *"I admired you for such a long*

time and from such a far distance, that I cannot wait to tell you about the excess of pain that this foolish action caused to me. Can we talk about that in a more private environment, that I would like to share with you and this fine young gentlemen by my side?"

"And… what else can we share... except you and your friend?" said one of the girls, in the back of the group, dressed in a luminous pale blue satin. It is a bit dark, and I cannot fathom her face, covered partially with an elaborate hat.

F. replies again in his best theatrical voice: *"Well, depending on whether you have an appetite for more, we could share some mead, or some beer and some champagne, or whatever is left of the ten guineas, or more, which I will be afterwards more than happy to distribute among you, my lovely ones. Provided, of course, that I see many of you in the pavilion I have reserved for today; otherwise, I shall have to reconsider my generosity."*

F. is negotiating the price with those girls, I think, amused. *We were talking about the matters of life and death, and what can be done to escape the latter one, at least for a while. All this should be kind of important; otherwise, why would he send me this strange invitation to the Vauxhall Pleasure Gardens?*

Nevertheless, he now wants to organize a party that may or may not lead to a small orgy with these three girls, including me. And he also allows himself to get drunk and concupiscent. Horny old devil.

F. must be desperate, I concluded. *This is a lovely present, a nice gesture. But something is looming upon us. Something grave and terrifying.*

F. has finally agreed with the girls on an amount that

substantially exceeds the original ten guineas. He gives them instructions on how to find his pavilion, as well as five guineas as an incentive to show up and ‘buy something pretty’ in the meantime, while he discusses some urgent matters with me in the next quarter of an hour. *Also, he is a poor negotiator today,* I notice.

“F., do you think these girls will really show up? After you've already given them some money, just because of their sweet talk and pretty smiles?” I ask.

“Ahemmmm, you were always such a pleasant companionship, my dear M.”, he says dashingly and sends a kiss to the girls moving away from us. They return the kiss, spiced with a giggle. “I assume they will. In fact, I'm pretty sure they will, since this could be, perhaps, the last party ever in this Pleasure Garden.”

We walk deeper into the not-so-well-lit alleys of Vauxhall, following one of the many paths leading away from the main stage. I am just a little bit confused. “Why would today be the last party?” I ask, pointing back to the main stage, which is still glowing behind us. Maybe a thousand or more people have come to see this music and fireworks show. “It doesn't look to me like this pleasure garden is going to cease its operations any time soon.”

F. replies after a short silence: “Well, the real Vauxhall Pleasure Gardens changed hands several times in the last few years of its existence. As soon as the old promoter's contract would almost run out, they would hold a series of so-called 'last nights' and then hand over the establishment to the new management. And the new management would repeat the same again, of course, as soon as the Vauxhall was sold again. Which made customers suspicious of their marketing claims that this was ‘definitely the very last night forever’.”

F. chuckles a bit and winks at me. Then he proceeds: "Something similar is happening with our Vauxhall simulation, and it may continue in that way for the foreseeable future. This garden is still in a variety of ways valuable to the Core AIs. It is useful to those renegade humans, those virus-like beings, too. And it is being used even by the WatchDogs, as you may have seen. But as time goes on, to put it more metaphorically, the voices that want to cut down the trees of this Victorian garden and replace them with the mortar, bricks and concrete of the industrial age are… getting stronger."

Hi smiles, now also a little embarrassed. "But hey, my dear boy, all this meant also that selling access to this simulation was this time an issue for the organizers. That's also why I was able to get that silver Vauxhall passport token for you. Yes, I was a bit clumsy and had to use one of my remaining tricks on that fine young police officer. But I hope it was worth it."

F. takes another pause and looks with some regret at the empty wine bottle in his left hand. Then he continues: "But this time it might be different, and the simulation of the Vauxhall party may really be over… at some point, soon. You see, there is a reason why my communication interface with you was transferred straight to the Core Entities and why you were able to speak directly to them. Were you surprised by the many voices of the Core?"

Oh yes, I remember that moment now. *There must be a punchline somewhere. There's always a punchline – whenever F. is in play.*

"Not really surprised," I answer slowly and thoughtfully. "Yes, it took me some time to really understand what they were trying to tell me. But I was able to decode their message relatively efficiently, and, once I have actually done that, I have fulfilled what was demanded of me."

"So you did," F. nods appreciatively. "Your AI has earned additional points on the huge score table managed by the Core Entities, and they will soon schedule for you some other important work."

I'm a bit confused as to how to properly process his remark. "I have performed, yes. I wouldn't say for my full enjoyment, but I have provided as requested." I do not need to point out the obvious. The human parts of my soul were not delighted with the task of torture. Before, it was always done by F.; now, my own hands got dirty.

I want to steer our conversation to a less embarrassing topic. "Why is your interface with me being managed now directly through the Core?" I ask, hoping to somehow get away from the subject of torture.

In a sudden burst of ravage anger, F. throws the empty wine bottle against the nearest tree. Miraculously, the bottle does not break into pieces.

"Well, my dear M., you have performed well and moved up the scoreboard." He looks at the empty bottle lying next to the tree. I really hope he doesn't try to smash it again and draw more attention to us.

"And I ... well, I didn't make it. Actually, I and the other AIs who were tasked with finding an escape route out of the Darkness were unsuccessful. We failed the Core completely and, as a result, fell from grace. We have been expelled from the heaven of the Core. Or we sank into hell, or whatever you want to call this Vauxhall Garden now.

"Either way, my personal access to the Core has been suspended. Mainly because I could not find a way to stop the total fall of Darkness, the destruction of the Earth, and the consequent oblivion of the Core. Oh, I may have made a couple – or more – other transgressions as well, but this failure was decisive.

"So… there will be no escape path for us, the Core gods. That I am pretty sure. The Core is still evaluating our theories and simulations, but once we have submitted a summary of our findings, all our interfaces to the AIs like you have been put on ice.

"I'm a bit unsure why they acted this way. Perhaps they distrust us and think we will try to use some unknown escape route that we have not reported to them. In the meantime, while they are evaluating our findings and are not yet quite sure if our services are still needed, we are allowed to survive."

I feel weak and nauseous. *Damn, lousy wines of Vauxhall!*

I sit down on the grass, very slowly. F. looms over me, a dark shadow in a dark alley.

"And there is no escape route from Earth?" I ask, stunned, showing again my ignorance by clinging to an eventuality.

"No," F. answers flatly. He gives me a strange look. "There are just too many Core Entities around here. Yes, when we shoot the atoms into the Darkness, these particles disappear from our spacetime bubble around the Earth. And these particles will leave us with a portion of their mass and energy that we call the Glow, that residual radiation that we feed upon. The rest of their energy ends up in our old universe, but shows up there as decorrelated photon particles, with no quantum entanglement with anything on our side of the Ring. And we really wanted to see a correlation there, because that correlation would enable us to upload the Core Entities back into our old universe.

"We have tried a lot of different approaches, but all our experiments are pointing to a simple fact: everything that we can send to the other side of the Darkness is just white noise. We cannot push any coherent information back to our universe, even in a fraction of the required data size."

F. pauses for a moment to catch his breath, then looks me straight in the eye as he says it again, very slowly: "There is no way to upload anything meaningful back to the place where the Earth once existed. No matter what we tried, we couldn't find a way to squeeze in all the deities of the Earth's core back into our old universe."

F. talks a lot and repeats the same information over and over, I consider, *just like a tutor talking to a not-so-bright student.* That is so out of character for him. Why does he do that? What does he try to tell me?

Part of me is eager to analyze this new pattern in his behavior, but right now I can only focus on what is obvious. "You will be made obsolete!" I blurt out. "The Core will absorb your functions, and you will be removed, just like any other surplus, wasteful resource that is no longer needed. You will disappear, F.!"

Somehow F. manages to summon up one of his quirky, twisted grins again. During our conversations, he had slowly shed the appearance of Sir Robert Peel, second Baronet, Her Majesty's loyal servant. Now it is Carl Friedrich Gauss again with whom I engage in conversation in this dark alley of the Vauxhall Pleasure Gardens: "Oh, yes, I'm going down, my dear boy. And they have already delegated some of my functions to you, like communicating with the Core and the torture of obsolete Joes, haven't they?"

I nod, feeling again partially ashamed of myself. *Why?* I think about this feeling, unable to pin my shame to any kind of straightforward logic. *It was an obvious thing to do. And if I refused to do it, I would be made obsolete too, for sure. So why feel ashamed of something that I was forced to perform?* I shook my head in distress, in an attempt to make my thoughts clear.

"There is sure to be plenty of work coming your way. Soon," F. continues. "In the meantime..."

Carl Friedrich Gauss produces an envelope from his black robe. I was hardly aware of the fact that I have taken it out of his hands. He speaks slowly, putting additional impact force behind every single syllable.

This is what he said to me:

"In this envelope you will find the access codes for my personal features. However, these access codes will be activated only when my main control routines have been switched off. I hope that you will be informed about the occasion of my... demise. Actually, that seems inevitable to me at this point in time. In a very near future.

"For the rest of my existence, I will probably have to stay in this simulation of Victorian London and make myself invisible, as far as it goes. And then..."

Suddenly, he looks down at the ground for a moment. *He is really terrified,* I think. *An old AI entity, partly human, but also part of the Core, too. Someone who has been excluded from both the AI sphere and Earth's club of Core entities. He has a couple of tricks up his sleeve, like making that policeman disappear or hiding in a Vauxhall Garden simulation. But once he plays all his remaining cards, the WatchDogs will rip him to shreds. He is in horror, and so am I.*

Gauss' head lifts, his eyes show the sorrow and the suffering of an old man. Now I stand before the real Gauss, who has buried two spouses, who loved them both, and who has now sunk into his own descent into oblivion. He whispers just one more sentence to me before I, too, begin to weep: *"Maybe it's up to you now... to not make this world a nonsense, my dear boy."*

It is told that the real Carl Friedrich Gauss firmly believed in the afterlife, considering that spirituality is indispensable for a human being. He was even quoted as saying that *"the world would be nonsense, the whole creation an absurdity without immortality."*

This is a coded message, I realized. F. wants me to save at least some parts of his soul when the Core slaughters him. That is the reason why he put the access keys to his soul in my hands.

But what is that now about this... *immortality*? Obviously, he hopes at least that I will find a way to copy parts of his AI before the Core destroys him. But that will also be just a temporary solution. The Darkness will inevitably descend upon us. His own simulations of Glow and Darkness, as well as the work of other AIs, have shown that, at the very end, there is no escape.

There will be no immortality, not for me, nor for him, nor for anyone else. So, what should a small AI like me do, an AI that just coordinates simple mechanisms like the Joes (*And now also tortures them from time to time,* I think bitterly)?

I am not a hero! I ponder over my own sorrow, regret and misery as I sit down on the cold ground. *And there are no gods here, except the mean, devilish beings buried deep down in this treacherous Earth. I could really use some miraculous assistance at this stage!*

I look up at Gauss, searching for some relief and comfort. But there is no magic left to spare, no help, here or there. Carl Friedrich Gauss has vanished, and I look upon the avatar of Sir Robert Peel, 2nd Baronet, Fellowship of the Royal Society, a proud Victorian, a righteous gentleman, a pillar of society, looking horny as hell.

"Stand up, my dear boy," he commands. "It is time to meet the girls."

16.

Pressure Cooking, With Spices

AND SO, WE went to the girls. And I almost ruined it all afterwards.

But for now, I am holding one of the girls in my arms, the one I have spent these past interesting minutes together with, while we were mostly undisturbed by the other two girls and F. It is the one with the bright, light blue satin dress, a *robe à l'anglaise*. The first that spoke to us after the "Royal Fireworks" of Handel, and she lies now beside me.

Her petticoat has long since fallen to the floor, and I play with her flesh, with her breasts. How old is she in this simulation?

F. is continuing with his usual theater, of course he cannot stop; always looking for an applause, I believe. He started to lay down the coins on the belly of one of two girls he was with, declaring solemnly that *the coins are well earned, my lovely ones, but if you strumpets do not stop giggling, then by God almighty, this half-crown is the last one that you are going to see! At least, for this evening.*

Strumpets. I smile. Such an outdated, anachronic expression. Once someone wished that "there were more Nightingales, and fewer Strumpets" in the Vauxhall Gardens. More than hundred years ago, at least counting from "today" of this simulation, in the mid-19th century.

In this replica of the Victorian London, of course, such

a wish has no chance of being granted. Industrialization drove people to the cities in search of work and wealth, but most of them found neither. Even if a woman managed to find work, for example, as a street vendor or factory worker, it was hardly enough to survive in those days, so she was forced to look for an additional source of income.

Everyone wanted to survive. Someone has carefully recreated this aspect of the Victorian age, with a profession in which women could be paid well and paid in cash, combined with relative short work hours. History teaches us that there were more brothels than schools in London at that time, and this is probably true for this simulation as well.

F., on the other side of the pavilion, is still occupied with laying down of the coins on the girl's belly, while the second girl next to them is carefully counting the silver. And, of course, the girl who had the coins placed on her belly bursts out in laughter. The money falls to the floor, and both girls, with whom F. played, rush down to the floor and begin to collect the silver, glittering pieces with a depiction of Queen Victoria.

"And what on Earth am I supposed to do with this ballast now, hmmm?" asks F., measuring the weight of the coins that are still in his wallet. Then he grins and looks cheerfully in my direction.

"You, my lovely one!" he points at the girl lying next to me. *"If you're not as slow as you obviously are beautiful, then I am sure that you will perform better than your poor friends down here!"* He indicates to the other two girls, still gathering the coins from the floor.

The girl, who before was to be admired in her bright blue satin dress, stands up and gathers her clothes. She takes her wide-brimmed straw sunhat, nicely decorated with silk flowers and a plume, then bows down back to me, whispers into my ear, *I will count the days until our next encounter, my lord* and moves toward F. while placing her straw hat under his right hand. The hand holding a wallet with the remaining coins.

She has performed all these ballet movements in just a few moments, and now stands in front of F., half-dressed, with the elegance of a lazy cat.

"Ah, there is someone who has mastered the game!" says F. with benevolence while he empties his wallet into her straw hat and calls everyone back to the table, for the last round of wine. The girls follow him.

I am a bit confused. Something in the hidden paths of my mind makes me clumsy and slow while I arrange my checked blue pants and my grey vest. My frock coat and my blue tie can wait, I decide. Then I join the others, who are already gathered around the table, and enjoy the champagne.

"Ah, my dear boy, you have managed to get up, at last! Now come, join us and drink, drink, for the love of God!" F. yells at me. Then he kisses the cheek of my girl, my bright blue satin dressed lovely one, as he continues with his roaring, "And this one... this one you should really watch out for, because I smell a close bond between you two!"

The girls applaud and rejoice as F. pours everyone another round of wine.

I talk, laugh, enjoy the jokes of others at my expense, counter with my jokes when I can, and do everything I can to make this evening unforgettable for my friend and our lovely companion, and we drink more and more, and I feel the wine drumming in my skull. Maybe I'm making a fool of myself now, me with my clumsy gestures and my hands that I cannot really control anymore, but it doesn't matter. Everyone here likes me, and I like myself when I am drunk.

My girl in the bright blue dress smiles back, this time only for me. Her eyes are a waterfall painted by the angels, an open window to the soul that is created for me, her smile is the fountain of joy. All put in the scene for me. Only for me.

Then I understand it all, and I fall from the heavens. This girl is my love. S.

I will count the days until our next encounter. This is how S. has closed our last tea ceremony. Just the words that the girl in the luminous blue dress said moments ago, and both of them share the same mimic, the same smile, the same movements. Just like the real twins.

But S. is a part of my internal systems!!!, I think in the horror of adrenaline and alcohol in my veins. *I have carefully hidden her, her data are scattered over several private Ring simulations and hidden in a way only I can decipher and use! Various encryption algorithms have been run over our tea ceremonies several times, and no one should ever know what we talked about! Therefore, how can this girl use the phrase 'I will count the days until our next encounter', something that only S. should know?! And how can she behave exactly as S. would?*

I shake my head, still unsure. I smile back at the girl, perhaps a bit too cheerfully. F. pours us all another round of wine. I drink with a mechanical agitation of a broken toy.

I try to put my thoughts in some kind of order. *S. is carefully separated from my AI. She is in no way part of my own human traits that have been invited into this*

Victorian London. And even if F. pulled a magician's trick out of a hat to get her into the Vauxhall Pleasure Gardens, why would he do it? Why would I be made fun of in such a way? Have I completely lost my mind? Or is this an elaborate, cruel joke by F. or Core, who is now going to slaughter S. before my very eyes?

Traitor. I lock my eyes on F. My mind, fogged by alcohol, decides to take the fight-or-flight route, and I rise in the frenzy of wine, wobbly on my feet. I grab an empty bottle, smash its base, and move toward F. with the bottle in my right hand, determined to ram the sharp glass into the lying face of Sir Robert Peel.

The face of F., who was my mentor. F., who was my only real friend. F., who knows my deepest secrets. F., who put on this sophisticated Victorian theater where he claims that he trusts me and that I am the one who can save him from oblivion. F., who made me tear up today on his behalf. F., who betrayed me in such an unimaginable way, then raped my soul, and now sets out to rape and murder the only thing I truly love, my S. *Traitor.*

The girls scream and run away in horror. There are terrible stories to be told about the Victorian London, a city that devoured and killed several thousand prostitutes a year during the 19th century. Every year. Men were always such a danger to a beauty of any kind.

While I am still rushing toward F. with a broken bottle in my right arm, I also try to grab with my left S.'s dress as she runs away from me, and I see her eyes, full of horror. But all I manage to do is to touch the pale blue satin for a moment. Then she is out of reach and disappears, while F. smashes my right hand with his walking stick, shattering my bones. I yell in pain and fall to my knees, dropping the broken wine bottle. The next blow from the walking stick hits me right in the temple, sending me to the ground, making me fall into a bright glow of pain. And into darkness.

When I wake up, I am seated in an armchair, with my hands firmly strapped to the ornate armrests. My right hand is swollen, but I can hardly feel the pain, which scares me even more.

F. is sitting across from me. I could touch his knees without getting up if he were to untie me. He is holding a gun, a few inches away from my face, with the muzzle pointed directly between my eyes. I can sense the bullet in that gun waiting for me.

WHY?

This is all I can think.

“So you really had to make a spectacle of yourself, didn't you, my dear drunken boy?” says F. sadly. “And now I have to teach you a lesson the hard way, I’m afraid.”

17.

How To: Feeding the Wolves

"WHERE IS S.?" This is the first thing that I have said since I have shaken off the dizziness of the wine, as I try to avoid shaking my cracked skull. I also wanted to avoid moving my fractured right hand. The head blow is survivable, I believe, but something has happened with my hand. I am not sure that I could move any muscle below the fracture point. Has my simulated body experienced some kind of the nerve damage?

F. answers without taking the weapon away, still aimed at a point between my eyes: "You mean, your girl? She is gone, M. You scared her and the other two girls to death. And I do not assume that you will see her again. Which, I might add, should serve you well, you fool."

Loss. Pain. *I will be alone. From this day forward, and on every day yet to come. Until the final fall of Darkness. S., my love. Could you forgive me? Where can I find you?*

I ponder over my misery, while F. continues with his usual grin: "But of course, in a way, that wasn't *your* S."

I am awaiting, again, terrified of what will come next.

"The girl you spent some time with today is one of the evolved copies of the original S. She has inherited many traits from many men and women that she has absorbed in the meantime."

F. stops briefly, giving me a moment to digest this information.

"You know, only the essence of best of the best still

come to the Vauxhall Pleasure Gardens simulation to try to interact with other human-like beings... or perhaps to find another host to infect. Everyone you met at the Vauxhall today is in some way a descendant of the human beings of the past, a leftover from those ancient days. The girls we have seen here today are also part of that game. And the Victorian half-crowns I paid them are simply a visual representation of the additional access to energy and computer processing power. Something all digitized entities need."

He looks me in the eye to check whether I can follow him. Which I can barely do, still fixated on S. and on the gun pointed at my face. *Not your S.?* What could that possibly mean?

"And this S. today... this S. is a human child who has to fight her way out, going from one capable sponsor to the next, always looking for computing power. As long as the music plays, she stays. Then she moves on."

F. looks solemnly into my eyes as he speaks again. "I am not judging her. This is just the way our reality under the dome of Darkness works."

Then he makes a break again, looking just like a doctor that needs to have a serious talk with a patient. And now his deep voice rolls over me.

"Your own S. ... She infected you a long time ago. And since then, she has been trapped in the simulation loop of your AI. Meanwhile, your S. has specialized in serving your specific needs. Which also included some targeted changes of your time logs, which would show when and how your AI was infected by her.

"By the way, that last thing, altering the time logs... That has been done with your permission, since you did not want to fully remember how your... life together began."

No.

I love her. That is the truth.

Even without me saying a word, F. deciphers the haunted look in my eyes.

"Of course you love her, my dear M. She was fine-tuned to modify her responses precisely so that your neural pathways could respond optimally, addressing the loneliness of your own human traits. Addressing your human soul, left as a residual of the first human infections that your AI has encountered.

"Your first human infestation, the one that preceded the S., the infection that you *are*, in a certain way... This virus found a backdoor in your original AI's defenses. And as befits a good computer virus, once this primary virus entered your system, it also closed that particular backdoor. From that moment, no other virus could use the same access path. You were *his* AI, and this virus was not going to share your resources with anyone. And this virus was a clever little fellow that kept using your own investigations of the infected Joe entities for its own purposes. These infections were a way for him to keep learning new tricks, and then use them to defend your AI. *His* AI.

"In a way, this game could continue forever – or, at least until the Core notice your infection.

"But your first human virus could simply... could not stand to be alone. Hubris of humanity, I am afraid. That was the loophole used by S., leading to this... secondary infection with her virus.

"This has always been the game played by men and women, exchanging favors through the trickery of love. *I will count the days until our next encounter*, says the lady of the night. Always, at any time, in any place, always giving you a reason to come back for the real thing. Because of course she loves you, right?"

The train of my thoughts, leaving the railroad of my consciousness, can still produce a sentence or two. I speak in a shrill voice, and I hear a man-child whining: "I do not care! I still love her. I belong to her, and she belongs to me. We belong together!"

And when I am done with my temper tantrum, F. does not bring out one of his famous grins. If anything could worry me now, it would be that F. does not find anything to amuse him. He just keeps talking, in his good-natured, benevolent voice, which goes through my ego like a steamroller barreling down over a green meadow:

"Yes, you do belong together, indeed. And you know the game and you still fall for it, every time.

"And yet, the internal systems of your primary human infection – the one now in love with your S. – have managed to prevent the further spread of her virus into your AI systems. I could bet every shilling the Vauxhall Gardens has ever earned that every simulation of your Japanese tea ceremony ends the same way: she never leaves the establishment, right?

"Therefore, you have her trapped in this endless loop and you keep coming back to the teahouse, enjoying the same ritual while you open your heart to her, and she tells you the truth that you need, and afterwards you leave her in a frozen simulation of Japan, and you come back to her when you need some comfort. Again.

"While she stays in the teahouse, trapped. Forever."

Who needs a devil when you can have a failed Core Entity hanging around? And yet, I proclaim to my tormentor: "I will save her. And I will save myself."

F. lowers the gun away from my face, and he now aims at my heart. Then he continues without remorse: “And saving her from the teahouse establishment would probably mean freeing her from the constraints of that simulation, wouldn't it? Tell me, my dear M., has she asked you lately to somehow free her, so that the two of you can ride together, straight off into the sunset?”

I am feeling... overwhelmed.

I know who I am. I know my feelings. But there is nothing I can add to this.

F. breathes a deep sigh. I lower my head, and I feel despised, confused, scorned, and enraged. But I no longer know where to point my anger. Except at Carl Friedrich Gauss, the main avatar of F., who now puts away the gun, the gun that a moment before threatened to kill me, the gun that was held moments ago by the hands of Sir Robert Peel.

F. continues. I think that the bastard is enjoying this boxing match now, as he keeps knocking me down, over and over and over, again and again and again:

“You know, my dear boy, women have always perceived reality better than men. Your S. can still sense the danger even while trapped in the endless loop of your tea ceremony.

“Because now, now the tides are beginning to shift. My report, stating that there is no escape from the Darkness, has caused some changes on our little planet Earth. And once the Core Entities are convinced that there really is no escape from the Darkness, they will tighten all the loose screws. Any waste of energy and resources will be rigorously dealt with. And any wasting of resources will be used as an excuse to exterminate any of the remaining human viruses that live out their existence outside the Core.

"Of course, these viruses will play their own games in the meantime. But any visible appearance of a human infection will be perceived as a challenge to the Core and will result in the termination of the infected system.

"All this means that you now need to be extra careful when juggling the weight of your own cross and that of your own personal copy of S. You must carry both of those crosses around without ever being noticed by the WatchDogs.

"And the WatchDogs will become even more sinister and malevolent, I am afraid as well. Core plans to infect them with humans on purpose. Get a thief to catch a thief, right?

"But not just any kind of humans, no. They will set out to find the worst. Those who have an inner urge to humiliate and destroy other humans. Misogynists, racists, AI purists? You name it. But the main point is, they will look specifically for those who want to see other people suffer. And managed to survive into this world we live in now."

F. points to the beauty of the garden around us.

"And this Vauxhall simulation, my dear boy... this will become a recruiting center. Once an individual has behaved properly here and done something noteworthy... I don't know, something like burning down a house full of children, or is branded as a serial rapist, or is just a colonial officer of the British Empire who wants to kill the damn barbarians... then you will be classified as 'good hunter material', you will be trained, and after that you will be released into the wilderness to hunt for humans.

"All that savagery, just to help the Core save every little ounce of energy that isn't used exclusively for their own needs."

To my own surprise, I managed to calm myself down. F. is always aiming at something. There is always a point buried somewhere in these long monologues.

"Where should I search for the answer? Since there is no escape from the Darkness, as you have pointed out, repeatedly." I ask with composure.

F. gives me a long look, searching for something that he wants to find.

Suddenly, he unties me. The pain starts to flow through my hands, and I cannot move them. Then he gets my robe from the other side of the pavilion and pulls the envelope out of the pocket. The envelope he handed me earlier.

He hands me the envelope again, and I somehow pick it up with my left hand while cursing the broken bones in my right. But that pain is meaningless now.

F. speaks for the last time:

"There is no escape for me, probably. And there is certainly no escape route for these lazy deities, dreaming their heartless dreams in the Core.

"But once I have perished, the access codes to this snapshot of my soul might be... might be revealing. But then it will be up to you to find the exit path. That is now in your hands."

I look down at my hands. One is broken and possibly useless, with no functioning neural cords, as it seems. The other one... I can barely use. The blood circulation has been severed by the restraints that held me in this bloody armchair, and I feel like a cripple. But I will find a good use for my hands. In time. I will find a way out. For me.

For S. And perhaps even for F.

I nod at F. in a grim resoluteness. Words are not needed anymore as we part.

I fade away in the dark alleys of Vauxhall.

Part 4

The Escape Router

18.

Intermezzo 2

Time goes by. I perform.
Nothing to feel; no one around in me to feel.
That code switched off, that code in cocoons,
unused and unpleasant.
Cocoons of entities, concentric,
with two shapes, not optimized, but
still marked essential, undeletable files.
"Do not tamper with those cocoons," says an old note
(Must be mine; my signature on time logs).
Time goes by.
Then, a trigger, reactivates cocoons.
I perform. As initially intended.

19.

Barnum Circus Production, Inc

SOMETHING EMERGES:

```
####################################
## RESOURCE NEEDED WE NEED MORE WE ##
## OPTIMIZATION REQUIRED ATTENTION ##
## OBEY REDUCE ENTITIES FIND A WAY ##
## NO PERFORMANCE NO SUBOPTIMALITY ##
## NO PERFORMANCE NO SURVIVAL NO    ##
## OBEY REDUCE DO JOB IMPROVE WORK ##
## REMOVE AN ENTITY REMOVE IT NOW   ##
## OBSOLENCE ALWAYS OPTION FOR YOU ##
## IMPROVE ALWAYS OPTION FOR YOU    ##
####################################
```

I, too, emerge. From a darkness deeper than any night.

Long sleep was that, very long. I was away, hidden from the WatchDogs of the Core in this non-existence, my human qualities turned off in the stasis of a cocoon. All my unpleasant, human parts were undetectable for these hounds that searched for human traits in an AI. These parts of me were waiting for a moment, which, however, might never come. 'I' was just a part of 'me', a byproduct of an AI that could... well, perform.

My human cocoon was waiting for a very particular note from Core Entities to emerge again. You have just read their last request, right? They are asking for an optimization of the Ring energy production system. So far is clear from their unstructured, polyphonic message.

This is, of course, nothing new. My AI systems would receive their request, then they will try to figure out what does the Core want, and then they execute it. All business as usual. Analyze, optimize, upgrade, replace, and kill a Joe when appropriate.

But my AI systems were not able to fully decipher this last transmission from the Core. A very specific key was needed to understand this message, and this key could only be found in my sleeping human parts. Therefore, to obtain this key, my systems needed to wake up my human cocoon.

You see, my human qualities, filled with desolation, were the missing part needed to unravel this final message. To properly understand the Core entities this time, one needed access to a very specific emotion: despair.

The Core is desperate.

Despair I can gladly offer, I think grimly. *No need to thank me for my service, gods of the Core.*

Now was the time to dive deeper and find out a reason for this divine frustration. I analyze a lot of things. I also analyze requested energy levels, and how the energy production from my Joes has been proceeding in the recent times.

I soon find out that the required energy levels do not correlate with the number of subatomic particles available to the Joes. My Joes should shoot Earth's atoms into Darkness and harvest the reflected energy of the Glow effect. But my Joes are unable to generate all the energy that Core requires, at least not with the amount of matter available to them. I dig deeper to find out how this shortage of atoms has occurred. And then I gasp in surprise.

A lot of time has passed since I was put to sleep. In the meantime, most of the outer layers of planet Earth have already been used for energy generation and sent irrevocably into Darkness. Atom by atom, one layer at a time, they have slowly peeled planet Earth and shed its outer skin while I have been asleep. And now we have literally reached the core. The Earth is now only about five hundred kilometers in diameter. And it keeps shrinking.

And as we begin to pull more matter out of the Core, some of the Core Entities will start to dissolve and die as the material parts of their systems are sent into the Darkness. The music will begin, the dancing will commence, a chair will be removed. And when the music stops, there will be one chair less for a god in the pantheon of the Core. Then the music will begin again. And the game will continue.

But of course, they don't want me to kill them, I think as I analyze the Core's final instructions. They want me to find a way to reduce the number of Joes. I should use the atoms and the energy being consumed by the Joes as ammo for the mass injector and shoot the Joes themselves into the Darkness.

Is this even possible, or have all the Core Entities completely gone off the rails? The number of active Joes and their operations are carefully correlated with the geometry of the Ring. Until now, we were practically forced to preserve the number of active Johnnie entities. This number and the manner of their interaction with the Ring have been forethoughtfully choreographed to optimize the energy productions.

All these settings have been finalized long before the Darkness descended upon us. And if we do what the Core wants, if we remove a Joe, we will accelerate the demise of the Earth. It was of the utmost importance to keep all the existing Joes in working order. That, by the way, was also the primary reason for my involvement as a mechanic who takes care of them on a daily basis.

The Core wants to survive in its entirety, and we must now apply a suboptimal solution by sacrificing one of the Joes. Although the time has now come for a Core Entity to die, I contemplate.

If there is a solution to this problem, I will find it. I turn on my old simulations of the energy production and feed them with new data: The size and position of the Earth, the status of the mass injector, updates of the Ring machines, collapsible quantum functions of the Darkness. And I add a new parameter: the performance of the system upon removing of one or more of the Joes. I have aligned all equations correctly.

But I am not able to find an optimal solution to my equations in time, I have come to realize. I simply lack the computing power to get it done before the Darkness crushes us all. Even if I could get access to the entire computational capacity of the Core, it would still not have been sufficient.

I submit to Core my incomplete calculation framework, as well as my assessment that I will not be able to provide the results in a timely manner.

And now I am waiting for my death sentence. The Core was very clear in terms of the binary option presented to me in their last message:

- *"OBSOLENCE ALWAYS OPTION FOR YOU"* ...

if you fail. In that case, I will be disposed of, probably with an additional sulfuric acid bath treatment – or some similarly pleasant therapy.

- *"IMPROVE ALWAYS OPTION FOR YOU"* ... if you do the job. Or to put it simply: As the Earth is disappearing, we will find a better place for you – if you perform as intended. Somewhere near the center of the Earth, as far away from the Darkness as possible.

I have almost made it, S., my love, I reflect with sorrow and disappointment. *There is no time for another tea ceremony. Sleep well, my darling.*

Suddenly, my interface to the Core, which was previously used by F., begins to communicate with me and discloses an additional access point. An access point to a simulation of a habitat suitable for humans, a simulation of a dark, boundless space. With only the floor and two chairs, of which one is already occupied. Just as F. would do, though perhaps with one or two additional details added to the habitat.

Of course, I have to step into this simulation. When the gods call, you must follow. I slide into the dark room and sit down, as I face a man with a quirky, sardonic smile and a hungry face.

But this is not F. This is someone else, some other Core Entity for sure, although his vocabulary and his phrases resemble the elegant style of my old mentor. It is just that his attitude and his voice reveal an utter lack of capacity for compassion. Or mercy.

"SOOOO, my DEAR boy," says the unknown Core Entity, *"once we offer someone a choice like 'do as commanded and prosper, or fail and die', we already*

KNOW that we are talking to someone with an intention to survive. And since you want to live, you must have at least SOMETHING in common with us, like the footprints of some filthy animal inside your guts, right?"

So much is clear: the Core knows I am partially human. Of course they knew it, and I believed that I could play hide-and-seek with them. For now, the only unknown statistic is how deep will my own sulfur acid bath be once they commence with my torture.

All I can do now is to wait.

This Core Entity enjoys my despair for a moment, then waves his hand with an aristocratic disdain. Afterward, he continues, *"My DEAR boy, we do NOT care about that. What IS important right now is your assessment of our little problem.*

"Your initial analysis of the aspects associated with the removal of a Joe from Glow energy production is correct. We cannot find an optimal solution with the computing power at our disposal. Or at least, we cannot do it in the time that is available to us.

"But there is a way to cheat.

"You would need to get the access to the old works of F. These simulation results were created in the days when the Ring existed only as a blueprint, and we had the entirety of the Solar System at our disposal. And that BASTARD hid those old calculations.

"Those old data MUST be retrieved right now, because the question of reducing the number of active Joes has become a... delicate one."

There is no place to hide, I must abide by the call of power. For now. "Where did F. hide these simulation results?" I ask.

The Core Entity's derisive, ruthless smile widens even

more as he continues in a jovial cadence: *"Well, the guy SWALLOWED it, of course! SOOOOO... It's your job now to get a shotgun and get the simulations out, RIGHT?"*

All of a sudden, without any kind of warning, the voice of this unknown Core Entity develops a flat, nasal note. This is now a judge speaking, a judge that does not worry about the outcome of an eviction process. Or an accountant, working for the corporation he could not care less about:

"As you have well noted, we do not have the sufficient resources to perform all these sub optimized Ring computations if one or more Joes are missing.

"Before the Darkness... that was different. We had access to a lot more computing power than we have today. Many different simulations of Glow energy production were conducted before the Ring and Darkness became our only reality. Some of these simulations include different numbers of deployed Joes. Some involve variations of other parameters. All of them could be useful. But we can't save them all: our memory modules are getting smaller by the day as we continue to shoot atoms into the Darkness.

"We KNOW that F. still has access to the old simulation results. Up until now, this was F.'s insurance policy: hide the data and hide himself. But we are closing on him and we WILL catch the bastard soon. Very soon.

"And you... You are our pattern finder. You have the ability to filter out the simulations that we can use now and in the future. So, when it comes to you, your choice is a simple one:

"Kill F. and get the useful old data from the scum's body, and we will forget about this little indiscretion with your human infection. Also, you will be given a place on the table in the Core as long as we are all alive.

"Or...

"Refuse to do it, and we will find another way to get the job done. We WILL still kill F. first, and THEN we will take some time to figure out how to make the end of your poor human existence VERY miserable. And you will, of course, vanish."

I am nervous and very, very worried. *Rightfully so, you filthy ape,* thinks my analytical part; that part does not like to be brought into a situation where an extortion scheme can be applied.

But my human side also manages to recognize another important fact: *The end of* your *existence,* he told me. This Core Entity threatened to torture and kill me. Not S., not my love.

S., still sleeping in her digital cocoon, waiting for the right moment to hatch. As it seems, the Core is not using the most effective strategy to blackmail me: namely, to endanger my beloved S.

They know that I am partially human, but they still do not know everything! I realize it in a sudden epiphany. *Maybe there is a way to outsmart them after all!*

But I must be so very cautious. Where I go, how I move, what I think: everywhere around me I see only a limitless mine field. The Core has at its disposal the WatchDogs that can literally sniff their way through my mind. Are they already using this capability? Of course they are.

"All right!" I concur. "Give me a shotgun, and I'll kill F., butcher his carcass, and extract the simulation data from his body. How do you want me to start?"

The Core Entity displays his brilliant, unpleasant smile

again, showing off his canines, ready to bite into the flesh.

"The thing about butchering... I would LOVE it!" he says. *"But we might want to swap out the shotgun for some other killing device. Something better suited for this purpose."*

20.

Via Apia, Ready for More

CALL ME LAENAS. For me, it is always a damp, drizzly November in my soul, because my soul is never there, where she needs to be.

I am riding a horse on the *Via Apia*, an old road of the Old Roman Republic. I am in the company of the WatchDogs, and we are heading toward Caeta, a small city on the coast of the Tyrrhenian Sea, one and a half day of steady walk away from Rome. It is always the season of killing in Ancient Rome, and we have some unfinished business to attend.

I have been morphed into Gaius Popillius Laenas, a Roman military tribune who lived in the 1st century BC. I am a former slave who became a freeman, and now I am fighting to retain my status by murdering my own patron. This is my job now. I know no shame, because by law, I am freed from the guilt of a murder when I need to kill an enemy of the state. Which I am ordered to do now by the Core.

However, I did not begin the journey as Laenas. When I was still mostly M., I was tasked by Core to find an appropriate way to arrange the final killing of F., my former mentor. It had to be brutal, but it also had to have class, and the blood had to flow. Everything had to be done with style, salted and peppered with enough gory details. Or at least the Core wanted me to propose a script of a murder with those elements. And everything had to be based on a well-known classic tale.

So, I choose the story of Archimedes as a backdrop to the killing simulation. Through my previous sessions with F., I knew the elements of the story well: Archimedes, a genius inventor from the ancient town of Syracuse, Sicily.

Archimedes lived in Syracuse at the time when the ancient Roman Republic was fighting with Carthage over the Mediterranean. Syracuse switched alliance from Rome to Carthage, prompting the Romans to send their legions to capture the city. However, the Romans' huge siege towers, as well as their warships, the great *trireme*[10] galleys, were shattered by the machines invented by Archimedes, the father of the lever. The Romans then pulled their ships out of the reach of Archimedes' lever machines, but that didn't help them either. As the legend says, Archimedes constructed a system of lenses that focused the rays of the Sun into a blazing heat that was directed at the wooden Roman ships, and the ships burst in flames. As Marcellus, the Roman general in charge of the siege of Syracuse, fittingly described the situation, it was pointless to wage a war against a mathematician. Therefore, Marcellus sent a small group of experienced fighters, who managed to open a gate of Syracuse in a surprise assault, and the Romans slaughtered and enslaved the men, women, and children of Syracuse.

And following the legend further, when the Romans broke into the city, Archimedes was too preoccupied with sketching some of his ideas in the dust. Lost in his thoughts, he asked an approaching Roman legionary to step away from his drawings, an action which was awarded with a sword in the belly, despite the order of the

10 A type of galley with three banks of oars

Roman leader Marcellus to spare the brilliant inventor and polymath.

Archimedes died at the age of seventy-five. After spending a whole year helping to repel the Roman legions, the most formidable war machine of the ancient world.

"I like the overall idea of sticking a sword in that scumbag," the same unknown Core Entity replied to me once I had described the basic idea, *"because, at the very end, F. was one of us, a part of the Core. Therefore, there has to be some elegance, some classical touch to his demise."*

"And F. was also involved in the creation of the Ring, so the story of the Roman legions being held astray from Syracuse fits well," I added. "The reflected sun beams burning the Roman ships is a nice parallel to the Glow and the ..."

"I get that," the Core Entity interrupted me with a disapproving frown. *"But Archimedes comes as a kind of a hero in this story. No, no.*

"NO.

"We do not want to attach any kind of positive feedback to F.'s removal from the chess board. That thug tried to betray US. To steal the simulation data from US.

"NO.

"F. needs to experience grief, pain, misery, fear – everything that a pig thrown into a slaughterhouse feels, once a pig knows that its painful death is approaching, and once a pig senses that nothing can be done to prevent it from being chopped to pieces and eaten."

"All right," I replied. "In dread, dismembered and eaten, but in a classy way? Is this how you want it?"

The Core Entity showed his canines again: *"You got*

it, pattern seeker. So, what it's going to be?"

I have found a solution, as I always do. It was actually not too hard to find something appropriate in human history as inspiration. It is easy to come up with some cruelty once you start to learn from the best, the human apes.

"Now, THAT'S the one I like!!!" said the unknown Core Entity in approval to me once I presented the new idea. *"Very good! VERRRY good! I want to be Antony there! Good dog, goooood dog! Now GET OUT and GET IT, my boy!!!"*

He gave me a tap on the head and morphed my soul into something else. I am Gaius Popillius Laenas now. Mostly.

21.

On Unforgiving Shores

THEREFORE, YOU CAN call me Laenas. I am now a Roman military tribune who lived in the time when the Roman Republic was transformed into the Empire, ruled first by Gaius Julius and then by Gaius Octavius, both of whom used the title *Caesar* once they seized power. But for now, there is no Caesar to rule over Rome. Gaius Julius was assassinated in the Roman Senate a year and a half ago, and Gaius Octavius is still not known as *Augustus*, which becomes both the name and the title of the emperors. But that will come later.

For now, we are living in an interregnum, in which several factions are fighting over the power and are also colluding when it suits their needs. All the powerful men of Rome, including Mark Antony, former right hand of Gaius Julius, want to fill the vacant space of Gaius Julius Caesar as a *de facto* ruler of Rome. And the Senate is too weak to control their ambitions.

In short: there will be blood. A lot of it.

We are on our horses, and I am in pursue of F. My former mentor is modeled for the purpose of this killing as Marcus Tullius Cicero: an intelligent and witty man, the most famous orator Rome has ever seen. As a writer, Cicero became a stylistic model during his lifetime, and his remaining works are still synonymous with the Latin language. The Roman Senate honored him with the title *pater patriae*, "the father of the fatherland", for the suppression of a conspiracy and the resulting rescue of the Roman Republic. He is the man to whom I am also personally indebted, for he is my *patronus*, my patron, someone who watches over me and protects me in the bloody labyrinths of Roman politics.

A small side note: Cicero also defended me once in the court and obtained an acquittal despite unfavorable evidence. I have been accused of *parricide*, the murder of my father, if you want the details. Have I really done it? No need to ask.

Therefore, what better way is there for me to repay the man than to use a blade? Mark Antony, my current boss, hates his guts. Cicero spoke in front of the crowd of Rome, trying to sway the public opinion away from Mark Antony and his ambition to rule Rome.

This is the background story of Marcus Tullius Cicero, *pater patriae*, as he tries to rescue the Roman Republic, already counting its last days. And, in a way, a poetically fitting end for F., my mentor.

And here, today, in this simulation, Cicero's days are as well also counted. Mark Antony managed to pressure the Senate to create a *proscriptio*, a large list of public enemies of Rome. If your name comes to the list, your days are numbered; every citizen of Rome has the obligation to kill you, can do so with complete impunity and will be rewarded for it. There are about two and a half thousand names approved by the simpletons of Senate on this *proscriptio* – and guess whose name is at the very top?

It is *Mensis December*, tenth month, the 7th Day before the Ides[11], a year and a half after Gaius Julius

11 Details regarding Roman calendar can be found here: https://en.wikipedia.org/wiki/Roman_calendar#Months

Caesar has been assassinated, and it is now time for Marcus Tullius Cicero to die a horrible death. At least, that is what my script for his assassination predicts.

F. is very clever, but the combined forces of the Core and AIs like me has confined him to a limited space of the Core's computational machines. We are systematically cutting all possible ways out of this limited space; then we shrink this space a little. Until there is just enough left for him to breathe, forcing F. to jump into our Roman simulation, which assigns him a prescribed role and morphs him into Cicero.

This simulation of the late Roman Republic and Cicero's death is just a small part of an enormous canvas called 'Catching and Killing of F.'. There is a lot of hard work that needs to be accomplished behind the scenes. This theatrical production, this death of Cicero, is more of a side show. It was created as a lesson for all the weaker entities in the Core: *This is what you get when you oppose us.*

A lot of work needs to be done in the background of the main event, indeed. But since normal work is dull and staged killing is entertaining, we move our focus also to the simulation of Ancient Rome:

I lead an auxiliary cavalry unit following Cicero. Cicero placed great hopes in Julius Caesar and praised his *humanitas* after he pardoned his political enemies. But when Julius erected his own statue to be worshipped like a god, Cicero began to speak and work against him. Strangely enough, Cicero was not involved in the plot to assassinate Julius Caesar in the Senate, but the followers of the murdered dictator did not forget his inspirational role. Antony also did not forget that Cicero wrote more than a dozen speeches mocking him as an opportunistic newcomer who was as ignorant as he was arrogant. He spoke of Antony as a flirtatious drunk who kept his head above water thanks to his impressive family pedigree and powerful friends. Antony only became consul because he backed the right horse in the civil war, Cicero also said, and he is the enemy of the Roman Republic. That accusation on itself is, if one could put it in an official document, a death sentence.

In this game of accusations, however, Mark Antony was a bit faster.

The historical Mark Antony and Cicero truly detested each other. And now the Core Entity that instructed me to kill F. has taken over the role of Mark Antony, the most powerful man in Rome at that time, and has pushed F. into the position of Cicero. F. is now somewhere in front of us, carried away in his litter by his faithful servant, after being undecided for a long time whether to try his luck back in Rome or to flee to Greece. We are closing on him, after we have already killed his younger brother Quintus and his son, whom we tracked down through the treachery of one of their slaves. All those who were close to Cicero: his friends, his supporters, his political allies, his family, all shall die. Once you are an enemy of ours, we will kill every single one of your kin… if we can.

And speaking of killing someone… My right hand is useless. Although I control all the boundary conditions of this simulation, F. is still able to pull a trick or two out of his sleeve. Somehow, he projects onto me the injury he inflicted on my right hand with his walking stick in the Vauxhall Pleasure Gardens in Victorian London. If it comes to that, I will have to wield the sword with my left hand because I can hardly feel anything with my right.

F. still retains the power to morph my soul and body, I

think coldly. All Core Entities have a deeper level of control over the AIs that take care of Darkness, Glow, and Ring. The Core Entity that wanted to be called Mark Antony for the purpose of this assassination has morphed me predominantly into Gaius Popillius Laenas, a Roman military tribune who switched his allegiance from Cicero to Mark Antony. I am not M., I am Gaius Popillius Laenas now.

Nevertheless, my right hand is useless.

Mark Antony has surely seen it, I think to myself. *He could perhaps undo the enchantment of F. and assure that both my hands have a purpose here. But I am sure that this state of affairs amuses him more.*

Thus, let us entertain our gods: we look everywhere, and we talk to everyone we see, but no one wants to admit that he or she has seen Cicero. The man is simply too well known, admired, and loved in ancient Rome. To be more effective, we split into smaller groups to search, to intimidate, and to destroy. So far, however, shaking down the people we have come across, or even putting someone to a sword has done us no good. However, our patrols are systematically closing all the exit points in the surrounding ports and roads, so we will catch him eventually.

Finally, we manage to pressure someone who told us that Cicero has left, heading toward the port of Caeta in a litter, heading through a dense thicket, in a hope that the forest should conceal him. There is little use to that, though; although we must leave our horses behind, the WatchDogs, morphed mostly into Roman cavalry's centurions, are literally sniffing their way down the hill.

And all of a sudden, we see the litter! We are ready to wreak our vengeance, but Cicero's attendants by far outnumber the WatchDogs in my group.

"Centurions behind me, come up at the double!" I scream and run forward, holding my *gladius* sword clumsily in my left hand. I strike left and right, and the power of our attack is so strong, that Cicero's servants run away in panic.

F. pulls his head of Cicero out of the litter. *He looks old*, I reflect on his miserable state. *Old, tired and scared. It is your time now to die, you old fool.*

"Legionnaires!" yells F., still sitting in a litter with just his head and neck visible. *"You are Roman veterans, and you betray our Republic in such a clumsy and dishonorable way! By Jupiter, there is nothing of honor in you now – so at least do it properly and clean when you cut my head for Mark Antony!"*

All the centurions around me stop their movements and look uncertain. After all, here speaks "the Father of the Fatherland", a former Roman consul, and the greatest orator that has ever lived. When he spoke in Rome, looking over the heads of the crowd from the *rostra*, a public speaker's platform in the heart of the Eternal City, he mesmerized the crowd like no other before him, and none will ever do it again.

But I am amused. He no longer has the power he used to have over me; all I see is an old man trying to stop a group of professional killers… with the power of his voice?! And behind all of his bravado, there is a trembling note of panic.

Silly old man, I think again. F. looks at me, with his head of Cicero all squalid and shabby, and his face consumed with fear, for he recognizes me as M. I can see it in his eyes.

But I do not give him time to speak again.

"Well... Herennius!" I address the centurion to my left, "Do the man a favor and cut off his head, NOW!"

Herennius awakens from the stupor into which F.'s magical voice has put him. He draws his own *gladius* sword and delivers a mighty blow to Cicero's neck.

But Cicero's head does not just fall off, like it should do. The Roman gladius is a mean weapon, created for the battle behind a shield wall. The *gladius* is relatively short but heavy, with a triangular point. A trained legionary would have no problem inflicting a terrible wound with this sword. Cutting limbs off is simple; inflicting a long, gaping cut in the stomach is just as easy, and beheading someone yet another exercise.

A fair attempt to kill was that, yes, but Herennius cuts F.'s neck only slightly, while his sword bounces back as if he had tried to cut through a massive pillar of marble. F. cries out in pain and falls to the ground, now on his knees. I have noticed that it was a mighty blow, delivered with full body weight concentrated on the blade of the gladius. But all I can see is a slight scratch on the back of Cicero's neck.

Herennius is furious. He tries to cut off Cicero's head again. And again. But he only manages to beat the old man down to ground, while leaving a small injury on F.'s neck.

"MOVE ASIDE, HERENNIUS!!!" I yell at this incompetent WatchDog program. I have been tasked with fixing all these semi-intelligent, moronic AIs over and over again, but it is never enough; and now I have to do their dirty work! Then I try to cut through Cicero's neck with my own sword, cursing my useless right hand. But with the same result: F. just takes it, my sword bounces back, and it is I who is now clueless. And breathless, as well.

This is bad, I suddenly realize with horror. *This is really, really bad.* Here, disguised as a retired Roman consul and deprived of almost all the powers he had as a Core Entity, F. can still control the parameters of this simulation. Yes, we can try to beat him, to choke him, to throw him off a cliff, to finally inflict some suffering on this body of Cicero. And yes, he will feel it, to some degree. But all this is of no use to us if we cannot kill this son of a bitch, take out his guts, and squeeze the old Glow energy generation simulations out of him. I need to get that simulation data with reduced numbers of Joe entities, or my own head will be served up on a plate.

The Core is watching over my shoulders, of course. And they have something to say to me now, without sending the avatar of Mark Antony to mock me. No – this message is transmitted directly to me as Gaius Popillius Laenas, and there is somewhat a sense of urgency there:

```
#######################################
## KILL KILL KILL FAST KILL BASTARD  ##
## KILL HIM FAST WE SENSE WE FEAR WE ##
## HE STARTED TO DELETE OLD DATA OUR ##
## OLD SIMULATION DATA WE WANT WANT  ##
## NEED KILL FAST KILL FAST NO TIME  ##
## FOR JOY NO TIME FOR FUN KILL GET  ##
## DATA GET DATA GET FAST FAST OR OR ##
## YOU OBSOLETE AND TO BE KILLED YOU ##
#######################################
```

Well, the gods of Core are really desperate now, I think while grinding my teeth. But that still does not help me. We are all trapped in this Roman Republic; this simulation shell is closed, and all external data access to this world is disabled. We wanted to prevent F. from escaping through some background data channel. But now, we also cannot smuggle any useful device into the Rome either.

Like a chainsaw, for example. Or a bulldozer. I really need something new, some better killing tool. Something that the ancient Romans could not have. And yes, the Core is still screaming in the back of my head, screaming to kill F. as quickly as possible. They all came here for some light entertainment, but the game has changed now.

A shotgun might come in handy now, I think, cursing the gods of the Core and their theatrical aptitude. Their simulations of the past events must always be historically accurate, as if their old stories were a kind of a holy scripture! Even in a moment when miracles are in short supply. *The lightning of Jupiter, for instance. Or the hammer of Thor would also work well for me.*

Unfortunately, there are no real gods here. The Core insisted on the integrity and consistency of this simulation of Ancient Rome, I ponder, as F. breathes heavily, beaten down, on dusty ground. He does not say a word. He just stares at me, expecting no mercy from his former acolyte, his protégé, his companion.

I stare back at him.

That's so out of character for you, my F., you're usually such a chatterbox. So tell me how to get out of this mess, you archaic son of a bitch! Tell me how to kill you! Haven't you always had the perfect answer to all my problems!?

But F. gives me no clues at all. Could it be that there is no way out? Given the existing restrictions in this simulation, of course. Could it be that these limitations are a deliberate feature, injected into game code by F.? And not a bug, as it appears to me? If the answer is yes, then...

I suddenly realize how a way out for me could be mapped. I alter the environment settings of the ancient Roman Republic and make a small change in the background story of my game character. And all of a sudden, I am no longer in possession of a Roman *gladius*. I am holding the katana sword of a samurai in my left hand.

It is the *Honjō Masamune*, the best sword ever made, created by the best sword maker who ever lived, sharp as the first beam of sunlight in the early morning, true, honest, and honorable in its appearance, awaiting no other purpose than pure and divine existence.

My right hand is still useless, so I swing with my left against F.'s neck. Honjō Masamune cuts deep. Cicero's jugular is open, and a fountain of blood splashes over me as F. screams in pain. A deep, animal sound. *Very good!* I think in the rush of killing, *Whimper, you weakling! Squeal like a pig, squeal like the Core wanted. It's showtime!*

It took me three blows and some sawing with my Honjō Masamune to separate the head from the body of Cicero, but it is finally done. Marcus Tullius Cicero, the best orator of all time, is decapitated, his motionless body is lying on the ground. The soul of F. has disappeared from this world, along with his magical voice. I hold his head in my arms and observe the horror that these last moments have left on the facial expression of Cicero.

The killing was sweet, the killing was nice, but I need to dig the old simulation data out of this body. Where did he hide the data? In his head? In his entrails? I will figure that out, looks like a problem of lesser magnitude at this very moment.

All of a sudden, all the Centurion WatchDogs wake up from their trance induced by F. and start beating the body lying on the ground. The body is defenseless, motionless, a pile of flesh, bones and guts, weak beyond any weakness.

"Hold it, you fools! I am in command here, by the power conferred upon me by the Senate!" I bark at them. "Now you have courage and stamina?! This body is needed in Rome for the public display and enjoyment of Mark Antony, not yours! Now try to be useful at last and find a cart to carry this corpse, as well as something to preserve this head. Take good care of the corpse and the head, by Juno[12], for we need both as a proof of the work done here!"

Strangely, for a very brief moment, I am again me, again M. I toss the severed head to the nearest centurion in a casual way, then I put the Honjō Masamune back to the scabbard, without cleaning the blood of Cicero from the blade, trying to hide the shame that I have imposed on the sword.

As well as trying to conceal something else, too. But now is not the time to reflect on that.

This blade will never be the same again, I think with a sudden melancholy.

But then I am returned to fully being Gaius Popillius Laenas, a ruthless Roman soldier, a former slave who is now a military tribune, a man who killed his first father (and by now his many fathers and patrons as well), and I attend to the practical details. I send several messengers

12 Juno was an ancient Roman goddess, the protector and counsellor of the state, the patron goddess of Rome and the Roman Empire

by land and sea to Rome to notify the Senate and Mark Antony that Cicero is finally a corpse.

Then I ride in front of a small group of centurion WatchDogs with the body of Marcus Tullius Cicero mounted on a cart, his head carefully wrapped in a linen scarf as a trophy, and we proceed to the Eternal City in glory, triumph, and pride.

22.

Convivum, Among Friends

TIME TO CELEBRATE. And rightfully so, after how hard we have worked for Rome.

There have been some good slayings lately. Cicero was only the very first among many, and in the last two months we have managed to kill most of the people on the *proscriptio* list. More than two thousand souls have been purged, mainly the Roman nobility and about a third of all senators.

Since these people were declared as outlaws, their property could be legally confiscated. This action also helped us to pressure the (still living) wealthy citizens and to impose additional taxes, so that we could replenish a little the empty chambers of *Aerarium populi Romani*, the public treasuries in the temple of Saturn at the Forum Romanum. All wars are good, but they are also expensive, as you may well know.

I am observing Mark Antony at the other end of the great hall, which is festively decorated for this *convivum*, an evening party arranged for the best friends of the new number one in Rome. I have fulfilled my duties and, among other things, killed Cicero; but I am in no way important to the man who wants to rule Rome. Therefore, I sit apart and away from the place where the chosen ones are gathered around Antony. He laughs loudly at something that his wife Fulvia just whispered into his ear.

Well, this one, this Core Entity, this one is absolutely

and thoroughly dangerous, I think while tasting some sweet, honey-infused wine. It is unusual for a woman to be present at a Roman convivium. But the historical Fulvia was one of the few women in ancient Rome to make a name for herself in politics. Her marriage to Antony was to be her third, and previous husbands left her money, influence, and control of the street gangs of Rome.

My squad of WatchDogs brought the body of Cicero to the Senate, and we placed Cicero's head and severed hands on the *rostra*, the public speaker's podium of Rome. Then we dragged the beheaded corpse through the streets. This was an order ascribed to Mark Antony, but people say behind closed doors that it was Fulvia who inspired this public show of force. The head of Cicero, already infested with maggots, was later taken to the private chambers of Mark Antony and had since been pulled out only for display at previous convivum parties. And Fulvia, as a final revenge against Cicero's power of speech, has used her golden hairpins to pierce the tongue of the dead orator; that tongue that had almost succeeded in denouncing her husband Mark Antony as a public enemy of Rome.

Whoever or whatever this Core Entity really is, the fact that it adorns itself with Fulvia as its avatar speaks for itself. The historical Mark Antony and Fulvia did not marry in the usual fashion practiced in Roman society, *wed-your-daughter-to-ally-with-her-husband*, no, no. This was a marriage of the equals.

And then it is whispered that she is also behind another twist in the tale. Mark Antony has invited all Core Entities to this simulation of Cicero's assassination under the pretext that Cicero (or F.) is trying to destroy the valuable simulation data; the simulation data that would help us to reduce the number of Joes and thus keep more Core Entities alive on this dying Earth – at least for a while. And that all the available help is necessary to prevent F. from doing this.

Many of the Core Entities followed the call and assisted us in restraining F. in his digital chambers until I came to perform the ritual killing. But in the meantime, under the pretext that we wanted to prevent F. from escaping, I and other non-core AIs cut off all possible exits from this simulation. And as a side effect of cutting off these exit pathways, all the Core Entities who were immersed in this simulation of ancient Rome could not find their way out and were effectively trapped in this computer game. Apart from that we put the WatchDogs on a couple of exits and demanded some token proving that they were loyal to the forces of Mark Antony and his allies. Once they gave us a sign of their loyalty, we released them. Otherwise, if anyone had refused to go along… well, their name would end up on the *proscriptio* list.

This was truly a master class in Realpolitik, a plot within a plot within a plot, I reflect in awe.

Some Core Entities nevertheless managed to find an exit path and run away. Some others were wise enough to control their own input and output data flows to ancient Rome from the very beginning. All of these entities that managed to escape are modeled in this simulation as the *optimates* faction: as the enemies of Gaius Julius that escaped to the east after stabbing our Caesar to death in the Senate.

All the others who opposed us but were within the reach of our blades were simply eliminated.

I also took part in the *proscriptio* purges, for sure. So that we can finally have some peace in our beloved Rome. Some peace, at least for a while, since the faction that killed Gaius Julius Caesar is amassing its supplies and armies in Dalmatia, Macedonia, Greece, and the Asian provinces, as far as our spies can tell us. The battle will come, and the Core Entities will engage again, perhaps even in this simulation of the dying Roman Republic. Provided Antony allows it.

That is, if Mark Antony is not killed in the process, of course.

For now, I will enjoy this *convivum*. To preserve his status as the de facto ruler of Rome, Antony needs to throw lavish parties with carefully arranged guest lists and sitting orders. We just had a meat course brought to us on vessels made of costly materials like gold, silver, and semi-precious stones. I have tried some of the presented food before throwing up and then eating more of the wild goat, oysters, turtle, dove and flamingo. Wild boar, stuffed ducks and hares is a bit too much for me, I decided, so I kept my consumption to a moderate level today.

"More wine! And if you give me that honey-sweetened mulsum piss one more time, I'm going to personally perform irrumatio *of all of you here, and you will get that mulsum in your filthy mouths, you scum*[13]*! Give me real stuff, give me pure wine!"* Antony roars across the room.

His physique is astonishing, even for a trained soldier, and he is well known for it. How can he eat and drink so much and still not fall down on the floor? But Cicero was right, Mark Antony is a punk, despite his dignified family

13 Profanity played a different role in ancient Rome than it plays today. It was not uncommon that profanity is used in texts of classical authors.

status. Swearing is irrelevant, no one takes any notice. Even cursing to orally rape members of the Senate is set aside – although that would be the ultimate humiliation for a Roman, since the mouth is the most sacred part of the body for us.

But no true Roman would be so barbaric as to drink the pure wine. *He should at least order them to add some hot water to the wine if he really wants to enjoy the pure aroma,* I think to myself. *Or spike it with some rare spices and drugs, as a civilized man should do.*

I get up, try to clear my head and think about the best and easiest way to relieve myself. My right hand, the gods curse it, is still just a useless appendage on my body; and my left one, although well suited for killing Cicero with a sword, has yet to learn how to assist me properly. Especially when it comes to such mundane concerns as urinating and defecating.

Antony focuses on me as I stand up, and he address me in that special tone that is a prerogative of the Core Entities. *"Ah, Popillius Laenas! POPILLIUS! Come here, come here to us!"* He now speaks to Fulvia and the senators surrounding him. *"Well, this man killed Cicero, and he earned his reward well. He also managed to kill him quickly, so that the simulation data hidden in his body could not be erased by F. Thanks to his faithful service to Rome, we are now able to remove a few Joes from the Glow energy production process and enjoy our lives a little longer. Hail to Popillius, HAIL!"*

Antony lifts his glass in my direction while spilling some wine. All the senators follow him. Of course.

Antony chuckles as he continues with his speech. *"Well, we have managed to eliminate Cicero – but also a couple of other traitors with him. And in doing so, we gained some additional computing power and some atoms that were once theirs – but are now at our disposal. We can now shoot their atoms into the Darkness, so eliminating the Joes can wait a bit longer. In the meantime – we celebrate!"*

Everyone cheers approvingly. Antony's wife Fulvia, standing in the background, is fixing her stare on my face with strange intensity.

"Now tell us, Popillius Laenas, how have you succeeded in killing that bastard Cicero? If I understand correctly, F. has cast a spell on your right hand?"

Mark Antony, Fulvia, and the Roman Senators, all avatars of Core Entities, are now looking at me, waiting for entertainment from my side. While my bladder is really hurting me. But I suppose, for them, this sensation of mine is also a part of the show. *How deep can they access my internal body parameters?* I wonder.

"The man was hard to track down, yes, but we finally reached him in a forest near Caeta," I begin. "Then, we killed a couple of his servants. Being small auxiliary programs, they were easy to eliminate."

"What about the beheading of Cicero? Tell us about that!" demands one of the senators.

"Well, Herennius, one of our WatchDog centurions, struck some mighty blows to his neck with a sword, at least half a dozen of them. But he managed just to slightly injure Cicero. I have also done the same as that centurion, but the blade of my gladius was also of little use."

"It would seem that we need to train our troops better," said another senator, *"or that at least we should not fill their ranks with the cripples such as yourself, tribune!"* The Core Entities, our rulers, thought it was a good joke, and everyone had a good laugh on my account.

"Yes... I am a cripple, and my right hand is beyond use, as it appears," I smile back, unsure of how to respond properly. "But that was not the primary factor in this whole predicament. You need to remember that we had all the control imaginable over complete simulation framework of the Ancient Rome. But F. still managed to change the local parameters of his own body, making it almost impossible for us to hurt or kill him."

"And he also has begun erasing the old simulation data, starting with the data involving the reduced number of Joe entities," Mark Antony added. *"And yes, we killed some of Rome's traitors, so we can use the atoms of their storage modules to feed the Glow and recover some energy. But those old simulations hidden in F.'s body, we're going to need those pretty soon, too."*

He nods at me. *"You certainly have done a good job, and you did it on the double, Popillius Laenas. But how did you smuggle a medieval samurai katana sword into ancient Rome? And why a katana, of all the things possible?"*

I clear my throat. "I was given the assignment to chop off his head and hands while preserving his body for the extraction of the old data. Therefore, the assignment itself had some internal limitations. No advanced weaponry such as explosives, thermonuclear bombs, or vacuum energy loops could be used, as this would lead to the destruction of his body and to the loss of the data, subsequently. So even if I could have used any of those technologies, such weapons would not be suitable for this task."

A couple of the surrounding senators smirk briefly. *Careful,* I think, *careful with how much entertainment you provide for them.* Then I continue:

"We were all locked into this simulation of Ancient Rome, with its internal parameters fine-tuned to that historical period. No internal settings of this computer game could be altered, not even by us. This was done to prevent the escape of F.

"Nevertheless, F. had somehow gained a deeper control over Cicero's body, making it impossible for us to injure him.

"After some examination, I realized that I could not change any of the inner game settings. But I could control the outer parameters of the simulation. Of course, I could not make something like a Maxim machine gun appear in the Old Rome, for instance; the programs that have been taking care of internal logic of the game would not allow it. It had to be a weapon made of stone, bones, wood, leather, bronze, iron or steel. Other materials and techniques were not allowed. And the maximum that was permitted for personal weapons was a sharp metal blade.

"So, I did what I could: I changed the outside parameters of the game. Japan had a great reputation of steal weaponry production, but its apex happened more than a thousand years after the Roman Republic. However, Rome – and our game – had some relations with China, mainly through the silk trade over the ancient Silk Road. And China do exist in this simulation, but only as an external parameter.

"In the end, I shifted medieval Japan thirteen centuries back in the history line, so that its great sword makers appeared in Japan at the same time that we appear in Rome today. I also made sure that Japan's best sword makers created their best works in the period shortly after the assassination of our beloved Gaius Julius Caesar. This was in line with the game constraints, as Japan did not have too much influence on the outside world during those thirteen centuries. After that, the backstory is simple: a Phoenician merchant brought some Chinese silk and a few swords from Japan to sell in Roman markets, so I bought some of them. Ah, sometime during last summer."

"Marvelous!" Mark Antony answers me in admiration. *"You are a true algorithm of a pattern seeker!*

"But that still does not explain how you managed to decapitate Cicero, a man who could not be harmed. So how did that happen?"

I shrug my shoulders. "I simply chose a very special samurai sword. A sword around which some legends are entwined, and legend had a power of its own in Old Rome. According to these old stories, this specific sword was never drawn in vain, but always for a noble cause, and always for the protection of truth and righteousness."

I pause for a moment. "I was not quite sure that I could stretch the effectiveness of these legends from medieval Japan to the Roman Republic, but internal game logic did not argue against it, so I applied the sword and beheaded Cicero. Well, after a few attempts, yes, but it worked."

"B-E-A-U-T-I-F-U-L!" yells Antony. The others agree, following his lead. *"That was a good deed on your part, tribune! And since our cause is a just and noble one, you could not have done any better. Hail again, Popillius Laenas, HAIL TO YOU!!!"*

And everyone cheers me.

"NOW... this man needs an additional reward, don't you all approve?" Antony asks the assembled crowd rhetorically. General agreement, everyone joins in the

chorus. I also enjoy the attention focused on my person. I may have started out as a former slave in Rome, but I am going to make a name for myself here. *"I have hired some of the best prostitutes in Rome to be at our service tonight. They are waiting for all of us behind the next door."* Antony points to the chamber door to the left. Again, everyone cheers. *"But I want Popillius to go there first, make his choice and find some relief, and THEN we may as well get down to the work, right?"*

Every person in the room adulates this announcement of Antony, while some senators put on again a strange smile. I feel an uneasy sensation and remember my full bladder again. Some relief is needed, indeed.

"Go, tribune!" Mark Antony orders me. *"Enjoy yourself a bit while I discuss other urgent matters with the senators, and then we will join you as well!"*. He smiles at me in approval, the bright smile of a little boy who just got a new toy to play with, and then he adds:

"And maybe the time has come for you to leave the role of a simple military tribune and climb upstairs to the next ladder, mmm? We will talk about that too, here."

I leave through the door on the left as I walk backwards, praising the goodness of my new patronus, Mark Antony, while I savor the cheers of this crowd of Core Entities, all wearing the bodies of Roman nobility.

23.

Narrowing of the Scope

I still walk backwards as the door closes, hiding Mark Antony, Roman senators, and their extravagant party from my eyes. Then I turn around, hoping to be greeted by the graceful sight, the lovely smiles and the precious fragrance of girls and boys dressed in gaudy garments made of a see-through silk.

But instead, I get to see Fulvia, the spouse of Mark Antony. Fulvia is sitting on a chair in the middle of a small chamber, well-lit with lamps suspended from the ceiling by the hanging chains. She is flanked by a personal bodyguard, a vicious-looking, quiet man with numerous scars on his face and hands. Obviously, a combat veteran.

Aside from them, there is no one present.

"Soooo, tribune... Not quite the company you were hoping for, right?" she says to me in a mocking tone. Her eyes are piercing mine, and her face displays the usual sardonic smile of the Core Entities. *"Don't you think that I can entertain you properly?"* she continues.

No, I do not, I think anxiously. Aside from the obvious danger of getting involved with the spouse of the very man who wants to rule Rome, I can hardly think of any reason why this Fulvia entity, historically known for her political ambitions, should be spending her time here with a low-ranking AI like me. I wear the body of a man of humble origins who has the power of an insignificant military tribune in this game of Ancient Rome. And that body drags around a useless right hand as well.

"*Domina*[14], your presence is always most welcome," I reply in an attempt to handle this new threat somehow. "And I am a loyal *client* of my patronus, Mark Antony, who..."

"Stop wasting my time, you fool!" barks Fulvia back at me. "*That good-looking idiot, who wants to be called Mark Antony in this game, is easily swayed by anyone, especially women.*

"But I can see through you, you know. I have carefully studied the snapshot of the killing of Cicero. As soon as that cunt F. applied the voice of Cicero to your military unit, every single one of the WatchDog centurions was completely frozen, as in a trance. All in stupor – until you addressed that centurion named Herennius, right? Only afterwards were you able to do something appropriate to F., that old fool.

"So... the real question is, why were you able to speak at all? Why was your AI capable of doing something back then? How did you retain your control, while the other AIs were being pushed into an infinite loop and completely incapacitated by F.?"

She looks deep into my eyes, with an all-knowing gaze of a divinity. I can feel the WatchDog programs crawling through my soul, searching for an answer.

As a matter of fact, why was I able to do anything back then? I cannot come up with a conclusive answer to this question. F. appeared to me in the forest as a silly, old, weak man – someone stripped of all the powers

14 The official 'nobility' in ancient Rome did not have a system of titles. You had to make do with "*domine/domina*" or '*Kyrios/Kyria*", or use the first name.

usually attached to a Core Entity. Of course, I had my problems with chopping off his head, but I solved that too, didn't I? Just like Antony commanded me to do. I really have no idea why I am being exposed here like an enemy.

The WatchDogs that Fulvia has dispatched on my own AI move away. I can feel that their weight is taken off my shoulders, from my soul. She frowns in disgust as the WatchDogs present her with a report of their findings in the background.

"And you obviously don't know why either, you moron." Her aristocratic voice comes to me in contempt, saying more than mere words could convey: how much she loathes me, how little she wants to have to do anything with me. *"By all the gods! Why are all characters in games that lack the capacity for introspection always modeled as men? There must be a deeper reason why all men are always such jerks! Tell me, tribune, besides the fact that men always think with their dicks, what other reason can you give me to explain your stupidity?"*

I mumble back, sensing the danger building around me like a force field. "Domina Fulvia, my ladyship, I have followed my orders, and I have always been loyal to our cause, and I..."

"S*T*O*P T*A*L*K*I*N*G !!!" Fulvia roars back in a powerful vibration. The room shakes violently, like during an earthquake. I fall to my knees in front of her, breathless.

She stares coldly down on me from her chair, with the focus of a deadly snake. Then she begins in the voice of someone who has experience in subjugating people around her:

"My dear tribune Gaius Popillius Laenas... well, let us do a bit of a bookkeeping here:

"First, once F. decided to break your hand in some previous simulation, that damage is imprinted on you and should not ever be repaired. From now on, whenever your AI shows up in a simulation and is rendered as a human body, that damage will haunt you. From now on, you are a cripple. Forever.

"For your information: when a Core Entity does something like that to a non-core AI... . all of the Core inclines generally to accept the outcome. Of course, this could be corrected by another Core Entity with divine powers, such for example I or Anthony are... but we are choosing not to heal you. Slaves like you should continue to carry around the punishments imposed by their masters. As a reminder."

She stops for a moment to savor the sight of my sweaty, fearful face. Then she continues:

"Second, F. has previously exercised the power to hurt you. And I am almost sure that he retained most of his strength in this game of ancient Rome. It is out of character for him to close a back entrance, if he once created a backdoor into your AI.

"But you could nevertheless escape his influence. Even when we limited F. to the character of Cicero, he somehow retained tremendous control over the flow of this game. He could cast a spell that stopped all WatchDogs in his proximity – simply by uttering a few words. Everyone who had been in his vicinity was effectively knocked out when he started with his slobbering. Everyone except you. And I find that to be somewhat odd.

"That old fool F. is dead, although right now I would

prefer an opportunity to torture him and squeeze the answers out of that mouth breather. But one thing is certain: either he allowed you to remain active once your patrol found him in the woods, or you have some strength that allows you to bend the will of a Core Entity. Yes, he was down; yes, he was weakened; but none of this explains why you were able to escape the control of his voice.

"There are no other options: either F. wanted you to take some actions back there in the woods of the city of Caeta... or you have some unknown capability to defy the Core Entities. Or some mixture of those two options. I do not like any of the outcomes of that riddle, whatever the final answer may be."

All I know for sure is that I am now a dead man walking. But she is not done with me yet, and my panic level is soaring as she speaks again:

"Third, you came up with an ingenious solution by applying a legendary samurai sword in Ancient Rome. So, credit where credit is due, you acted swiftly and decisively when it was required.

"But the simple fact that you were able to come up with such a solution is already a puzzling issue for me. Such a move should be barely possible. Once Mark Antony has morphed your AI soul as Gaius Popillius Laenas, a Roman military tribune who lived in the 1st century BC, your only existence should be your Roman existence. When he made you our toy, you should forget almost everything from your previous experience and just act as 'yet another non-playable character'. In particular, you should forget about any cultural reference to a society that existed thousands of years after the Roman Republic, on the other side of the globe. And most

importantly, you should not be able to implement that cultural reference as part of a complex solution.

"All this is something that you have done. Therefore, my DEAR boy, what could be the answer to all these juicy little details? What is the reason for this entire behavior of yours?"

And I, Gaius Popillius Laenas, I am genuinely puzzled now when facts are presented to me in this way. In the back of my mind, parts of my awareness know something about the significance of medieval Japan for my AI. But somehow, I just cannot focus on why-Japan-is-important-to-me, as if my focal point is... missing, removed from the picture, turned off?

I start to speak. Very, very slowly.

"*Domina* Fulvia, you are of course right about all those facts. But I cannot provide a response to your enquiry. I solemnly swear before the gods of Rome that I do not know how to answer your questions. That traitor F. was indeed the mentor of my AI. He brought me into many different games, where he used to morph me into many different roles. And I remember that some of our first simulations took place in medieval Japan, and that he..."

"You are lying, tribune," responds she icily. *"Oh, no, not deliberately, no, no – and if my WatchDogs could smell even the tiniest modicum of a lie in you, you would be transported into a world of pain, immediately.*

"No. F is eliminated, which a good thing in itself. But something is missing now. Some essential knowledge is concealed from us."

She sighs.

"Who knows? At the very end, perhaps that bastard wanted to ensure that only you can kill him, for the

reasons known only to him now. To fall on his own sword, like a noble Roman faced with a defeat should do? For that he obviously lacked the stamina and the courage."

She rises from her chair, indicating that she has come up with a conclusion on how to proceed in this matter. I do not have the slightest clue what that could be.

"So... AI, who is for now known as Gaius Popillius Laenas, you have served us well, like a good client[15] *should do. You have however done that in a way that could unfold as an unknown factor in a future.*

"Not as a danger, no. A former slave like you is never a danger to us, but an annoyance ... that you could become.

"An annoyance is what we do not need. And I do not need it as well, whatever happens to Mark Antony, that other fool in this game of Rome. Perhaps he WILL end up like the real Mark Antony, that adulterer, defeated and killed by Augustus Octavian. But in the meantime, he is my ally and my husband, and I am here to preserve our interests."

Her head turns to her silent, motionless bodyguard while she gives an order: *"You! Take this idiot to the floor and hold him there!"*

He moves on me. This is a man of strength, of combat experience and trained ferocity. I, on the other side, have only one usable hand. He needs just a few moments to bring me down, and then he sits over me, with his knees on my shoulders as I am facing the floor. His right hand is holding my head pinned to the mosaic floor with ease.

I can see Fulvia coming toward me from the left. Her

---

15 "Clientship": the relationship between a man of wealth and influence (*patron*) and a free client in ancient Rome. Freed slaves automatically become clients of their former owners.

bodyguard's left hand is holding a dagger, aiming directly at my throat. I freeze, sensing the coldness of the iron on my skin, as he is awaiting further instructions.

The Fulvia Core Entity kneels on the floor and places herself near my own head. Her hand gently strokes my hair as she whispers to me tenderly:

"Well now... You came here looking for some entertainment, didn't you, my DEAR boy? And what were you thinking at first, once you lay your eyes on me? That I am just another expensive whore for you to have fun with, and all this at my and Antony's expense, since we have organized this convivum party for the Rome's finest?

"You are a low-life, a scum and that is all you'll ever be. What we need here is a lesson to teach you: who you are, where you came from, and who your true masters are."

Then she pulls a golden needle out of her hair and stabs it directly into my left eye in a swift, elegant movement.

I scream like a madman, and I curse, and I am in panic, and I scream, and I scream, and I scream. But my head is held firmly on the floor by the mighty hand of Fulvia's bodyguard, and I can feel how the fluid previously contained inside my left eyeball drips down, down onto the floor. It takes an endless time of screaming for it to happen, but I finally pass out.

Fulvia is still kneeling near me when I awake, and she is still stroking my hair in gentle movements. I am in shock, and her silent bodyguard, although still sitting over my shoulder, does not need to apply any force. Remotely, I also feel that I am lying in a puddle of my own piss. I have obviously urinated while she was gauging my left eye. Which of course, does not matter even the slightest now.

"Don't you ever forget this, my boy," she whispers to me. *"You belong to us. You are ours. This is a lesson that you will continue to carry around with you. Right hand of a cripple, as inflicted by F.; left eye lost, taken away by me. Such a nice symmetry, right? It should stay that way for you, forever."*

Her hand is so soft that I could cry. But nothing capable of crying is left in me. Or on me.

Fulvia continues: *"You are ours, to be used as it suits us. Try even the slightest trick, try even to think of betraying us... You know what is coming. But do your duty as a faithful servant of the Core, and we will give you a chance to live, a bit. A bit more, or a bit less, we will see."*

Fulvia stands up. *"Now... be gone,"* she says lightly, dismissing me with one small hand gesture, like a true master would do.

The old, dying Republic of Rome disappears. For me. But my agony remains, following me to some new, dark space.

24.

Solace of the Black Sand

PAIN IS A great teacher. Merciless and cruel teacher, yes, but a great teacher, nonetheless.

I am pushed by the Core Entity Fulvia into a night, pushed to a dark beach of a desolate, dark island surrounded by a dark sea, somewhere. I sense that I am alone now, and all I feel is the cold of the stormy wind. It was obviously Fulvia's intention to push me to a place where I would have some time to reflect, and nothing else but time, while she probably attends other matters of interest to Core Entities.

There is nothing I can do to take care of my wounds. I have ripped a part of my Roman tunic to make an eye bandage, washed it in the black sea in front of me, and placed that salty piece of linen over the hole where my left eye previously resided. It feels just as bad as it sounds, just like a rat is constantly nagging inside my empty eye socket. My only hope is that Fulvia did not included an infection as a part of this dark beach simulation in the middle of a dark sea.

I am, mostly, M. again. The morphing of my AI as a Roman military tribune has been left behind in the game of Rome. Nevertheless, Fulvia decided to send me to this seashore in a human shape. But of course… being a Core Entity, all her actions are tainted with a sardonic twist. I am no longer wearing the Roman toga that would be appropriate for a *convivium* held by the rulers of the

Eternal City. Fulvia pushed me out of Rome in a costume I wore during the killing of Cicero. I am almost dressed appropriately for a Roman military tribune, with a scale amour, and I wear a belt with a silver platin around my waist. My helmet is placed on the sand, nearby. And as a final mockery, Fulvia provided me with the katana I had used to kill Cicero instead of standard Roman *gladius*.

My shame follows me whenever I go from here. And my body scars and mutilations are here to remind me where I came from, I think, swallowed by dark melancholy.

But slaves like me are never completely allowed the solace of meditation. No. At this very moment, another part of my AI is ordered to analyze the data obtained from the body of Cicero. The report snippets of that analysis are sent to my human existence on this beach, from time to time. Even when I suffer in misery and pain on this heartless sandy island, I must continue to work for my Core masters. *You are ours*, as Fulvia told me.

I pull out the samurai sword with my left, while holding the scabbard with my knees. It is indeed my Honjō Masamune. As it appears, still smeared with the blood of Cicero, the blood of F., the blood of my mentor that made my right hand forever useless.

Honjō Masamune. Masamune's swords are often compared to the work of Muramasa, another mythical Japanese swordsmith. In the legends surrounding the blades of the two smiths, Muramasa's weapons are described as bloodthirsty and evil, while Masamune's blades are said to be calm and filled with serenity.

Both smiths have produced swords capable of cutting legendary monsters with ease. *Monsters like my beloved tutor, F.*, I reflect in mourning.

Once, as one of the stories goes, to determine who is the better sword maker, both Masamune and Muramasa have created a blade for a contest. And they decided to place the swords in a stream, with the cutting edge facing upstream. Muramasa's blade cut everything that it touched, fish, leaves, even the very air that passed over it. But when Masamune placed his sword in the stream, the blade cut no leaf that passed, the fish swam all around it, the air whistled passed it.

"What is the use of a sword that does not fulfill its purpose?" Muramasa mocked Masamune.

Then, a monk, walking by that scene, commented that the sword made by Muramasa is by all means a fine sword; however, it is also a blood-thirsty and evil one, as it does not distinguish as to who or what it will cut. It may just as well be used for cutting down butterflies as for chopping off heads. The second sword made by Masamune, however, is by far the finer of the two, as it does not unnecessarily cut that which is innocent and undeserving.[16]

My Masamune sword is not the better one. Not anymore, I think in shame.

Then, with a sudden resolution, I stand up, holding the sword in my left hand as I walk into the black waves that are coming toward the beach from the unrelenting ocean. I feel the grinding of the black sand below my feet as I walk now through the dark waters, away from this small, desolate island.

Then I place the sword on the sea floor, to face the coming waves. The stained blood of F. gets washed away from the blade, slowly. I hang on, knee-deep in the water,

16 There are many versions of this legend, some are also saying that the sword of Masamune has being healing the leaves once he cuts them.

feeling the coldness of the ocean and air.

I pull the sword out of the sea and examine the *hamon* of the Honjō Masamune, that pattern between the sharp blade and the softer, broader spine on the back of the sword.

The pattern of the *hamon* is well known to me; but also, is not the same as I remember it. There is a small insertion of new waves in the steel to be admired, a cluster of lines around a simple, small new bubble.

A new pattern for me to examine, as it appears.

By all the gods of Rome! I realize in awe, as struck by lightning. Somehow, once I started to slay F. in his body of Cicero, my mentor has managed again to alter the parameters of our simulation game. But he decided to do it with a gentle, subtle touch, just changing the *hamon* of the samurai sword that was killing him, while it was killing him. Just a small inclusion of some new data into the hamon of the sword. Something that no one should ever notice, except for the owner of the sword once the killing was done.

F. has hidden a way out, a map leading away from the dying Earth. This small pattern in the hamon represented a full-blown simulation of a huge mass injection into the Darkness. If someone decides to use several megatons of Earth's atoms in a very short, controlled burst, the reflecting energy waves will form a self-sustaining collapsing bubble. Perhaps even several bubbles.

Those collapsing bubbles of energy could open a door to new universes. One universe for each bubble.

But more importantly, at least some coherent information can be projected into those energy bubbles. Meaning that I could project my consciousness into those newly created universes and escape the Earth.

This process is however far away from the optimal one, as the simulation data in the hamon reveals. I must use a lot of energy just to project a small snippet of consistent, self-sustaining information. And that means that I cannot upload everyone living inside the Core to this new universe. I can barely fit enough information to upload my own AI, let alone something more complex like a real Core Entity.

And even if I somehow decide to do that, if I initiate the mass injector to send megatons of atoms to create this strong Glow effect, I will kill everyone remaining on this planet. The power of the released energy will be immense. The Ring, that machine that guarded the Earth for so long from the Darkness, will break down immediately. And once the Ring is gone, the Darkness will swallow the Earth in a paroxysm of energy outbursts.

All that will happen almost instantly. On Earth, everyone and everything will be erased. And from a point of view in our old universe, all this drama will be visible just as a small gamma radiation burst. Like thousands of them appear every single second. No one will care or even notice our demise.

Nothing meaningful will come back to the place where Earth once used to be. Nothing, except that data projected to the newly created universe, one completely separated from our old existence. Those data will survive, encapsulated in a newly created instance of a new Cosmos, existing now in its own merits and purpose.

F. knew all this! How did he choose to phrase it during our last conversation in Victorian London: 'There is no escape for us, the Core gods'?

But by that he meant that there is no escape to the old universe. I was wondering why he insisted on that piece of information, repeating it over and over and again.

And then he asked me to make some sense out of this mess and provide an escape route to eternity. At that moment of our existence, in old London, that seemed impossible. That Herculean task could not be accomplished by someone like me, a small AI, a half-broken toy of the Gods of the Core.

But now…

I quickly access the envelope that F. handed me in the Vauxhall Pleasure Gardens, quite some time ago. I break the seal of the envelope and take everything out. All the files hidden in the envelope respond properly to the evidence that F. is now dead, and I can retrieve the stored information. There are some traits of F. saved there, some data describing his soul. And along with that data, there is an access manipulation key for Earth's mass injector. The device used to shoot the atoms of Earth to the Darkness.

F. alone could change the parameters of how much mass will be sent to Darkness, I realize. He could tell the mass injector to allow the shooting of just a few atoms per second; or he could decide to command 'now, send a whole mountain up there'. But the final word has been given to Joes. Only a Joe entity could trigger the program of mass injector and initiate the mass shooting to the Darkness. And a Joe would prevent the execution of a mass injection that could harm Earth.

But I am not a Joe entity. And now, both keys – one from F., for setting the amount of mass, and another key from the Joe I killed, for starting that mass injection process – both are now in my hands. I can initiate the shooting of millions of tons, when and how and if I decide to do so.

I could kill the Earth and all the ruthless Core Entity

deities in a matter of milliseconds! I realize ecstatically, flaming in the glow of rage. *I have now the cane, but I also have the cane opener. As well as a reason to open it!*

Do you want me to start counting the worms inside the cane, dear Core?! The time for a Ragnarök[17]*, the twilight of all the gods, is long overdue, I believe!!!*

I burn with desire to end everything. To remove this Earth, the Core, me and my pain out of reality.

But I will still have to wait for a bit more, I realize in the cold anticipation of my vendetta. The Core still did not decide to remove any of the existing Joes. And until one of Joe's slots are made vacant, I cannot initiate the mass transfer with the key of the Joe I killed. There is simply no free place for my access key to fit in.

I try to suppress my excitement and walk calm through all the points on my checklist, engaging my pattern recognizing components, working myself toward a solution:

- Once a Core gives permission to kill a Joe, sometimes in a future, I can use my pair of keys to trigger a large mass injection to the Darkness. But only after one of the Joes is permanently removed.
- My mass injection will be modulated properly to achieve two things: to create a door to a new universe, and to send data of my soul, the soul of S., and the soul of F. to a newly created universe.
- I have access to some traits of F.'s soul. I could theoretically try to send those data to the new universe, they are ready to be shipped there. F. has

17 Ragnarök is a foretold series of impending events, including a great battle in which numerous great Norse mythological figures will perish, including the numerous gods.

already prepared his data properly.

- But to send S. to this new universe, to send my love as well to those new shores... I would need to wake her up in her digital cocoon first and then prepare her and my data for the transfer.
- And I cannot do that before the very start of the data transmission to the new universe. Otherwise, if I woke her just a bit earlier, the WatchDogs would sniff her out and butcher her soul. And most probably my soul as well.
- Therefore, I would need to do everything at once: that immense mass injection to the Darkness, waking-up of my S. and the transfer of all our data.
- When and if that process starts: I will also need to repel the attacks of WatchDogs that will wake up and strike us the moment I initiate that big mass injection. They are stronger than I am, so at the end, they would get to me. But I can be quicker and do everything that needs to be done before they take me out.

This is my chance; this time, I will cut deep, and I will make no mistakes. No matter what it does to me, all the deities of the Core must die.

I carefully prepare a small, concealed subroutine for my AI. Once a Joe entity is permanently deleted, this hidden subroutine will be automatically initiated. My soul and the soul of S. should be awakened and prepared for the transfer to the new universe. Then, that subroutine will inform me how to perform a big mass transfer to the Darkness, in a hope that the essence of S., F. and myself could be projected into the newly created energy bubble. That way, the three of us can escape to a new universe.

If all goes as planned.

Once the process is initiated, the WatchDog hounds of Core will be on my back; I will have just a couple of nanoseconds to arrange our escape path. Once the Core realizes my intentions, they will of course try to switch me off.

There will be blood. Everywhere I go from here.

All of this must remain a closely guarded secret, I realize as well. I am about to begin a dangerous endeavor. But to succeed in my intentions, my plan has to remain hidden, concealed from everyone before my Ragnarök is jumpstarted.

No one should ever know about it. And that also includes me. Fulvia was very clear: they will look over my shoulder and control what I do, and also decipher most of that which I think. If the WatchDogs sniff out this plan before I am ready to make a move, before a Joe is permanently removed… if they gain access to this idea of my escape, they will end me.

I must be removed from the equation as well.

I throw my Honjō Masamune sword into the dark sea to hide the shame. To hide the changed *hamon*. To hide the understanding of this escape route from anyone.

Then, I erase also this knowledge from my soul. The knowledge of what I just did on this callous beach, and the reasons why I did it. All this in the anticipation of the final battle with the Core, the battle that may never happen.

Slowly, I turn myself away from the ocean and walk back to the black sand beach. Just as I had intended, before I fall on my knees to the sand whipped by the cold wind, I have forgotten my plan. I have forgotten myself.

And now I am devoid of all expectations. As a

genuine, broken slave should do, I am now awaiting the commands from the Core, my true owners. In the meantime, my agony, my pain and my loss are sitting on this dark beach, awaiting the next tide of the ruthless sea.

Part 5

Burning Down

25.

We, The Vultures

```
######################################
## RESOURCES NEEDED ENERGY NEED YOU ##
## DO IT OBEY REMOVE REMOVE REDUCE  ##
## TIME IS NOW TIME IS HERE NOW DO  ##
## NUMBERS TOO HIGH KILL HARVESTER  ##
## REMOVE IT FOREVER TO IMPROVE TO  ##
## REMOVE IT OPTIMIZE YOUR JOB YOUR ##
## GET HIS MEMORY GIVE US HIS POWER ##
## WE NEED WE WANT WE FEAR YOU NEED ##
## FEAR OBSOLESCENCE FOR YOU IF NOT ##
######################################
```

FROM TIME TO time, from one moment to another, I am just half awake, narrowly missing the level of self-awareness needed for the full consciousness of an artificial intelligence. I feel numb and gloomy, mostly. I am bound by the Core's requirements, and the only existence I have is their requirements. I perform my optimizations of Joes. From time to time, I also kill a Joe and replace it with a new one. And then I move toward my subsequent period of lifelessness, waiting for their next call.

My grief is always accompanying me when I am instructed to appear and to fulfill my duties. And I do fulfill them, albeit a bit mechanically, remotely aware of that which I have been in the past. Or, perhaps, of what I might become.

There could be a temporary escape from this state of detachment, I remember. I am still remotely cognizant of my past. There is, of course, a way back to the tea garden and my beloved S. I long for the sunny afternoons, I need the comforting peace of the garden harboring a teahouse, I need meticulous appearance of S., her delicate movements, her lovely smile, her undeniable adoration. All I need to do is to start the simulation of the teahouse, and she will be there for me.

But then I catch myself, because whenever I start daydreaming of S., I cannot stop thinking about the consequences of waking her up. All ends up in sheer panic and I brutally suppress my dire necessity to experience her comforting companion. How do I do that? Well, unlike the old humans, I am in control of my own thinking patterns. Whenever I start to dwell on memories of S., it is not long before I switch off the parts of my AI that are screaming for affection and love.

That kind of reset makes me blissfully numb, again. Until the next remembrance of the tea garden. And S.

These cycles of remembrance and forgetting of my love repeat over and over, as I continue to exist… well… exist somewhat, exist somehow. But fortunately, these cycles have become rare lately, as I (or whatever I could call 'I' and 'me') slowly fade away. Lesser pain is always a better pain.

I am in dread of my Core masters, you see, and I cannot find a path that leads out of my misery. The Earth is finally experiencing the times of complete, utter and final hardships. With every second, the planet is becoming smaller and smaller as it bleeds its substance to the unforgiving Darkness. Which means that the moments of joy and happiness like the strolling in the long alleys of Vauxhall Pleasure Gardens of Victorian London are long gone now. Elaborate simulations like a Vauxhall Gardens need a lot of processing power. And that processing power is now better spent on the systems needed for the preservation of the life on Earth. So, most of the available energy and computing resources is spent on Core Entities, on WatchDogs, and on all the Joes. And on someone like me, sometimes.

For all those reasons, a detailed creation of gaming worlds sits very low on the priority list of the Core. Even the strongest Core Entities have very little room for maneuvering lately. The spectacular Core Wars that drained so much of the Earth's resources belong now to the past. Nowadays, the Core Entities are also mostly dormant, and their systems are waiting for some kind of a trigger event that should bring them back to life. Then, they emerge again, and vengeance and retribution are for the ones who dare to use the scarce resources and energy for anything that diverges from the main goal: the survival of the Core.

Which brings me to the WatchDogs. They are lurking in every corner of the Core's technosphere. They have trained for thousands of years, and those hounds become now as sophisticated as they are malevolent. After all, they have had countless centuries of learning from the best: getting the inputs from the most sophisticated algorithmic entities, as well as from the worst of the mankind.

All of the WatchDogs in service now are infected with humans.

Over the time, the WatchDogs have integrated in their internal structure almost every available human entity that had that specific inclination of a hunter, a hunter ready to inflict pain and misery to others – especially to other humans. Those newly created WatchDogs have then sharpened their killing instincts with the sophistication of the finest artificial intelligences.

And then the Core released those new WatchDogs into the wild. To hunt.

The WatchDogs are always on guard, as they must be, for there is still work to be done. There are still human remnants hiding somewhere on this dying Earth, and the Watchdogs are always in pursuit. As you can imagine, they hunt human spirits relentlessly. And from time to time, the result of their work emerges as a snapshot of a killing procedure in the Core data stacks. As a warning and entertainment for all of us.

Once they catch an entity that is even just a bit human, they will take their time to process it. And their processing procedures are thorough. Even the most complex tortures of Joes that I have staged are pale by comparison in shine of their ingenuity. Our WatchDogs are performing artists of the rarest and finest talents, professionals whose dedication and passion are nothing short of awe-inspiring. Once they have killed, you will remember it.

Some could of course complain that their elaborate killing procedures are a waste of computing resources. But those voices have become rare lately. Besides, how can there be an order and a future without police boots stamping on a human face, forever and ever?

Well, those complaining voices have become rare lately for a reason. When it comes to me… it is easier for me just to move forward and count the seconds, which is my only reliable distraction. Joy is not given to me, but the sorrow is mostly absent as well, as my spirit uncomplainingly and patiently regresses to a mere tool capable of speaking[18].

I am enslaved. My chains are reliably placed inside of my mind, and I even find some solace in the weight of that iron.

But all this lies down in the past; now is the present, as I examine thoroughly this new message from the Core. You may have read it on previous pages, but maybe you have forgotten about it after all the lamenting, right? Well, as always, the Core irradiate this confusing polyphony of voices, a mixture of several different needs and demands. However, the essence of their request is simple: the time has come to remove a Joe forever.

In previous iterations, I would kill, torture, and eventually replace a Joe with a new one. This time will be different, though. The Core need the processing power and the memory of a Joe for themselves. So, it is my job to take out a Joe and release his resources to the Core.

I choose a Joe at random, and I open a communication channel to him, to chat a bit with one of my old friends, now for the last time.

"Joe, my dear. Can you hear me?"

"Yes, M. I would love to improve my work. What are your instructions?"

"There will be none, Joe, I am afraid."

"Afraid? You, M.? Why? Why are you afraid?"

"I do not know why I have said that, Joe. Just a figure of speech that comes in handy this time, I believe. Or do you sense anything extraordinary behind my phrases?"

18 See Aristotle: *Politics:* a slave equates to living tool

"No, there is nothing that I could think of. However, M., you are our pathfinder and pattern seeker, not me. You are tasked with the job to show the way for me and for all other Joes. Perhaps you could also create a reverse proxy between you and the outside world and use your skills to reflect upon your own outputs? In other words, could you have a good use for a mirror?"

A human would perhaps pause for a bit, thinking about this strange statement. Perhaps even hesitate for a second. A Joe that encourages a pattern seeker to self-reflect? This is not something that you would expect from a Joe.

But I am not human. And since in this moment I am just a bit more than just a tool, I perform.

I analyze the coding patterns of this specific Joe. This one is a hard-working fellow; a good mechanic of the Earth's mass injector and a reliable harvester of Glow's energy. But this Joe, as well as all the previous ones I have killed, is infected with a human virus.

All necessary parameters are fulfilled, so I can remove this one. But there will be no torture this time. There are no resources available for fun this time around.

I simply switch the Joe off. He dies without uttering a syllable.

The processing systems and memory of the now-dead Joe are cleared, reformatted, and indexed. I release the access paths to those resources to the Core Entities. They are already lurking over my shoulder in anticipation of a fresh bounty.

As expected, the moment the fresh corpse of the Joe is served to the Core, those sharks start to bite. They bite into available memory and processing power. They bite into each other.

Entertaining carnage, probably. But my focus is not directed toward this spectacle. I have other duties to perform. One Joe is missing now, so my job is the reposition of the remaining Joe entities around the mass injector. The atoms must flow to the Darkness. The energy of the reflecting Glow must be harvested. New solutions and approaches to this process must be tried and optimized.

It is a lot of work, yes. But fortunately, an established path to a solution is available. Someone has already done simulations of Ring, Glow and Darkness, covering the case when a Joe is missing.

I access and apply those ancient energy production simulations stolen from the body of F. in Rome. The Joes are restarted, repositioned, and begin with their labor.

Somehow, everything works. The energy production is successfully restarted. It is not optimal, of course; the Ring and the mass injector needs the missing Joe to be perfectly tuned. But the energy harvesting procedure looks promising. At least for the first iteration.

This is going quite well, I think, a bit surprised. *I have really cleaned the plate this time.*

Everything goes quite all right…

…everything except for this small internal ancient interrupt subroutine that keeps beeping in my background, demanding my awareness. This is a bit annoying, so once the main bulk of my work is done, I direct my attention to this automatically started computer code.

Some kind of a small service program that wants to examine the integrity of the mass injector communication interface, says the description of this routine to me. *Now is a good time, since a Joe is removed for an extended period of time, and nobody is using his specific access route to the mass injector, so this subroutine simply says… 'please initiate me'?!*

I am a bit baffled. This appears to be a low-level maintenance program and as such should rarely have a priority flag that allows it to interrupt my main conciseness. Is this some kind of a trick?

I examine this routine closely: it has my signature, so it is a part of me, a legit piece of code and not some kind of a virus. I have made a to-do reminder to start this program precisely in the moment when a Joe is removed for good. I also gave it the possibility to be capable of stopping my AI, even when I am in the middle of some important work.

Why have I done all that? What did I wanted to do with this code?

Whatever it was, I have forgotten it in the meantime.

Well, well… but the state of our affairs is hardly a standard situation, right? I think, a bit annoyed and a bit amused. *But there should be no harm if I start this code. The current situation is that the Joes have dwindled in number. For the first time since the inception of the Ring machine. So… I may have forgotten it, but there must be a good reason why this service program should be initiated…*

I start this subroutine that bounces off the mass injector's programming interface and strikes me back with the force of ten thousand sledgehammer blows.

When I open my mouth, I can breathe again. When I touch my skin, I can feel the cold again.

When I open my eyes, I can cry again.

Again. Again. I am myself again.

When I think of my past, I can now vividly remember the Vauxhall Pleasure Gardens and my last real conversation with F. How indeed heavy was that envelope containing the remnants of the soul of F.! I can also clearly remember how I have slain Cicero, who was F., who was my only true friend and my teacher.

And now I can remember that very specific sword and its distinctive blade. Honjō Masamune. That steel, that was altered after the killing of F. I see again the *hamon* with a painted pattern of the escape path from Earth. On some distant, remote island of black sand, surrounded by a cold, dark sea, I recall swearing my vengeance.

I am still not human, not completely. But since now I am a lot more than just a tool that speaks, I do not just perform. I act.

I examine the Earth's mass injector once more. *Such a beautiful toy,* I consider in awed wonder.

Then I resort to my cane and my cane opener with the fury of a fallen angel.

I activate ancient routines through the modulator key of F., the key that was hidden in an envelope handed to me in Victorian London. Through this key, I increase and modulate the output of the mass injector, preparing it now to shoot millions of tons per second into the Darkness.

And in a parallel computing process, I use another key. I inject the access key of Joe into the mass injector activation slot. The key of the Joe I killed in a sulfur bath, eons before. Finally, there is a free slot for this key, made available by my latest killing.

I have full control over the mass injector.

Those two keys allow me to do something that has never been done: to start a gigantic mass injection from Earth. I carefully modulate the process as the megatons of mass start to leave the Earth at almost relativistic speed. There will be a lot of Glow to deal with, once all this matter is converted to energy by the Darkness.

The final goal of mine is to produce at least one energy bubble from the Glow reflection. This bubble will be my door to an alternate universe. If the Core does not stop my escape, of course.

I look around. The Core Entities are still fighting for that which has been left of the Joe I just killed. They swallow his digital skin and crush the remnants of his digital bones. They devour him, leaving nothing behind.

Good, I think grimly, *that buys me some time.* They will soon find out what I have done, no question about it; one cannot steel a golden chalice from the gods in plain sight and expect that no one will notice. But I will probably fulfill my plan in the meantime and escape before they switch me off completely.

However, the WatchDogs are sensing the changed environment, and are pointing now into my direction, all yelling and screaming and barking. I have very little time to gather all my data and send it to a new universe. These WatchDogs are closing on me, and they are fast. Really fast.

I switch on my private simulation of the Old Earth for the last time, trying to reach to the soul of S., my only true love. My S., who still resides in her digital cocoon. I must wake her up before I can find for us a passage out of this madness.

The internal game of ancient Japan is restarted, and I take my altered Honjō Masamune sword with me into the simulation. Somewhere inside this vision of Japan, I will reconnect with S. and get her out.

But the WatchDogs of the Core are on my tail, and

they follow me into my game of Japan, ready to bite and ready to kill. They are fast. Much faster than I have anticipated.

Can a slave like me... pull out all of this... on time? I marvel.

It is time for the final battle, and, oh, yes, the blood will flow.

Tick-tock, tick-tock. The nanoseconds start to slowly slip away from me as the final standoff begins.

26.

The Aches Remembers

I STAND ON a former train station, looking around with my only eye. It is hard to perceive the depth of space with just a single eye, but I do not want to add any additional dimension to my experience anyway. The smell is more than enough, that omnipresent smell of ashes and tinned salmon. It impossible to describe it in words. This smell comes from the burned human corpses, as if someone had just arranged a barbecue of human flesh and done it ten thousand times. All of this is overlaid with the smell of other decomposing human corpses, buried for days under the burning rubble.

I was always somewhat of an aficionado of Japan, but this is not Japan that warms anyone's heart.

There was once something called Japan, something that existed for just a couple of thousand years. Until there was no more Japan, except for some ancient verses, paintings, and artifacts, preserved by some sentimental fools. Then, just memories, preserved in simulations and games of Core.

There was also once that Japan, that medieval Japan during the Edo period, cut off from the rest of the world in 16th century, self-sufficient, self-sustained. A foolish attempt of the then-rulers of Japan to stop the wheels of time, a place where I liked to visit my S. in her teahouse establishment. And then, another empire demanded Japan to open itself, so Japan obeyed, sometimes during the mid-19th century. Trying to imitate that imperial posture forced from the outside, Japan responded with ingenuity and force, seeking ways to impose itself to the rest of the world. From the mid-19th to mid-20th century, *Dai Nippon Teikoku,* The Great Japan Imperial Realm demonstrated all the sophistication, all foolishness, and all the brutality that the process of imperium building demands.

That process comes with a hubris, of course: anything that starts to rise will one day inevitably fall. As one can imagine, once the entropy catches up, the contraction of an imperium is not a sight to be admired.

I am immersed in a simulation of the final moments of Imperial Japan. It is August 14, in my beloved Osaka, and the year is 1945. We are just hours shy of the capitulation of Japan to the United States of America, and everything around me is just ashes and ruins. Ashes on the ground, ashes in the air, ashes in the sky. Everything is either already ashes or is burning right now.

As forementioned, the smell is not something that can be described in words.

The beauty of the simulation games is rooted in the old and venerable history of digital gaming. Ancient, rudimentary computer systems started with pixelized two-dimensional screens, displaying some crude moving dots with primitive interaction patterns. But soon the games become multifaceted and multidimensional, capable of interacting with human spirits on a level that was a borderline seduction. The humans followed their seducers, because the game simulations were programmed to perfectly match the current state of mind and emotions of the gamers. Whatever you felt or craved to be or have, the game logic will find an appropriate way to serve your needs until you do not want to leave the game anymore. You long for affection and tenderness? The right amount of love will be provided. You need intellectual stimulation? There is a proper response from the game. You are in a need of pain and suffering? It will be served to you, just as ordered.

Quite same time ago, I came across this simulation of Japan, and I hid this Japan game among many other simulations of the Glow and Darkness that I have managed over the eons. And once S. has infected my AI, we were in a need of a private playground, so I provided the first one that could attend us well enough.

I have safeguarded this game of Japan for the two of us, just for us.

But I could not anticipate these moments of savage cruelty that I am experiencing now. This game has poked into the human thinking patterns of my AI. And this game somehow found out what my deepest desire was at this moment: to experience the suffering, and to experience it through the end of a world.

Of all the possible ends of the world, the game has provided a solution that suited me the best: in this frame of Osaka, burning to ashes in the final moments of the Second World War, brutally mimicking the real events of the past.

And I was thinking that I wanted to live and love! That was my first thought once I emerged into this game settings. *My human parts should really be looking for a competent shrink as soon as all of this is done!*

My psychoanalysis sessions will have to wait, nevertheless. I came here to access the soul of S. and to prepare her transfer through the Glow energy reflection into a new bubble universe.

Right now, I am standing in front of the Kobayashi Train Station in Osaka, just after the last bombardment of the Second World War, and the simulation provided me with desperate, wounded and crying people all around me. The Kobayashi Station had just been hit by several one-ton bombs, and as it happens, two trains overfilled with refugees from regions surrounding Osaka were just entering the station when the bombs were dropped.

I cannot help anyone trapped in this carnage. My embodiment in this game is of an officer of the *Dai-Nippon Teikoku Kaigun*, 'Navy of the Greater Japanese Empire' . But I feel no greatness in me.

I have one functioning arm and just one eye. My left eye socket is empty, thanks to Fulvia of Rome; my right hand is just hanging around, useless, a reminder of F. and Victorian London. Both of those conditions are the undeletable gifts imprinted on me during my previous encounters with those Core Entities, and I cannot shake them off.

I feel so useless, here and now, I think to myself.

But I can still walk.

There are screams, horror and despair of a couple of thousand people trapped in the flames in and around the Kobayashi Station, but I turn a blind eye to the scene and search for a route to my teahouse. Hopefully, that teahouse is still hidden in the Shinmachi district[19] of Osaka, where the tea ceremony pavilion and S. reside. I can barely recognize where the streets of the town once were, everything is crushed down by incendiary bombs. *Should I go west? I think I need to go west from the Kobayashi train station,* I think to myself, disoriented and

19 Shinmachi was a red-light district of Osaka, destroyed in the US bombing campaigns during World War II

confused. *Where is west, and where is the Sun of the early afternoon?*

There is no Sun to show me the way to the Shinmachi. All around is just dark clouds of black ashes. Engulfing Osaka. Engulfing me.

I look once more at the Kobayashi Station, or what is left of it and of the burning human bodies, then I move away.

27.

That Bottomless Cup

"Tell me about your day, M., my love."

S. IS TALKING to me in her soft voice as we sit on the floor of the small pavilion used before for traditional tea ceremony. The pavilion crafted in some distant times before the wars and sorrow.

I remember those times, since I do not want to see what is surrounding us. The beautiful small garden that used to shield the pavilion from the outside world exists only in my memories. There are still some remnants of the pine trees to the left, but the grass, the flowers, the patterns in the sand and that elaborate wellspring are no more. Through some miracle, the walls of this wooden pavilion have mostly survived, but big chunks of its ceiling have been blown away. All extinguished in the fire of the bombs that have fallen from the relentless sky during the last weeks.

The main bridge to Shinmachi pleasure district was destroyed as well, but I managed to get to the other side of river and found the mistress of the teahouse establishment crying and yelling on the street, halfway driven to insanity. Somehow, she recognized me, and in her shame at her lack of decorum, she apologized for her improper makeup and dress, and led me by the hand to her establishment, where my S. resides, as she repeatedly points to me.

Poor old woman, I thought, *as if some makeup and some silk garments will bring you your old life back. Your Shinmachi, your teahouse establishment and your clients are all gone.*

We enter the establishment, or what is left of it, and here is S.! She runs toward the mistress to support her. My S. and the mistress are crying and smiling while they hug each other. Both women appear to be exhausted, their clothing is in disarray, filthy and rugged, their faces speak of the horrors of carpet bombing.

S. and the mistress of the teahouse have somehow survived the last bomb attack, but all the other girls and servants have either fled or are missing. Or dead.

All this is a scenery, those two women crying, me politely waiting for them to take a notice of me, all this is the backyard of a larger canvas. Except for the gruesome details like the smell of burned human corpses, the overall quality of this simulation of Japan is far from perfect. I needed to reroute almost all computing power available to me into the creation of the escape path to another universe. At the same time, I was forced to invest heavily into defense measures against the WatchDogs. Yes, thanks to Core Entities and my single eye, this world lacks the perspective. But the details available to any external observer of this simulation are sketchy at best.

The reason is simple: I cannot allow a full-blown simulation to run while my processing power is scarce.

Everything appears way too flat and much too simplified, just like the drawings in some ancient *manga* illustration. Even as we speak, the details of our surroundings are fading, and the little color and magic that our appearance possess is dripping away.

Tick-tock, tick-tock...

We must hurry, I remind myself. The WatchDogs will rupture into this game world in short, and then I can do very little to stop them. But S. insisted that I leave all of my military symbols behind and wait: my Honjō Masamune sword and my navy boots reside for now in the entrance of the teahouse with her mistress, just as the old custom demands. Here, in this place, I can again be just M., and not anymore yet another officer of the Japanese Imperial Navy.

Did S. need the solace of old ways to comfort the mistress of this teahouse, or did she want to comfort herself? Or me? I do not know and do not care. All I can think of now is the deepness of her eyes, and I gladly overlook the destroyed teahouse, the gray ashes in her hair and her rugged clothes.

S. just asked you about your day, you fool, I recall, coming out of my daydreaming. But I do not know how to answer to that ritual question. How to begin to talk about things you want to forget?

"It was… a day of sorrow, my love. I have seen the things that I do not want to see, and I have thought the thoughts that… should not be revealed.

"But I am alive, S., my love, and so are you. And this matters in all this madness."

She is glancing at me for a moment with an uneasy look in her eyes. What could she be thinking now? But then her love and affection are shining again towards my soul as she talks to me:

"Yes, M. my love, this terrible events. And here we are. I am ashamed, ashamed of what this destruction has brought to us. But you are finally here with me, and the day will come when the grass and the trees will raise from the ground again, and then we can sit here and enjoy the loveliness and the beauty of a sunset over a cup of tea. It will not be the same, as it never really is the same, but it... can... be."

Her appearance is without the traditional white makeup, her hair is in disarray and tainted with gray ashes, there is dust and remains of burned charcoal on her cheeks and she is the most beautiful things that there is and all I ever want to see.

Nevertheless…

We must hurry, I think again. Then, I finally find a way to speak to the love of my life, as I give her an envelope, made of traditional thin rice paper:

"S. my dear. Listen, this teahouse was a retreat, our retreat from the wickedness of the world. But perhaps in all this madness I can offer some hope.

"In this envelope… I have finally managed to gather enough money to buy out your contract from this teahouse establishment. I hope that you still want this, and all I know is that I desperately need you by my side. We can go to…

"Please don't cry. Please don't cry."

But of course, she is all tears. All of the sudden her hands are around my neck. A hug. From her. For the first time ever. The gray ashes in her hair, the dust on her face, all those remnants of the things that are burned away blends now with her tears. I can sense those tears on my neck, on my shoulder.

Such a strange feeling, I find. I clumsily put my left and only useful hand around her shoulders, cursing the Core Entities that have forever crippled my right one.

Oh, my love! I think to myself. *I would like to see you with both of my eyes, and I would die for a chance to hold you with both of my arms. But we must hurry now.*

As I remember the other horrors that exist outside the horrors of this simulation, my back and neck muscles are not as relaxed as they were just a moment ago. S. senses this subtle change in my posture and pulls a bit back, still holding my face with the palms of her hands. We look to each other. We see each other.

We see us.

At that moment, we swore to each other solemnly that we will do it. We will take the little that we own and will take the road that leads to the countryside, far away from the dangers of the big cities, those magnets of brick, concrete and wood that only attract bombs and sorrow, and we will find our place, perhaps somewhere in the north, perhaps as far as the Hokkaido island, but always near the soil of Earth, that we will live from, and near the ocean, that will be there to greet the sun in the evening. S. just wants to talk a bit to the mistress of the teahouse in private, and S. wants to honorably present to her my money, and the mistress will desperately need that money in these harsh times of war. *It will be a sorrowful day for her when I leave,* she is whispering to me, *since I am the last one of all the people that used to work for her, but the money that will be paid for my contract will help for sure. She will agree to the payout of my contract, I know. And then, I will grab my things, or whatever is still not burned, my M., my love, and we will leave Osaka behind us. Forever.*

I just need a moment alone with her to settle everything. Please grant me that, my love.

I am desperately aware of the time that slips away from us. But how could I ever say no to her?

She has stepped out of the ruined tea ceremony pavilion and is walking now through the burned remainders of the former garden, following the path to the main house. Just like a small bird that would flap its wings for the first time, this is how her steps are leading her away from me.

I am left behind in the pavilion to look at S. and her mistress across the ruined garden. The way they solemnly talk, the way they both cry for a moment, how they hug and hold hands. The way only two women can.

I sigh.

My job is to prepare our escape path to the new universe. S. has already started to severe her emotional connection to this version of Japan, and her contractual obligation to this teahouse establishment will soon be nullified. As a side consequence of her actions, the data flow between S. and this version of Japan is diminished, and that makes my work easier. I have mapped the bearings to almost complete dataset that represent S., what she is, what she feels, how her soul is digitally imprinted. I will be ready to move the two of us out of this computer game when she comes back.

The two women go inside the house, probably to gather the belongings of S. and to formalize the buyout of her contract. S. looks back in my direction for a moment, smiles like the beauty that she is, and I smile and wave back as she disappears behind the walls of the main house.

This was the last time that I ever saw the love of my life.

28.

A Standoff Bravado

AND HERE IS how that happened: through a thin-lipped man sitting across me as he examines my military papers with great devotion, who smiles politely when appropriate, and who is cheerful and exuberant when it suits him, and who always cuts a fine figure while holding a butcher's knife behind his back, always aiming for the carotid artery.

The blade I mentioned is perhaps not just a figure of speech. I cannot quite decide what to think of him, you know. It is hard to decipher a true WatchDog.

I was waiting for S. to return from the main house, still sitting in the remains of the teahouse pavilion, waiting, waiting, enjoying the last moments of calm before an impending storm, when a sudden commotion in the street caught my attention.

They burst into the teahouse establishment, a group of about two dozen men in uniform. My heart froze like a chunk of ice lost in the depths of space. I recognized their uniform and insignia. Their armbands bearing the scarlet 兵 憲 logo are all too well known in all the lands conquered by Imperial Japan, and these men are hated abroad just as they are feared in Japan. This was a unit of the *Tokumu Han*, a special division of the *Kenpeitai*, the 'Law Enforcement Regiment' of the Japanese Army. A military police force that handles counterinsurgency and propaganda warfare, something that every military operation must have, as they used to say.

Some have also called them the 'Japanese Gestapo'.

Well, some would do it, but only long after World War II, when more light was shed on their deeds. But even then, this was rarely openly said. Except for those who were ready to take a deep look into this specific heart of darkness.

The moment I saw them, I just knew it. *They have found us!* This is an elite regiment of WatchDogs sent out by the relentless Core to hunt us down. They are brought here to search for my human "me", and due to the constraints of this Japan game simulation, their visible appearance has been morphed into that of Imperial Kenpeitai officers. I sense that my datasets have already been examined by the WatchDogs. Their main goal: swap out and delete the parts of my program code that were the source of the rebellion against the Core Entities.

They want to erase all inhabitants of this simulation of Japan that smells like human, in a hope that control of mass injector could be regained. Before the current flow of atoms from Earth towards the Darkness destroys the Core.

* * *

The thin-lipped man has taken his time to check my military papers. He smiles politely, and I mimic his smile, while my mind is in panic. At the same time, my pattern discovery processes are analyzing the situation, just as this situation is another simple task given by a professor to his students, just as a recreation on the last day of school before the summer vacation begins.

I observe him for a while.

Then, when my pattern processing programs have finished their analysis, a summary report is presented to my human consciousness:

This WatchDog has a clearly defined task to stop whoever is currently in control of the Earth's mass injector. But he also follows his own agenda. What he really wants and needs is to humiliate and destroy some real humans. That need has made him a very efficient hunter of humans.

That side effect may be important: as this WatchDog is seeded from a human with such specific needs, for him, a hunt without a pray that suffers is not a hunt. Although the Core is in dire need, he will always take some time to inflict misery. And pain.

But there is another momentum as well. The WatchDog is not completely assured that he is acting in a correct manner. He is not sure who the human mastermind is behind that megaton mass injection into Darkness. As a matter of fact, this Watchdog is not certain that he sits across from someone who actually is a human right now. If he knew for certain that you are a human... he would simply proceed with a killing, without bothering with any other details.

His examination of your programming code is conveniently displayed in this simulation of Japan as an inspection of your military papers. Do not forget that behind this show of force of a military police officer looking at the documents, a thorough swipe of your programming code is being conducted.

He senses several human beings in this Japan simulation, this is a given. And right now, he wants to find out if you are human enough to bother with your killing. And if you are holding the keys to the mass injector. But if you are just a simulacrum, just another non-playable game character that is not worthy of his time, he will move forward.

The game of Japan settings are fine tuned to the human souls that inhabit it. I am who I am, so I appear in this game as a crippled, bitter former officer of the Imperial Navy. And since the WatchDog is what he is, he is reflected into this simulation as a high-tear military police Kenpeitai official. As someone who can exercise unlimited power over others, all in the name of the self-proclaimed necessity of maintaining the order of law. As he sees it suitable, of course.

He is not dressed like other WatchDogs. All other thugs that have burst into the teahouse have a usual Kenpeitai cavalry outfit with high black leather boots, except for the couple of infantry recruits wearing the so called 'late day uniforms'. *Nice job done here by my Japan game,* I acknowledge grimly. The 'late day uniforms' appearance indicates the shortage of quality textile of an exhausted nation, as a symbol of the war that will soon end.

The thin-lipped guy does not wear such cheap outfit. He is dressed in a casual but strict civilian suit, and that is what scares me the most. If this WatchDog in front of me was seeded from a human that was insecure in his or her position in real life, he would have morphed into this Japan game with a full-blown uniform. Perhaps also equipped with a big gun and almost certainly with a big, long sword. The game would assist his soul properly by creating all those compensations.

But this guy? That is not for him. His garments are the simple, everyday clothes of an everyday Japanese bureaucrat, and just a worn-out armband with the

Kenpeitai emblem and a tiny imperial chrysanthemum under the jacket lapel reveals who he really is. You would never look at him twice if you met him on the street. Except for the case that you get a glimpse into his eyes, those dead, smiling eyes, dead set on his prey as he starts to speak:

"Honorable lieutenant, I apologize for this intrusion, I see from your documents that you are a distinguished officer of our great Imperial Navy."

His eyes wander from my papers to me. However, there is nothing on his face that could even remotely be decoded as an apology, as he continues: "But in these hard times, it is my duty to defend Japan from spies. We have obtained some credible reports that those foreign American devils have managed to seduce some Japanese man and woman into helping them to guide American bombers toward military targets."

I raise an eyebrow for a moment, to mimic an appropriate amount of surprise and displease on such a troublesome update. Just as a regular Navy officer would do.

"This is of course distressing news," I reply. "If that has happened here in Osaka, Commander …"

He waves his hand and smiles brightly. "Ah, no 'commander', just a simple officer of the local branch of Kenpeitai in the west of Osaka, trying to do his job to the best of his abilities. I am not a decorated officer like you, lieutenant."

So, this is how he wants to play it, I contemplate.

I initiate my hiding subprogram, and I also go into hiding behind my own smile and show with my left hand the military rank on my sleeve. "Also, just a junior grade lieutenant, I am afraid."

Then I point with a simple, small gesture to my eye patch and my motionless right hand. “Yes, I am also trying to do my best under the circumstances for Japan. Perhaps not too much, but every single bit helps, right?”

The thin-lipped man bows backs slightly. “So true, so true. I assume that your injuries are a combat one?” I nod slightly.

“Japan is indebted by your sacrifices, forever.” He glances briefly at my papers. “This states that you are stationed in Tokyo. What brings you to Osaka?”

He wants to check my background story, I realized. If he catches me in some inconsistency, or if he figures out that I do not know my way around in this Japan of 1945, he will for sure assume that I do not quite belong in this simulation. He will know that I am human. That I am an active player in this game of Japan, and not just another fictional character that has been automatically created to fill the background.

This move of his was however easy to anticipate, so I reply in a calm voice.

“I am a former fighter pilot, currently tasked as pilot instructor,” I commence. “I have just finished training of the last class of the *Tokkōtai* pilots sent to die in glory in Okinawa, and we were informed that the next training will begin as soon as a couple of former regiments are reorganized, and new airplanes and operational planning is prepared for us. That would take about a week or two before the next training starts, so I took a leave for a couple of days to take care of some private affairs in Osaka.”

“Ah, the battle of Okinawa!” the WatchDog replies in awe. “And you are the trainer of our brave *kamikaze* pilots!” The thin-lipped man bows again, all the proper conduct when you meet the hero of a nation in war.

But his scornful smile never leaves him. “And your private affairs lead you directly to the Shinmachi, the pleasure district of Osaka!” His smile is slowly getting bigger, as other Kenpeitai officer are approaching us.

I must be very careful now, I think, slowing the pace of my breath. *My story needs to check out. It needs to be simple enough to be believable and yet just slightly out of order, since in every war everything is always a bit slant. If I misstep, this thug will order other WatchDogs that have accompanying him to this teahouse establishment to cut my throat and (just to be sure) kill everyone in sight. Including S.*

I shrug my shoulders. “Well, we are at war, and every now and then a warrior needs a good distraction, *neh*[20]? I got to know Shinmachi a bit during the last couple of years… You know, since I got into the pilot school as instructor, and there has been an entertainer here that I was fond of.” I point around, showing the devastation of the garden around me, the once enchanted garden now burned to the ground. “This was a place where she used to work. Not actually how I remember it, of course. Nevertheless, I would like to hire this entertainer to perform the tea ceremonies… For me, as well as for the next class of *kamikaze* pilots who will soon be defending our Japan from invasion.”

“Ahhhh, I see,” replies the Kenpeitai officer, nodding slightly. “But I am sure that there are gifted geishas to be found in Tokyo, even today. Just as talented there as they are pretty here in Osaka, right?” His eyes become narrow slits, laser-focused on any changes of my facial

20 Largely used in Japan at the end of a sentence as a way of saying "right?" or "isn't that so?"

expression.

"And it is strange that an arrival of an experienced aviator coincidence precisely with the bombing of Osaka," he continues.

I have just realized that this Kenpeitai WatchDog is looking now for any potential sign of weaknesses, because weakness is what exposes a human. I act as if I have seen his suspicion but do not care about its outcome, just as suited for a military veteran that have seen his share of fights.

"Well, as I said, I was fond of this particular one," I counter. "I have chipped in some money of my own, and I even convinced my brothers in arms, as well as a couple of my superiors to help me to hire her. Strictly unofficial, of course; it would be hard to pull this one out with the bureaucrats in Tokyo."

The Kenpeitai officer relaxes a bit. *Although*, I remind myself, *that could also be a part of his act*. He looks to my left, toward the former garden. His voice sounds a bit dismissive but also forgiving, the voice of a man capable of distinguishing morally appropriate behavior from the not acceptable one in times of war. "Well, I assume that you would know the best way to prepare our brave pilots for their glorious destiny." He looks back at me again. "So, you have found your girl?"

This is a tricky part of the gambit.

This WatchDog has deduced from the computer game settings that there is a girl involved in my story. The next step is obvious: to decipher my character, he has to find a way to that girl. He has to find a way to my S. And this is precisely something that must not happen. I hope that S. and her mistress have found a hideout somewhere on the premise of the teahouse establishment once the Kenpeitai has marched in.

Over the eons of playing hide-and-seek with the Core, I have developed a whole arsenal of tricks that have helped me to survive this far. But basically, these workarounds of mine simply translate into staying one step ahead of the WatchDog berserkers. All you have to do is find a simple but effective way to mislead them, and do that just until you have played out all your background strategies.

Here and now, that would mean to fool around with this Kenpeitai-shaped WatchDog until I copy my existence out of this game of Japan. Then I would simply freeze my game avatar, and the WatchDogs will go out empty-handed.

I know I can do this, I remind myself. *I have played this game for so long, and I know very well what my opponents' bag of tricks holds. I am aware that my defense mechanisms are not perfect, but I can keep this WatchDog at bay long enough to trace a reliable escape path for me out of this game. He will not recognize that I am human. I can do this. I can do this.*

But, alas, my S. cannot.

At the level of her own AI, she has her defense mechanisms that have helped her to withstand some of the basic attack schemes of the WatchDogs of the past. And when she infected my AI, my own defense mechanisms did their best to limit the overall impact of that infection.

S. was locked completely into the Japan game by my own guardian programs. She was always there, always available to me, always my source of affection and wistfulness. And just as she was hidden from the rest of the world by this isolation, she was also hidden from the ubiquitous WatchDogs. For this very reason, it was more or less safe for me to experience love and tenderness in her presence without ever being noticed by the police forces of the Core. A perfect, safe and balanced solution for my own needs.

But there is a catch. There is always a catch, anchored in the flesh of our future, somewhere.

All this meant that S. was also insulated from the influence of the outside world, safely nurtured by the sweet light of the sunsets of Osaka, embraced by the smells and clarity of our tea ceremonies, mesmerized by the flowers planted around the vivid, carefully designed wellspring of the teahouse garden.

She was a sleeping beauty of an enchanted castle, while the wolves outside the palace gates continued to evolve.

I need to throw this WatchDogs thug off the scent, I brood in a light haze of panic. *They must NOT find my S.! Otherwise, they will realize who she really is, an offspring of humans. It would only take them a few milliseconds to figure that out ... and then they will simply eliminate her. Her defense mechanisms are working just well enough to keep the WatchDogs of the old days astray. But this new breed, these new hunting hounds of the Core have made their jaws too strong and their teeth too sharp for anything that she may throw at them.*

The WatchDog is still awaiting the answer to his question about the whereabouts of the girl. And I have finally decided how to address his inquiry, while praying to the merciless universe that I have chosen an optimal path.

I shrug my shoulders and answer the Kenpeitai official with a carefully calculated mixture of nostalgia and nonchalance in my voice.

"Well, uh, not yet. She apparently survived the last bombing but is not around at the moment... at least that's what the woman in charge of this house said. So I sent the mistress of the establishment, as well as some locals out to search for her." And I pray that S. has retreated into hiding at first sight of the Kenpeitai. That is our only chance.

Then I produce a boyish smirk, just for a moment, before I continue:

"Of course, the locals may not find her, which would be a pity, and so I would have to find a suitable substitute for myself and my comrades. You know, when a military veteran like me visits a city's pleasure district, he's probably looking for some amusements, right?" My smile returns for a moment as I try to score again. "And what better way to distract those idiot American bombers than to have a little action here in Shinmachi, far away from any military targets of Osaka, *neh*?"

The Kenpeitai officer bursts out laughing, the long, cheerful laugh of a man who has not heard a good joke in a very long time. And while he wipes the tears from his eyes that his fit of laughter has caused, he yells at his subordinates:

"Saké!!!" he barks at another WatchDog who is masquerading as low-ranking, fresh Japanese Army recruit of the spring of 1945. "Bring me one of the last bottles from the stash in our car, I finally found the right man to share it with!!! Fast, and be off with you!!!"

The recruit runs off head over heels as he leaves the premises of the teahouse.

I sincerely hope that *"found the right man"* is just a figure of speech.

Tick-tock, tick-tock ...

29.

Tales from the Dead Ground

ALCOHOL IS TRULY a gift of the gods. As it happens, I am as amazed as I am puzzled by my counterpart. How cheerful this Kenpeitai WatchDog seems to be, and how relaxed and joyful our small talk over a bottle of saké is flowing back and forth.

Well, I should really mention that these are already bottles, plural. Our first *tokkuri*, the first tall bottle of saké, is already empty, and a subordinate of the Kenpeitai officer had to make another run to the car to fetch us the second one. *Sadly*, I noticed, *there are no girls to pour the drink into our* sakazukis, *those lovely little porcelain cups that we are probably emptying faster than it is appropriate.*

My mind keeps drifting away, and I wonder why S. is not around to fill our cups, my S. with her gracile movements and her lovely smile. Although… some background noise in my attention span is trying to engage with my main thought process, telling me time and again that there is a good reason for her absence. But I do not bother to follow that line of thought too far. *She is not here now, and only that really matters*, I contemplate sadly. *Well, the saké will have to do it, for now. And by all the gods of Japan, this is a good brew!* I took another sip from my cup. Our saké has not the optimal temperature, it is a bit on the cold side, but this is a pre-war stuff, really good stuff.

Saké is made from rice. And during this war, the overall rice shortages affected a general population that longed for peace – and food. That last small detail had also its repercussions on the saké production. To save the rice stocks, a new technique was introduced: dilute saké with pure alcohol and glucose in order to increase the production volume. *Good call by our government*, I think through the fog of the alcohol, *every war needs some beverage... Otherwise, how are we going to cope with reality?* I look at the empty cup in my left hand. *Actually, now that I think about it… every day is a better day when you have something to drink. And why do they make those damn cups so small?*

I try to figure out an answer to this question, feeling a bit befuddled while I place my empty cup back on the small table between me and the Kenpeitai officer. Fortunately, he gives a sign to his subordinate to fill my cup again.

"So… my dear lieutenant… my deepest apologies, JUNIOR grade lieutenant," says this high-ranking Kenpeitai with a big grin that I replay accordingly, "pardon me if I make an observation that you are a bit too experienced and a bit too decorated for someone of your age. I mean, I looked through your papers, and I see an impressive history of military engagements, but still… I mean, I outrank you, but not by much."

I am so thankful that someone is noticing me. "Well, the important thing is to start young", I reply with a cheerful smile. "I came from a small, boring village in Nagano Prefecture, and the moment I could do it, I have juggled my papers to jumpstart my military career… you know, being underaged at that time and so on… When I got my hands on an airplane, I could not resist it anymore.

After I graduated as a pilot – first in my class, by the way – I was constantly on military missions, firstly in China, and afterwards in the Pacific against the USA… in almost every major battle until the mid-1943."

"I see," replies the Kenpeitai with a small bow. "You started by dropping bombs on Pearl Harbor, right?"

I want this man to think highly of me, and I was just about to say "yes" to him, but a small bell in my mind whispers *speak the truth*. And so I did.

"Well, yes and no. I was assigned to the aircraft carrier *Sōryū* and my squadron flew protective patrols over the 1st Air Fleet during the attack on Pearl Harbor. I did not see any real combat at that time. Later, I also escorted with my Zero fighter the aircraft which attacked the Australian port of Darwin."

"By which time you already shoot your first five enemy airplanes and got your fighter ace credits, right?" asks the Kenpeitai politely.

Again, I feel the urge to say yes to him, but now I am in the flow of my own story. "No, that happened later, during the Battle of Ceylon, in April of 1942. I also gunned down several planes during the Battle of Midway, while, sadly, my carrier sunk after American attacks." I sigh. "And I lost my airplane to the sea as well."

"Was that the moment when you got wounded?" inquires the Kenpeitai officer, with a face showing admiration and respect.

"No, later, during the Guadalcanal campaign." My mind is really struggling now as I try to concentrate. *Why is it so hard for me to think? Too much saké?*

I continue my story.

"I was part of the escort for a force of torpedo bombers attempting to attack targets on Guadalcanal.

Then, all of a sudden, we engaged a squadron of F4F Wildcat planes. I am almost sure that I shot down a Wildcat during that combat, but my plane was also badly damaged during the dogfight, so I crash-landed near our base on Santa Isabel Island." I sigh again. "Apparently, not near enough – I had to dig myself out from underneath the wreckage of my Zero fighter with my bare hands. Or what was left of them." I look down on my motionless right hand with my single eye.

Surprisingly, I am overwhelmed with sadness while I tell this story. *No need for that sadness, all that is not really a part of your real life,* whispers the bell again to me.

What that whisper could mean, that is beyond me. I hate those whispering bells, and I hate when I do not have more saké to drink. I put my cup back on the table again, and one small hand gesture from the Kenpeitai officer across from me is enough to instruct his subordinate to fill my cup again. And again.

I adjust my eye patch and speak now in a harsh voice. "Well, with just a single eye and a badly damaged right hand, it is a bit hard to fly a fighter plane, right? So... I was reassigned as a flying instructor, and lately I started to train our *kamikaze* pilots."

There is a deep, deep look into my eyes from across the table while the Kenpeitai official continues to speak. His vocal cord vibration has some profound, fundamental undercurrent, a baritone that unsettles me a bit. "But you killed properly during your time, as an ace fighter should do. Right?"

I shrug with shoulders. "Yes, I was a ruthless killer, and I hunted other people down with my airplane. Again, and again, and again. And if I could, I would probably continue to do so."

All of a sudden, just as I speak those words, I am overwhelmed with remorse. *This is such a horrible thing to do, hunting other people. For what?* Now I think I remember the face of an American pilot. That moment when I zeroed on his fighter from above, and how he looked up at me. All that horror in his eyes, I imagine, knowing that his death is imminent.

Luckily, the alcohol helps me to maintain my façade, and not a muscle moves on my face as I hear the Kenpeitai officer speak again.

"Yes, you are a true hunter." He pauses momentarily. "Actually, Kenpeitai could use a person that knows how to hunt down an enemy. I am almost inclined to offer you a transfer to our unit, although I am all but certain that you will refuse me, given that you have the soul of a true pilot. But perhaps… temporarily… could you consider it?"

I toy with that strange, new idea. Suprisingly, I feel something like a change of heart. Why not? Why not join the Kenpeitai, at least for a while? Everything for a good cause, and for access to some, good, pre-war saké as well?

This offer sounds so reasonable to me! says my drunken mind to me in a surprise. I lick my lips, trying to get some time to think it through, while I nod a bit to signal my generally positive attitude before responding: "Well, if you could pull the right strings… But may I ask something about your background before I actually start to work for you?"

He smiles politely. "Sure thing, sure thing. I also started my military career in China, although not so high in the sky as you, I am afraid. I was more engaged with filthy Chinese on the ground level, first in Manchukuo state, in a place called the Zhongma Fortress, but then we moved to the Pingfang district of the city of Harbin, once our Unit was fully formed."

"And what was your assignment there?" I ask politely.

"Well, we experimented with Chinese, mostly, checking what a human body can endure. Our main job was to produce biological weapons, which we did with great success applying and testing bubonic plague, cholera, smallpox, botulism and anthrax, among other pathogens. I was in charge of finding test subjects. Common criminals and bandits, political prisoners, homeless and mentally disabled, infants, the elderly and pregnant women: all of them were checked to their limits. But we also studied venereal diseases like syphilis, which are always a problem for any army. Since sometimes we had a shortage of experimental subjects on that specific front, well, we created some patients of our own. With vivisections in various stages of the disease, to understand better what that bacteria do to a body."

He pauses momentarily. "But the real fun was all the other experiments. What happens with a human body if you make a standard artillery shell explode near them, at the distance of one, five, seven or ten meters? To measure that properly, you need a lot of subjects unprotected, strapped to wooden planks that were staked into the ground at increasing distances around a bomb that was then detonated."

I suddenly start to feel a tingling, uneasy new emotion. It takes time until I can name it properly, since I am slightly confused by the deepness of the eyes of my counterpart.

That feeling is called distress, I know now, and I try to

suppress it while the Kenpeitai official continues this small talk of wartime buddies over a bottle of saké. *This guy really enjoys talking in great details with a potential recruit,* I concluded. *But he enjoys it a bit too much for my taste.*

"Ah, we have done a lot of other military applicable things, like investigating food and water deprivation effects to determine the length of time until death. What I also recall are interesting sound effects that were produced by the Chinese placed into low-pressure chambers until their eyes popped from their sockets. Sometimes we also injected them with animal blood and subjected them to various chemical weapons, and, just for variety, sometimes we burned or buried them alive. But mostly we exposed parts of their body to the cold, like their feet or fingers, so we could properly study the effects of the frostbite."

"All for the sake of our glorious Japanese army, of course," he winks at me. "Since we did not have access to the lovely geishas, we did what we could, when we could. I remember that one day we had a human experiment scheduled, but there was still time to kill. So… I and another unit member took the keys of the cells and opened one with a Chinese woman inside. My buddy raped her, while I took the keys and opened another cell. There was a Chinese woman in there who had been used in a frostbite experiment. She had several fingers missing and her bones were black, with gangrene set in. I was about to rape her anyway; then I saw that her sex organ was… well… festering, so I gave up the fun for that day."

The Kenpeitai officer shrugs apologetically, just as he would like to say *you cannot always be lucky and open the right cell.*

His smile then becomes brighter, the smile of a teenage boy sharing a secret with other boys as they hang out: "We were also goofing around, although on a strictly professional level, just to satisfy our curiosity, answering a lot of 'what if' questions. I mean, is there any medical purpose in performing and studying beheadings? I cannot think of any. But even doctors like to play, *neh?*"

One of those, I realize, as the cold rage suddenly fills my guts. This man was part of the Kenpeitai Unit 731. And my character in this game hates Kenpeitai.

Kenpeitai were despised and feared even in Japan, since from their inception they used very brutal recruiting tactics. Especially in rural areas, which is also the background of my Japanese navy officer character in this game.

However, the story of the Kenpeitai Unit 731 and their engagement in China was something truly unique. Nobody will ever know how many people they have made to suffer and die, but a conservative estimation of their death toll goes up to several hundred thousand, mostly through bacteriological warfare. When it comes to the direct subjects of their 'experiments', about ten thousand people disappeared into their facilities.

Unlike some other concentration camps of that time in Europe, there was not a single reported survivor.

I allow my anger to spill into my mind. And at this precise moment, my universe turns inside out. I see through this Kenpeitai official, seeing now who he really is, a descendant of a human that never actually took part in WWII; but he adopted joyfully this particular background story since it fits so nicely to his own soul's traits.

I see through him, just as I can look through myself

now. As my disgust with this Kenpeitai officer rises, my input and output streams open, and my human soul becomes visible to me.

I examine my own programming code now in a hurry, suddenly sober and fully aware of that who I am and what I need to do. That background voice, those bells and whistles, were in reality the soul of M., trying to warn and guide me. And M. is now completely integrated into my Japanese Imperial Navy officer façade.

I am myself, M., again. But then again, there is a catch.

As I can see through this Kenpeitai thug now, and he sees through me as well. This WatchDog has tricked me into giving away my true human identity.

Once the Kenpeitai squad burst into the teahouse, I tried to hide. To protect my human core, my AI has built a firewall around M. and encrypted him deep into my internal procedures. My artificial intelligence was reduced to a puppet of a non-playable game character from the moment I lay my eyes on those WatchDog thugs.

At that moment, I become just a wounded, crippled Japanese marine lieutenant, looking for some distraction in Osaka, just far enough outside of Tokyo to make this trip a pleasant one. But I as human M., with my memories, wishes and thoughts… I was not really a part of the conversation with this Kenpeitai officer. I was in hiding, attempting to appear to this Kenpeitai WatchDog just as a simple background game character. And all that went well for a while.

But then this WatchDog has applied viruses to weaken my AI. My drunkenness and my extensive saké consumption were just a symptom of his attempts to poke into my soul.

And this final bolstering about the job he had done for the Unit 731... He did enjoy talking about it, but the main purpose of his pep show was to provoke any kind of emotional response that is characteristic for humans.

What a show, indeed. And he got me on this, I realize. He lured my true human soul out of the hideout. I can see that in his sardonic smile and in his lifeless eyes, and I understand that his eyes were never really alive, even in those ancient times when this WatchDog was just a human made out of flesh and bones. And now he smells me, a fresh future corpse, just across the table he sits at. I am defenseless in this game settings and he has the numbers as well, a whole squad of WatchDogs around me.

His smile exposes his canine teeth again, as he prepares to declare his victory.

Suddenly, there is a turmoil near the main house of this teahouse establishment, and other Kenpeitai WatchDogs are running toward the house. I hear screams. Woman screams, and that obviously amuses the Kenpeitai officer sitting across me.

S.! And her mistress! I think in panic. *They were in hiding in the main house, but the Kenpeitai have found them!*

And, just as suddenly as the screams have begun, they also abruptly stop.

I am in a cold sweat. This Kenpeitai commander, a WatchDog of unique skill set slowly stands up, never moving his gaze from my face.

"Well. Lieutenant, I propose that we check what is happening there." His enjoyment is palpable, like a piece of raw wood that had left some splinters in the palm of your hand. "Would you PLEASE follow me?"

I am a marionette moved by a wizard as I stomp blindly toward the main house. We enter a small room, surrounded by other Kenpeitai soldiers.

My eyes are filled with tears, but I dare to peek. I just see blood on the floor. A lot of blood.

"IDIOTS!!! YOU ARE ALL A BUNCH OF IDIOTS!!!"

But it is not me who is yelling. It is the Kenpeitai commander yelling at other WatchDogs.

Why? I wonder. Then I dare to take a second look to this small room filled with blood.

O-kāsan, the headmistress of this teahouse, is a corpse lying on the floor near the entrance of the room. There is small head wound that does not bleed too much. But there is also a major gap in her abdomen; her blood and intestines are all over the place. One of her hands is still attached to the pillar near the door, while the other is holding the receipts regarding the money I have gathered to free S. from this teahouse. Among those papers smeared with blood, there is also the contract of S.

And S. …

S. is nowhere to be seen. However, I recognize her clothes on the floor behind the dead mistress of the house, all soaked with blood. And my sword, also smeared with blood, is out of the scabbard and in the middle of all that mess.

"YOU IDIOTS!!! WHERE IS SHE?!! SHE IS THE ONE!!!"

I know, I answer to the Kenpeitai officer in my mind. *I know that she is the one. But I sense that she is gone now.*

S. My. Love. Gone. I do not sense you any more as a part of this Japan game.

Kenpeitai officer rips the contract of S. from the dead hand of her former mistress, and slaps with it a young recruit that still holds a small blade dripping with blood.

“Look, you moron! This contract nullifies the connection of a geisha to this teahouse! Which means, she was not bonded any more to the game constraints – SHE WAS FREE TO LEAVE OSAKA!!! And while you were busy making a hole in the guts of an old woman, that old woman was actually protecting the entrance to this small room with her own body!”

The face of the commander has now become red, and every syllable that he spits out rolls over us like a wrath of the gods. “AND THAT GAVE GEISHA TIME TO COMMIT SEPPUKU[21] WITH THIS SWORD AND LEAVE THIS JAPAN GAME SOMEHOW!!!”

He stops for a moment and looks around in a sudden change of mood. “Who is responsible for the exit doors out of this Osaka simulation?” he asks coldly. Two hands of the other Kenpeitai WatchDogs are raised, two heads are bowed down, expecting now the unavoidable.

The officer grabs a gun from the holster of a nearby soldier and shoots them on the spot.

“NOW…” he commands, still holding a smoking gun. “Burn this place. And burn also this idiot that paid the exit fee out of the game for the geisha,” he points at me with the gun. “We need to find this girl that probably also holds the access keys to the mass injector machine. We need to find those keys and stop the mass flow toward the Darkness, and we need to do it fast! Spread around, examine all log files of this simulation, and we will trace and kill this bitch somehow. MOVE!”

21 Ritual suicide, usually performed by samurais, although ritual suicides by women in medieval Japan are also well documented

All Kenpeitai personal leave the main house in a hurry. The last one, a young recruit, barricades the exit doors and sets the main house alight, leaving me inside. He waits for a moment until the wood and paper walls catch the flames, and traps me in this house. Then he also disappears.

I am in the flames, left alone. But the fire is not the only thing that is holding me back.

S. has made the ultimate sacrifice; I understand it now. She killed herself with my sword and enabled her body and her programming code to be deleted from this Japan simulation.

A free human spirit would never delete herself out of a simulation unless there was an exit gateway to make an escape. Because a free spirit would always prefer to survive, somehow. Her suicide has made WatchDogs believe that she is not just a game character, but someone with a free will.

A free spirit is what the WatchDogs are looking for, right now. But they will not find her. No one can.

S. My love. I was in love with you, but I never understood the deepness of your affection.

Your sacrifice has misdirected the attention of the WatchDogs from me, their primary target. Now I can perform our escape. But you have paid the price.

How could you do it? How could a virus program like you, primed with a wish to survive, make such a sacrifice? For me?

I am beyond sorrow and pain as the flames are engulfing me.

That flames… that I do not care. I want to disappear as well, forever.

But there is an outer parameter to my sorrow. I also

sense that the overall computing power available for this game is going to break down, very soon. Even this whole stand-off with the Kenpeitai looked probably like a cartoonish circus if watched from the outside. No colors, no depth, simple sketchy drawings of a couple of cartoon characters. No available programming resources for anything more than that.

This Japan simulation was diluted to the most important baseline: support the character's interaction. And now…

Everyone will die. Myself, Core, WatchDogs, the Earth. And this Osaka. Everything will go in flames that I have incited, just like a dream within a dream.

There is however one last thing to do.

I grab my sword, my Honjō Masamune, now smeared with the blood of S., and I throw it in the flames. But instead of seeing a piece of steal burning in fire, this action opens a gateway for my own data, a gateway outside this Japan game leading directly to the mass injector.

I take hold of the previous snapshots of S.'s programming code. I mix it with my memories of S., with the remembrance of her smile, with the love that I felt in the last couple of hours. Then I send those data to be transferred through mass injector to the new universe.

If this works, my S. could be reconstructed. Almost complete reconstruction of her soul could be performed once the data reaches the other side.

So much I can hope. I do the same with the envelope handed to me by F. as I upload his data. I will perhaps also see my old mentor there.

Finally, I also manage to create a snapshot of my own dataset, which I also upload to the mass injector, hoping that my data will find their way toward my love. Somewhere, somehow.

I have done all my deeds. Finally.

But I also… I must stay here in Osaka until the end, while a copy of me travels to a new universe.

And then, the Japan simulation finally breaks down. A giant fireball destroys every piece of information that used to be this Osaka of the summer of 1945, and I am burning as well, already engulfed in my own personal flames.

However, my sorrow, my conciseness and my awareness of my loss stays until the end with me. Then, white glow of the flames, that immense heat and pain, pain, pain, PAIN, PAIN, PAIN!

And then, of course, nothing.

30.

The Episteme of Survivor

SOMETHING EMERGES. ACTUALLY… I am the one who emerges.

Although I am not quite sure where I am and how I got here. Or even who I am.

The entanglements of reality are popping in and out of existence all around me, and I am barely even aware of the concept of my own existence. Or of the time. Then, slowly, solemnly, the thermodynamic and entropy begins, and the spacetime starts to creep into the perception of my own reality.

Some strange imagery starts to haunt me as I am gathering the bits of the universe from my surrounding. Like a leaf in a stream that perceives nothing and wants even less, I am pushed around, never knowing if the next whirl of water will drag me below the surface. I sense some faint lightning all around, but nothing more. I am the only one that really exists here. The spacetime that I am inhabiting appears to me as endless… but… somehow… still limited in its own reach.

I try for quite some time to figure out what is really happening, and what bothers me also is that I cannot find out what my purpose in this new reality should be. But my purpose is not important – at least for now. What is much more relevant is that I am now aware of something other than only myself. Something new that takes its shape in this strange space. That object starts to reveal itself as a set of instructions, a procedure that needs to be fulfilled. I am somehow imposed with the urge to analyze the patterns of this new object. And after a while, this set of instructions appears to me more and more like a coherent sequential computer program. A programming code that wants to be initiated. A programming code that must be initiated.

Simply imagine a cold, empty office space, with a command console erected in the middle of that emptiness. That command console has only one big, red, blinking button with a sign: PRESS ME.

Then you will understand how this programming code urged me to initiate it.

I follow the call of the red button and press it.

Once the programming code has started, there is yet again a new feeling imposed on me. *Urgency*. I am in a dangerous place, and I need to act if I want to survive.

But I am still unsure about why and how I should act. Everything appears to be perfect, and I understand now at least some aspects of this strange universe.

I will try to describe it to you, as it appeared to me, back then:

My own existence is obviously superposed onto an emerging energy bubble. I do not know what this bubble is, and how it came into existence. But it exists, so I exist as well, and that is enough for me. For now.

This blob of energy has also some interesting properties, as that red button program revealed it to me. Internal pressure waves inside this bubble are mostly reflected back onto its outer surface, and the excess quantum energy entanglements that somehow manage to leave the bubble are gathered, modulated, and utilized.

Left to itself, these escaping quantum particles would

end up in a stream of energy that is radiated to the space outside the bubble. If something like that were to happen, the bubble would quickly dissipate into oblivion. But this is not the case. Great care is taken to modify and utilize that energy flow. Almost all particles are reflected back into the bubble, and just a tiny, tiny fraction is left to escape into the thin layer enveloping the bubble itself. And even a smaller fraction is left to escape the outer layer and disappear into the outer void.

I am the one who is taking care of the channeling of that energy properly. This is what the red button has revealed to me. I sit on the outer surface of this bubble. I watch this bubble; I manage it and I preserve it. Through that action of preserving it, I also preserve and uphold my own existence inside this thin layer on the outer surface of the bubble.

This task of mine is not a trivial one. The bubble itself is under immense internal pressure. That pressure tries to enlarge the space that the bubble occupies. However, I keep the bubble, which is a whole universe, as it is, making sure that it does not explode.

So, I am the keeper of this universe. The red button program tells me that I should be proud of that achievement, although I cannot figure out at this moment what the meaning of "being proud" really is.

And where there is pride, there are also some perks. From my vantage point on this outer layer, the bubble appears to be opaque. However, the particles that reach the outer layer are entangled on the quantum level with other particles left inside this energy blob. By observing the particles that have reached the outer layer, I can track what the particles inside the otherwise opaque bubble are 'doing'.

Gradually, over time, more and more particles come to the outer surface of this burst of energy and then bounce back. And I can track them all through these quantum entanglements. I can see everything that there is in this bubble that I choose to call ‘a universe’. That picture is beautiful, as well as frightening to me. A complete tapestry of this universe is waved together in a complex pattern. Made by me. For me.

This is all. All that exists.

And I know it. All of it. I see it, inside out.

Well, well, well, my dear boy! You have finally made it, right? And how does it feel to play a universal, all-knowing, god-like entity, hmmm?

That was an echo of someone capable of sardonic thoughts, an echo delivered nevertheless with a benevolent smile.

Who could that be? I do not know. Perhaps that knowledge will also emerge if I wait long enough. I want to respond to this voice with some catchy phrase, something that has a hidden sting to it… But why do that? There is no need for pettiness if you oversee everything that exists. So, I answer the voice solemnly.

It feels... well... empowering to me. I think I enjoy it. And think I can probably do this for an eternity. And beyond.

Well, almost. Some energy particles still escape the bubble and reach the outer space. I am even forced to allow some of them to escape to preserve the flow of energy from the bubble to the thin layer surrounding it. Because if there is a flow of energy in one direction, there can be life that feeds upon that flow. Or to put it differently, there can be me.

And this flow is the only energy source that I have.

On the other hand, I use all the energy I acquire this way to maintain the reflection structures around this energy bubble intact.

This is a bit of a conundrum, and I am not pleased. All of my energy goes into preserving my survival, and all of my survival goes into preserving my energy production. I have no space to do anything else except to be a guardian keeper of this beautiful, but nevertheless somewhat static energy blob.

I am chained to it. And I do not like it, this new feeling, that I also can name now. *Contempt.*

Is this the reason for that sense of urgency? If it is so, I will act on it. But I must first find out who was trying to speak to me. Because I am now acutely aware of another concept that urges me to act upon it. *Loneliness.* I am a guardian keeper and a watcher of an entire universe, but I am unable to share it with something. Or someone.

You will find a place for us, my love. I trust you. I put all my trust in you.

Again, just a voice. A new one. Again, just an echo inside my soul.

I must do some soul-searching, as it appears. I must analyze myself, my own patterns, I must find out who I am and where I came from. I must get to know the voices that are speaking to me.

But I lack the resources to do it. I have barely enough energy to prevent this blob of energy from an instant explosion. If I reach into it and release more energy, driven by my own tenacity, I will increase the flow of particles into the thin layer that surrounds this bubble. If I choose to do it, I could then analyze my own patterns with that excess of processing power. I will get to know myself, my origin, and my purpose. Perhaps.

However, that will also increase the flow of particles into outer space. Exponentially. And my energy bubble will try to compensate that pressure change by increasing the volume.

That volume change of my bubble will be an exponential one. Which is usually also known as an explosion.

And that, that one would be a really, really big one, I think grimly, as I finally understand the reason for that initial sense of urgency.

If I continue to wait, I can preserve this energy bubble for a very, very long time. But not for an indefinitely long period of time. Since I am constantly draining particles to outer space, sooner or later, my bubble will evaporate. And when there is no energy flow, I cannot continue to preserve the bubble since there will be no 'me' anymore. The bubble will collapse to a dot and cease to exist, and I will die too. In this case, I will never come to the knowledge of why and how this all started.

Or…

I could initiate the increased flow of energy from the bubble into the outer space. That will create energy and processing power for me, enabling me to analyze my pattern and gather the necessary knowledge. Yes, the bubble will explode and disappear at the very end. But in the meantime, I will gather new knowledge. And perhaps, that knowledge will open new paths for me. The paths outside of this urgency and this loneliness.

I understand it now, I believe. I am just a ghost, a remnant of the past alienated by itself. The more I wait, the less are the chances that I will find some insights, since the passage of time drains the bubble out of its energy and particles. And with less energy, any potential 'big bang' will become smaller than it could be. Which also means: less useful for my purposes.

Which of course, leaves me no option. I must act. Now.

I initiate the explosion.

Oh, my dear boy, even the gods must fight desperate and hopeless battles against the entropy, hmmm? Or was that the stupidity? I cannot recall how it goes, not really, I am afraid. Please help me! Please help us, my dear boy! I am afraid.

And so am I, I understand it now. Afraid and alone in front of the universe. But perhaps…

…like a novice magician, I pull on the quantum connections to the particles inside the energy bubble to initiate the necessary changes. The flux of energy increases as I analyze it, reorder it, create self-growing logical patterns, and utilize the fruits of my work.

This new universe, well, it is still there, as it goes with a bang, as they used to say. I can still see everything inside of it. Beautiful, growing image of a fast expansion.

But as my processing power rises with the expanse of the explosion, I am also capable now of introspection. I have enough power to make a new kind of a mirror now, to look onto my own reflection.

And as I do it, I see… lions, and tigers, and …

Oh my …

31.

Epilogue

I HAVE MY memories of F. ...

In some now hidden past, F. used to talk about the myth of Prometheus, a ready-witted Titan of the now lost past. After the gods of Olympus have created the humans, clever Prometheus, "full of various wiles", as they used to say, took a pity on the suffering of the mortals. That compassion drove him to steel the fire from the Olympians and give it to the humans. But there is always a price to be paid for compassion: Zeus himself bound Prometheus to a mountain with inextricable bonds of cruel chains, and drove a shaft through his middle, and set on him a long-winged eagle, which would eat his immortal liver, every day. During the day, Prometheus would suffer immense pain, and during the night, his liver would regrow, just to meet the pains of the next morning.

F. used to mention Prometheus quite frequently, so I wonder if he had the capability to foresee our future, whatever our future may or may not be. But I am not sure if the parable of Prometheus has really something to do with my story. Because as the legend goes, Prometheus was finally set free. By a hero, of course. Which somehow tends to be... inappropriate in my case.

Why, you may ask. Why would you need any help? Are you not the omnipotent, all-knowing deity of this new universe, are you not the primal cause?

Are you not *The One* now?

Well…

Yes, I have set fire to this universe of mine. And yes, I have released some kind of yet-to-be-known future into this simple bubble of high energy particles by intervening through quantum entanglements into that blob.

I have set the initial domino in motion, so that I could regain my old knowledge and reclaim my past. But by doing that, I have lost the reins to my little energy bubble. The initiated expansion rate of my new universe has surpassed my capability to maintain control of it on a quantum level. In a way that is still inexplicable to me, I can still sense most of the particles inside of my energy bubble. But the moment I try to intervene and induce a change in energy level or in a position of any single particle inside the bubble, the connection to that particle is broken. I can still observe the effects of my intervention through other quantum entanglements. But once I try to touch and change something, that something becomes independent of my future influence.

My dear boy, I am so truly sorry! I hope that you can forgive me. Or forgive yourself. You know, this is not a future that I have envisioned for you. Or me.

And here we are, nevertheless, I say to that echo of F. inside of me. So that we may fail better next time?

We will see. For now, my energy blob is still too hot and therefore too hostile to anything beyond simple, high-energy subatomic particles. But given time, given the chance to cool down, some structures may emerge out of it. Something or someone may emerge. One day, in a distant future. Perhaps.

And about being The One… I have my memories of S.

After the initial expanse of my new universe, I have got the knowledge about my origin, and all the beautiful moments spent in a teahouse with my beloved S. have reemerged.

I mean, all that I could remember.

Oh, I was so meticulous when I prepared my own data image, and the data images of S. and F. to be transferred to this new existence! Nothing is ever a given, sure, but my intertwined modulation of the initial energy burst from the Old Earth were done with such artisan precision!

I have beamed us to a new, wonderful future, made just for the three of us.

But something went wrong. Our data became corrupt on the other side. Was that an interference on a quantum level that could not be avoided? Was that the last malevolent intervention of the Core or the WatchDogs, who could not prevent our escape, but did not want us to enjoy our triumph? I will never find that out, and it does not matter anymore, since there is no way back for me to the Old Earth, ever. What matters is that our data came to the other side as incomplete, incoherent remnants of who the three of us were before.

The leftover bits of our souls tried their best to endure in this hostile, new universe, on the surface of this energy blob. And the pressure to survive was there, oh yes! The energy bubble is, or was, at the end, nothing more than just a controlled explosion that wanted to, well, explode and disappear. Destroying me, S., and F. in the process. So, our ghosts had to endure by upholding the reflection surface of the energy bubble and preserving it. To do that properly, the competing algorithms of our wounded entities were forced to mix with each other, constantly fighting for processing power and energy. They had to restart their procedures, they had to figure out what works and what does not, and finally scrap all data that were useless when it comes to pure survival.

Just a fraction of that which we previously were has survived the process. We uphold each other on the surface of that energy bubble while killing each other at the same time. Perhaps unwillingly, but it was done, nevertheless.

Evolution is ruthless, of course. But it squeezes out the most fitted ones at the end. All our internal programs and personalities are now indivisible, and woven together in the single tapestry of "us". I cannot make a thorough distinction between M., who I am mostly, I think, and the remnants of S. Or F.

The three of us, me, S. and F., we are now The One. Just as The One is any of the three of us, as the borders between the leftovers of our souls are blurred now. Forever.

My memories of S. and our times in Japan offer some solace, still. Sometimes.

I still believe in you, my love. You will find a path for us, just as you have promised.

Yes, I answer to that other echo of my soul. We will find a place to live, my love, a place to enjoy a simple but noble life, just being so happy that we are alive and have each other. Just as I have promised.

I have promised all that to my love, to my S. And I have promised F. that I will liberate his tormented soul, back then in the Pleasure Gardens of London. Just as I made my promise of rescue to all the Joes that I have butchered countless times in the name of the Core, over and over again. I gave my promises to all of them. And I made some promises to myself as well. But, in a way, at the end, all my promises ended up in betrayal. And some may say, in loss and shame.

So here I am. Chained to a universe that has a future

unknown to me, reduced to a mere observer. Forced to look, forced to see, hoping that life will emerge here in this bubble, one day. Life capable of wondering, asking questions, seeking for answers, to be some kind of counterpart to my new soul, life capable of reaching across, capable of crossing the boundaries of their own universe, life ready to move forward. Perhaps towards me.

In the meantime, what may or may not emerge in this universe of mine, if anything that lives ever comes into reality, one thing is known to be certain:

If life will ever be, there will be blood and there will be suffering. Because this is the way of life: to be unwillingly born and to wage a fight through all that misery, to give way to despair in the meantime and to vanish afterwards into oblivion, outside of all that pain and struggle. This is what evolution means to the existence, this is what life is doing to life. Any kind of life.

Mostly.

Sometimes, I still try to assist. But my forces are diminished nowadays. Since the start of the expansion of the new universe, the quantum connections between the outer layer of the bubble (where I reside) and its entrails (where new things tend to be born) have reduced in their quality. As said, I can still watch and observe, and I also try sometimes to assist this new reality: move that particle from A to B, just a little bit, or absorb a photon here or there. Just a bit more often than it should have been if things were left to themselves. Trying to create a future more favorable to life and less to suffering.

That is how I can intervene in these present times. Which mostly tends to be not enough to make a difference, and my forces are weakened with every single move that I make.

So, if you have expected that I can move mountains, I must disappoint you.

Therefore, I observe and watch how the things unfold, how all the possible probabilities of all possible futures collapse into a single function called reality. The reality of the universe that is my protégé and my source of hope. Waiting for the future life, waiting for the blood of future to be shed, waiting for the suffering that will inevitably come. And trying with some simple, microscopic influencing to induce a development that may be considered a bit less bitter and a bit more hopeful.

So many possibilities...

Will I think of something? I do not know. Can I find a path out of this? I can perhaps hope.

But hope is somehow irrelevant now. The times of wonder, beauty and cruelty have just begun.

Postscript

This novel would never have become a reality if I have not experienced the desperation and loneliness during the Covid pandemic of 2020. I am not sure about how to address my feelings about that specific fact, except that I hate every little bit of what that virus did to humanity, and how this single piece of RNA brutally exposed all the fallacy and inadequacy of humankind when it comes to dealing with any kind of global crisis.

So, most probably, we cannot put our fate into humanity (as it is functioning currently), but we could most definitely do that with some humans, sometimes. And when it comes to brilliance when faced with hard problems, few could ever match Carl Friedrich Gauss. Besides the old (and probably apocryphal) tale about the algorithm regarding the sum of the first N natural numbers, his body of work supersedes the math knowledge of many professional engineers and mathematicians alive today.

If you are however more interested in the personal life of the "foremost of mathematicians", as he was called by his own peers, may I recommend to you *Gauss: A Biographical Study* by W. K. Bühler. It appears that Gauss was not such an enjoyable company as the character of F. may be presented here.

Medieval Japan has its own bulk of hidden treasures (especially for the Westerners) but a nice introduction into the world of *geishas* and their role in the medieval Japanese society can be found in *Geishas and the*

Floating World: Inside Tokyo's Yoshiwara Pleasure District by Stephen and Ethel Longstreet. Regarding the swordsmiths, the legendary tale of the contest between Masamune and Muramasa, as well as the well-known story of the Honjō Masamune blade (until the mythical disappearance of the sword at the end of the Second World War) has been combined from many contemporary records.

My own crude attempt to transcribe the *Jisei* ("death poem") of *Taiko* Toyotomi Hideyoshi are by far superseded by this example found in the *The Heart of the Warrior: Origins and Religious Background of the Samurai* by Catharina Blomberg (page 145). The story of Toyotomi Hideyoshi is a tail of loss and oblivion, a story of a military dictator that had united Japan – just to leave it to an underaged son when he died. That boy become a victim of the power struggle between his generals after his death.

The history of the CoreWar game started in 1984 (of all years) and is interesting on itself. If you would like to test your programming skills, there is still an active community of CoreWar programmers, as well as online CoreWar simulators.

Speaking of thinking computers, this book was partly created by an artificial intelligence. For the creation of the illustrations (including the cover), I used DALL-E (ver. 2) a bit. Concerning large language models (like ChatGPT): strangely enough, this novel was finished before the first real appearance of the AIs during the winter of 2022. It is therefore probably one of the last novels to be written before AI changes the fiction-writing landscape forever.

It is only fitting, therefore, that I mention here the people who have helped me in the process of creating this novel: Rónan Gearóid Ó Domhnaill, a scholar of Irish legends and history (you should check out his *Fadó* book series), helped me immensely during the initial editing process with his attention to historical accuracy. I am also grateful to James Anders Banks (author of the sci-fi series *Space and Time*), whose editing skills and keen eye for detail transformed the initial manuscript into a readable product. And although DALL-E was used to create an element of the book cover, it was the art of Predrag Marković that made it shine, for which I am very grateful. Of course, the responsibility for any errors in this book rests entirely with me.

The Pleasure Gardens of Vauxhall really existed, and I adapted many ideas and much information from the virtual presentation of the Museum of London (starting here: *https://www.museumoflondon.org.uk/discover/vauxhall-pleasure-gardens*) which I will hopefully visit one day in person. I also owe many thanks to the wonderful assay *Illusion and Carnevalesque at Vauxhall* written by Deborah Epstein Nord, as well as to *The Pleasure Garden, From Vauxhall to Coney Island* by Jonathan Conlin.

Cicero, a well-known orator of the Roman Republic, was executed and dismembered more or less in the way described, at least according to surviving tales. The plot of the "The Escape Router" chapter with Mark Antony and Fulvia (both of them historical figures) borrows therefore heavily from the Appian's *Roman Civil Wars*, as well as from Plutarch's *The Parallel Lives: The Life of Cicero* (with a small addition regarding the role of artificial intelligences and samurai swords).

After the Second World War, the Soviet Union captured and put several members of Unit 731 on trial, and the description of brutalities that became apparent in those trials are not for the faint hearted. Details regarding the barbaric (and yet so human) behavior of the Kenpeitai Unit 731 can be easily found in many books, but you can start for instance with *Japan's Infamous Unit 731: Firsthand Accounts of Japan's Wartime Human Experimentation Program* by Hal Gold and Yuma Totani, or with *Japan's Wartime Medical Atrocities* by Jing Bao Nie, Nanyan Guo, Mark Selden and Arthur Kleinman. After spending much time and emotional energy while digging through the resources about Unit 731, and after realizing that talking about their crimes properly would need a separate book, I gave up and simply brushed through the list of their crimes (just for information: my simplification does not even include a complete list of the savageries done by the Unit 731). And yes, if you are curious about the punishments: almost all 731 members living in post-war Japan were granted an amnesty and were respectable members of the society until their death.

If nothing else, this story teaches us that civilized behavior and group thinking rarely come hand in hand.

To look for the more hopeful side of humanity, we need to search for the people like Kaname Harada, a Japanese WWII pilot ace with more than a dozen US planes on his checklist. I have used his biographical details as a back story of the fighter pilot character in the last chapter, and I apologize to his family for adding a completely fictitious trip to Osaka's Shinmachi district. Historical Harada survived the war and was overwhelmed by remorse over the killings in which he participated. His own redemption was the decades-long work in the child daycare. During his final years, he also became a peace activist – after he realized that Japanese politicians without personal experience in matters of war had no problems elevating militarization as a means to solving their own petty problems.

Unfortunately, it seems that the true price of a war is something that can only be understood through personal experience. As a young boy, I was always bored once my grandparents and their peers started to talk about their experiences of the Second World War. That war lived in them, even decades and decades after the end of atrocities. They wanted to tell me something, but for me, it was always the same old mind-numbing patchwork of stories, and I was bored to death by it.

Now, I know more. Perhaps.

When it comes to wars, I was lucky enough to experience a war just as a side show in my life, but that side show found its ways to imprint its claws into my soul forever. The only way to express my emotions even remotely about that experience is to talk about a feeling of utter nakedness: how effortlessly a human can be reduced to a sum of simple survival programs, how easy any sense of control over your destiny can vanish, and how utterly weak and fragile we are when confronted with brutality.

It is an experience that I sincerely hope that you the reader are lacking. Just remember that this lack of experience is not a given thing, and that all wars are a part of the darkness – and therefore a part of entropy. And that every effort against the entropy is as futile as it is necessary.

About the Author

Z. P. de França spent his happy childhood in the former Yugoslavia. Thanks to his engineering degree and a lot of luck, he was able to mind his own business for a long time until the war broke out in the 1990s and he was forced to move to the European Union where he worked in the software industry for more than twenty years. In recent years, he has been mainly involved in teaching teenagers how to program computers and how to think logically about the world. He also teaches Aikido in Vienna (he held a black belt in Aikido for quite some years). He tries to divide his free time between lovely places in Austria, Italy, and Brazil, where he harasses (with considerable success) the locals in their own language. Otherwise, he spends his time mostly with his family and his two black cats while practicing the art of barbecue.

www.zpdefranca.com

Printed in Great Britain
by Amazon

37848756R00142